인적가치개발론

인적가치개발론

인적자원개발을 넘어 인적가치개발로

장환영 지음

동국대학교출판부

머리말

　조직 내에서 인간을 보는 관점은 1950년대 말 '인적자본(Human Capital)'이라는 용어가 등장하면서 새로운 주목을 받기 시작했으며, 인적자원개발 영역도 이러한 전환적 관점에 근거하여 비약적인 발전을 해왔다. 노벨상 수상자인 시어도어 슐츠나 게리 베커와 같은 경제학자들이 인적자본의 중요성을 역설하면서, 단지 조직 내 소모품으로 취급되었던 인간의 역량이 투자할 가치가 있는 대상으로 전환될 수 있다는 점이 강조되었다. 또한 국가 또는 기업 내의 교육활동이 매우 중요한 성장엔진이 될 수 있는 가능성이 드러났다는 점에서도 의미가 깊다. 인적자원개발(Human Resource Development: HRD)이라는 용어가 이렇게 중요한 함의를 지니고 있으므로 현시점이 또 한 번의 거대한 패러다임 전환이 이루어져야 하는 시기임을 간과하면 안된다. 왜냐하면 지금까지의 자원적 관점만으로는 미래의 시장 환경에서 기업들의 생존과 번영을 지원할 수 있는 역할을 HRD 영역이 할 수 없기 때문이다. 사람과 조직의 본질은 가치이며 가치관은 인생과 조직의 성과를 결정하는 방향성이다. 이제 조직구성원을 성과목표 성취를 위한 수단적 자원으로만 보던 시각에서 벗어나 조직이 창출하는 가치에 자발적으로 이바지하는, 개별적 가치를 지닌 존재로 보는 시각이 필요한 시점이다. 즉 '인적자원개발론'에서 '인적가치개발론'으로의 전환이 요구된다.

이 책은 시대 변화와 함께 지금까지의 인적자원개발론이 그 한계를 드러내고 있으며 인적자원이 아닌 인적가치의 측면에서 모든 학습 및 개발 활동이 이루어져야 한다는 당위성을 피력하기 위해 쓰여졌다. 그렇다고 해서 지금의 인적자원개발론이 무가치하다는 의미는 아니다. 개인개발, 경력개발, 조직개발, 성과향상 등 그 방대한 지적자산 위에서 새롭게 가치의 관점이 추가될 때, 우리 HRDer들이 미래 인재개발을 위해서 어떠한 방향을 지향할지에 대한 고민을 담았다고 하는 것이 더 적절할 것이다. 따라서 본서는 기존 HRD 교과서들의 체계를 그대로 포함하고 있다. 다만 인적가치의 관점으로 그 핵심적 내용들이 재해석된다면 어떠한 지적 탐구가 더 필요한지에 대한 설명을 덧붙였다. 이 책의 체계는 다음과 같다.

제1부에서는 인적가치개발론의 개요로서 인적가치개발론에 대한 why, what, how의 질문을 던지고 그에 대한 해답을 설명해보는 형식을 취하고 있다. 즉, 인적가치개발론이 왜(why) 이 시점에서 필요한지, 인적가치개발론은 구체적으로 무엇을(what) 의미하는지, 그리고 인적가치개발론은 어떻게(how) 연구되어야 하는지에 대한 내용을 담았다.

제2부는 역량개발에 관한 장으로서 인적가치개발의 관점에서 바라보는 역량의 개념을 탐색하였다. HRD에서 축적한 역량연구를 개관하고, 현재 시점에서 인재에게 요구되는 '고부가가치 혁신역량'의 개념을 소개한다. HRD 분야에서 역량개발은 전문성과 관련하여 논의될 수밖에 없는데 HRD 관점이 아닌 인적가치개발의 시각에서 전문성의 개발은 어떠한 함의점이 있는지를 부가하여 설명하였다.

제3부는 교육서비스과학에 대한 설명으로서 HRD 실천에서 중요한 축을 차지하고 있는 교육활동이 인적가치개발을 위해서는 도구와 방법 측

면에서 혁신적 서비스로 탈바꿈되어야 한다는 점을 강조하기 위해 교육과 서비스과학의 융합이 필요하다는 점을 지적하였다. 교육서비스과학에는 여러 세부 분야가 있을 수 있지만 대표적으로 교육서비스디자인의 영역을 소개하였다.

제4부는 성과공학(Human Performance Technology: HPT)을 설명하는 장으로 HRD 분야에서도 성과향상은 중요한 의제이기 때문에 본서에 포함하였다. 우리나라에서는 HPT를 대부분 '수행공학'으로 번역을 하지만 이 용어가 HPT의 본질을 잘 담아내지 못하고 있기에 '성과공학'으로 명칭을 바꾸어 설명하였다. 따라서 제1장에 성과공학이라는 용어를 써야하는 이유를 HPT의 핵심적 내용과 함께 피력하였고, 2장에서는 주요한 성과공학의 모델을 소개하였다. 마지막으로 인적가치개발론의 입장에서 성과공학의 역할을 논의하였다.

제5부에서는 경력개발을 다루었다. 경력개발은 HRD에서도 개인개발과 조직개발의 가교 역할을 하는 연구분야로서 다양한 이슈들이 전개되고 있다. 특히 현 시장 상황과 같이 변화무쌍하고 불확실성이 점증하고 있는 시점에서 일과 삶의 관계를 어떻게 설정하는 것이 가장 현명한 결정인지에 대해 많은 연구가 필요하다는 데에 다수의 전문가들이 공감을 하고 있다. 본서에서는 이러한 관심을 고려하여 경력개발 환경의 변화 양상을 설명하고, 주요 경력개발 이론들을 개관하였으며, 끝으로 가치중심 경력개발의 방향성을 탐색하였다.

제6부는 마지막 챕터로서 조직개발을 다루었다. 조직개발을 설명하고자 한다면 이 분야에 통찰의 씨앗을 심은 위대한 학자, Kurt Lewin을 소개하지 않을 수 없다. Lewin의 이론들을 중심으로 조직개발의 주요 내용들을 검토하고 최근 주목을 받았던 긍정탐구(appreciative Inquiry)를 설명하였다. 이 장의 결론으로는 가치중심적 관점에서 조직개발의 방향을 논의한다.

본서는 인적가치개발론의 서막을 알리는 조그마한 신호에 불과하다. '가치'의 속성 자체가 많은 사람들이 그 가치에 동의하고 참여하여 함께하고자 할 때 훨씬 더 풍부한 의미를 산출할 수가 있다. 인적가치개발 분야 또한 인간이 지닌 내면의 작은 탁월성들이 서로 모여 삶과 세계를 이롭게 바꿀 수 있는 엄청난 잠재력을 보여줄 수 있다고 믿는다. 많은 연구자들과 실천가들의 동참을 희망한다.

끝으로 이 책의 출간은 동국대학교 저서출판지원사업을 통한 연구비 지원으로 이루어졌다. 대학본부의 연구기획팀과 동국대학교 출판문화원에 감사의 말씀을 전한다.

2022년 11월 11일
남산이 보이는 학림관 연구실에서
장환영

CONTENT

머리말 ··· 5

PART 01 인적가치개발 개요

CHAPTER 1 | 인적가치개발론에서 '가치'의 의미   14
CHAPTER 2 | 시장, 조직, 개인 측면에서의 인적가치   18
CHAPTER 3 | 인적가치와 학습의 변화   23
CHAPTER 4 | HRD 부서의 변화   32

PART 02 가치 중심 역량개발

CHAPTER 1 | 역량의 정의와 핵심역량   40
   1. 역량개념의 전개 과정   40
   2. 새로운 역량개념의 필요성   43
CHAPTER 2 | 고부가가치 역량   49
   1. 고부가가치 혁신역량의 필요성   49
   2. 고부가가치 혁신역량 가설모델   51
   3. 논의   54
CHAPTER 3 | 전문성과 역량개발   57
   1. 전문성 개념과 연구의 현재   59
   2. 전문성 개념의 재구조화   68
   3. 결론   82

PART 03 교육서비스과학

CHAPTER 1 | 교육서비스과학의 개요 　　　　　　　　88
  1. 교육과 교육서비스 　　　　　　　　　　　　91
  2. 서비스과학과의 융합 　　　　　　　　　　　95
  3. 교육과 서비스과학 　　　　　　　　　　　104
  4. 교육서비스과학의 연구 분야 　　　　　　109
  5. 교육서비스과학을 통한 교육혁신 　　　　114

CHAPTER 2 | 교육서비스디자인 　　　　　　　　118
  1. 서비스과학과 디자인 　　　　　　　　　　120
  2. 교육서비스디자인과 방법론 　　　　　　　124
  3. 마무리 　　　　　　　　　　　　　　　　135

PART 04 성과공학

CHAPTER 1 | HPT 용어의 정리 　　　　　　　　142
  1. 수행공학 명칭에 대한 오해 　　　　　　　145
  2. 성과공학으로의 명칭 변경에 대한 근거 　154
  3. 마무리 　　　　　　　　　　　　　　　　160

CHAPTER 2 | 성과공학의 ISPI 모델 　　　　　　166
  1. 성과공학 모델의 분류 　　　　　　　　　166
  2. ISPI HPT(2012) 모델 　　　　　　　　　169

CHAPTER 3 | 인적가치개발을 위한 성과공학의 역할 　174

PART 05 경력개발

CHAPTER 1 | 경력개발 환경의 변화 　　　　　　194
  1. 경쟁의 심화와 상시 구조조정 　　　　　　195

  2. 제4차 산업혁명의 진행   195
  3. 기업 인사관리 형태의 변화   196
  4. 100세 시대의 도래   197
  5. 경력을 바라보는 가치관의 변화   197
CHAPTER 2 | 주요 경력개발이론   199
  1. 특성요인이론(Trait & Factor Theory)   200
  2. 생애이론(Lifespan Theory)   207
  3. Krumboltz의 사회학습이론(Social Learning Theory)   213
CHAPTER 3 | 가치중심 경력개발의 방향성   218
  1. 현재의 경력개발의 트렌드   219
  2. 미래의 경력개발   223

PART 06   조직개발

CHAPTER 1 | 조직개발 개관   230
CHAPTER 2 | 긍정탐구(Appreciative Inquiry) 모델   245
  1. 이론적 배경   248
  2. AI의 원칙   250
  3. AI의 모델   253
CHAPTER 3 | 조직개발에서의 분석 및 개입   256
CHAPTER 4 | 가치중심 조직개발   260

참고문헌   263

PART
01

인적가치개발 개요

본 챕터에서는 인적가치개발론의 개요를 설명한다. 왜 인적자원개발론(Human Resource Development)에서 인적가치개발론(Human Value Development)으로의 전환이 필요한지에 대한 이유와 그 구체적 의미를 다음과 같은 순서로 상술한다.

제1장 | 인적가치개발론에서 '가치'의 의미
제2장 | 시장, 조직, 개인 측면에서의 인적가치
제3장 | 인적가치와 학습의 변화
제4장 | HRD 부서의 변화

CHAPTER 1 인적가치개발론에서 '가치'의 의미

　인적자원개발 영역에서 활동하고 있는 이론가와 실천가들은 항상 두 가지 이슈에 관여해 왔다. 바로 '인간'의 이슈와 '성과'의 이슈가 그것이다. 각 이슈의 특징들을 잘 파악하고 어떠한 관계의 조합이 조직의 생존과 경쟁력을 위해 더 좋을 수 있는가 하는 문제에 대해 해답을 내놓으려고 노력해 온 것이다. 인간의 문제와 성과의 문제가 동등하게 검토되었는가 하면 꼭 그렇지는 않다. 최우선적으로 고려해야할 것은 성과의 문제이고 그 다음이 인간의 문제였다. 왜냐하면 인간은 성과에 보탬이 되는 도구적 성격을 지니고 있을 뿐이었기 때문이다. 인적자원개발이 암묵적으로 가정하고 있는 것은 성과의 향상을 위해 인간이라는 도구를 어떻게 잘 활용하느냐의 문제였던 것이다. 이를 비판적으로 볼 생각은 추호도 없다. 왜냐하면 이러한 개념은 산업화시대에 기업의 경쟁력을 강화하는데 기여한 바가 꽤 크기 때문이다. '전략적 인적자원개발'이라는 구호 또한 기업의 전략에 대해 HRD라는 수단이 얼마나 공헌할 수 있는가에 더 중점을 두자는 주장이니 이러한 성과중심 사고에서 한 치도 벗어나 있지는 않다. 산업화시대에 경쟁력은 '자원의 효율적 이용'이라는 원칙에 의해 유지되었다. 생산한 만큼 제품들이 시장에서 어느 정도 소화되고 있었으니 누가 더 빨리 더 많이 제품을 생산하느냐에 따라서 시장의 강자가 될 수 있었다. 관리의 승자가 시장의 승자가 되는 시대에서는 인적자원 역시 다른 자원들과 똑같이 효율성 원칙에 의해 판단되고 관리되었다. 인적자원이 다른 자원과 약간 다른 점은 시장가격을 금방 알아내기가 쉽지 않고 구입과 폐기에 있어서 약간의 갈등관리가 필요하다는 점일 것이다.

자원이라는 개념은 어떤 결과물의 생성을 위하여 투입되는 도구적, 수단적 성격을 그 특징으로 하고 있으며 그 수단적 의미로 말미암아 결국은 '효율성과 효과성'에 의해 판단될 수밖에 없다. 효율성과 효과성은 목적에 의해 결정되며 수단은 그 목적을 설정하거나 변화시킬 수 있는 영역이 아닌 것이다. 앞으로는 효율성과 효과성이 점점 IT 소프트웨어나 로봇에 의해 대체되어 추진될 것이고, 이러한 측면에서 인적자원이 로봇을 능가할 수 있는 경쟁력은 없는 것으로 보인다.

그렇다면 조직 내에서 유지될 수 있는 인간의 역할은 무엇일까? 그것은 바로 수단이 아닌 목적을 다루는 능력에 달려 있다고 본다. 생산에 효율적으로 기여한다는 측면에서 만족할 것이 아니라 오히려 생산의 방향성을 재설정하고 새로운 시장을 디자인하며 비즈니스모델 자체를 혁신하는 등의 목적 지향적 관점에서 부가가치를 더해야할 것이다. 이러한 측면은 기존의 자원적 관점을 벗어나는 것으로서 인간의 수단적 효율성이 아닌 목적지향적 가치에 초점을 두는 패러다임으로의 전환이 필수적으로 동반되어야 한다. 점점 인적자원개발이라는 용어는 효용가치가 떨어지는 구시대적인 개념으로 취급될 것으로 보인다. 따라서 인간이 지닌 고유한 목적지향적 가치, 독특성과 희소성 등이 어떻게 조직 내에서 발현될 수 있도록 돕는가 하는 문제가 인간개발 산업 분야에서 더 주목받게 될 것이다.

현재 및 미래의 경제 환경은 앞서 언급한 '자원의 효율적 이용'이라는 원칙만을 가지고서는 시장 경쟁력을 얻기가 매우 힘든 시대가 될 것이다. 자원의 효율적 이용은 기본이고, 이를 넘어서 고객과의 관계성, 즉 가치의 공동창조(co-creation), 그리고 시장에 대한 적응성과 민첩성을 넘어선 지속적인 비즈니스모델의 혁신 등이 중요해지고 있다. 다시 말하면 지금은 자원의 경쟁을 넘어서 가치의 경쟁 시대가 되고 있다. 현재 큰 이슈가 되고 있는 오픈 이노베이션, 서비스중심논리(service dominant logic), 그리고 플랫폼 비즈니스 등은 고객가치를 보다 빨리 선점하기 위해 기업들이 지향하는 전략들일 것이다. 기업의 생존을 위해 이러한 전략들이 활용될 수밖에 없는 이유는 자원이라는 수단의 효율화를 위해서라기보다 목적 자체의 재구조화, 즉 새로운 고객가치의 창출과 빠른 시장 장악 및 재편을 위해서라고 보는 것이 타당하다. 수단에 초점이 있는 것이 아니라 목적의 변화에 초점이 있는 것이다. 조직을 구성하는 인간도 수단이 아닌 목적에 초점을 두어야 하는 시점이다.

 이렇게 경쟁의 룰이 변화하는 기저에 테크놀로지의 비약적 발전과 영향이 큰 원인으로 작용하고 있다는 데에 이의를 다는 사람은 별로 없을 것이다. 테크놀로지의 역량이 많지 않았을 시기에는 그 미진한 부분을 인간이 채우는 방식으로 생산성을 확보해갈 수 있었다. 하지만 지금과 같이 테크놀로지의 역량이 급속도로 커져 가는 시기에는 도구적 자원의 효율화는 테크놀로지가 맡아서 처리하고, 목적 재구조화의 영역은 인간이 맡아가는 방식으로 재편될 수밖에 없다. 인간을 수단적 개념으로서 테크놀로지와 경쟁하는 자원으로 보는 관점은 미래에는 더 이상 적합하지 않다. 이제는 인간을 자원이 아니라 '가치'로 보는 관점이 필요하다. 왜냐하면 수단과 목적이 있을 때 수단이 자원의 영역이라면 목적은 가치의 영역이기 때문이다.

 자원과 가치의 차별성은 수단과 목적의 차이라는 점 이외에도 고유한 독특성이란 측면에서 구별된다. 자원의 중요성이 그 자체로서의 특질보다는 활용의 정도 및 목표에의 부합도에 따라서 결정된다고 볼 때, 가치는 이와 달리 그 자체로서 고유한 값어치와 중요성을 의미한다고 볼 수 있다. 인적 가치는 따라서 인적자원을 넘어서는 그만의 독특한 고유성을 강조한다. 이는 상당히 중요한 의미를 지니는데, 우리가 자원에 대해 기대하는 바는 이미 규정된 생산 과정에 얼마나 기여하는가에 있으므로 자원이 알기 쉽게 표준화된 형식과 내용을 지니고 있기를 가정한다. 수단적 관점에서 자원이 규정된 표준을 넘어서 예상 밖의 특질을 드러내는 것은 불편할 수밖에 없다. 왜냐하면 자원은 기존에 규정된 생산성에의 기여도가 중요한 것이지 생산성 자체의 방향성이나 변화 또는 혁신에 대해서 논의할 수 있는 여지가 없기 때문이다. 그러기에 지금까지의 인적자원개발은 표준화된 역량에 집중했고 규정된 기준에 행동방식 및 사고방식을 맞추기 위해 부단히 노력해 왔다. 하지만 여기서의 한계는 그 규정된 표준 이상을 넘어서지 못한다는 점에 있다. 이제부터 이렇게 표준을 정하고 선험적으로 규정할 수 있는 영역들은 모두 컴퓨터 소프트웨어와 로봇이 처리 가능하다. 인적자원개발과 달리 인적가치개발이 지향하는 영역은 이러한 표준을 넘어서는 인간의 탁월성이다. 자원으로서의 역량을 넘어서 인간 개인이 잠재적으로 지니고 있는 그만의 고유한 독특성이 실현될 때 파괴적 혁신의 씨앗이 잉태될 수 있을 것이다. 이러한 영역은 표준화된 스킬을 빠르게 반복하기 위한 자원개발이 아니라 인간의 창의성과 인성 그리고 새로운 감성패턴이 조화롭게 발현되어 고객들에게 혁신적 영향력을 행사할 수 있는 가치의 개발 영역이다. 미래를 생각하는 HRDer들에게 부여된 과제는 새롭게 인적가치개발론을 정립해야한다는 점이다. 이 책에서 그것을 위한 매우 기초적인 논의와 이슈를 제기하고자 한다.

CHAPTER 2 | 시장, 조직, 개인 측면에서의 인적가치

　기업의 활동무대이며 재화와 서비스의 수요와 공급이 이루어지는 공간을 시장이라고 볼 때, 시장측면에서는 가치창출 활동이 더 이상 공급자에 의해서만 창조되지 않고 생산자와 소비자 간의 공동창조(co-creation)에 의해서 이루어진다. 너무 오래된 예전 사례라서 인용하기도 쑥스러운 MP3의 시장만 하더라도 그렇다. MP3 기계의 성능으로 치면 우리나라의 아이리버나 거원과 같은 회사의 제품도 최고의 품질을 가지고 있었다. 그럼에도 불구하고 최후의 승자가 된 MP3는 무엇이었을까? 바로 아이팟이다. 아이팟 출시 이후 우리나라 제품들은 급격히 경쟁력을 잃었다. 녹음, 라디오, 스피커, 디자인 등 최고의 성능을 보여주었던 우리나라 제품이 애플의 아이팟 출시에 소리 소문 없이 역사의 뒤안길로 사라질 수밖에 없었던 것은 바로 고객들과 가치의 공동창조 작업을 하지 않았기 때문이다. 우리나라 회사들은 MP3를 고객에게 판매하는 데에만 중점을 두었지 고객들이 MP3를 통해서 어떠한 부가가치를 획득하는 지에 대해서는 별반 신경을 쓰지 않은 듯하다. 왜냐하면 고객들이 우리나라 제품을 구입했을 때에는 음악의 불법 다운로더가 되어야만 MP3를 최대한 잘 활용할 수 있었던 반면, 아이팟은 아이튠즈 스토어를 만들어 고객들이 좋아하는 곡들을 값싸게 구입하여 자신만의 독특한 음악 저장소에 소장할 수 있도록 했다. 우리나라 제품들은 고객에게 판매하는 순간 모든 관계가 끝나지만 애플은 제품을 판매한 이후 고객들과의 관계 속에서 부가가치를 창출했던 것이다. 이러한 사례가 벌써 20년 전의 얘기이니 지금의 Z세대는 기억도 못할 일이고, 그 이후 고객과의 공동가치창출을 통한 비즈니스모델의 발전이 이루어졌는지는 미루어 짐작할 수 있다. 타이어 산업에서도 브릿지스톤과 같은 기업은 타이어에 센서를 삽입하고 타이어를 판매한 이후 고객들이 어떠한 운전 행태를 보이는지, 또 타이어의 마모 상태는 어떠한지 등을 파악하여 향후 고객의 운전습관 교정 교육을 실시하거나 운전한 거리만큼 타이어 값을 책정하는 등 다양한 비즈니스모델을 창출해가고 있다. 타이어라는 제품을 판매하는 것에 끝나는 것이 아니라 판매한 이후 고객과의 관계 속에서 부가가치가 창출되고 있는 것이다. 결국 제품을 팔았다기 보다는 가치 있는 경험을 판 것이다. 그러한 관계 속에서 고객의 다양한 요구들이 수집되고 분석되어 더 나은 비즈니스모델이 만들어지고 고객가치가 증폭되는 선순환이 지속되는 것이다. 고객은 그 제품뿐만이 아니라 제품을 만든 기업과의 관계 속에서 더 많은 이익을 얻을 수 있으므로 그 기업의 오랜 고객이 될 수밖에 없고 이러한 고객이 많으면 많을수록 그 기업은 시장 내에서 독점적 위치를 점유해 갈 수 있을 것이다. 오직 제품 중심적 사고에 묻혀서 판매 이후 고객을 등한시하는 기업은 우리나라 MP3 기업들과 같이 그 제품의 품질이 아무리 세계 최고라고 하더라도 경쟁력을 상실할 수밖에 없다. 서비스에 초점을 맞추고 고객과의 공동가치창조에 몰두하는 기업은 지금과 같이 플랫폼 비즈니스모델로의 전환이 요구되는 시점에 이미 그 필요조건을 갖추었다고 볼 수 있다.

인적자원개발이라는 수단적, 도구적 개념으로는 이러한 고객과의 관계 속에서 진행되는 가치창조의 다양성, 다원성, 그리고 유기적 진화의 과정에 적극적으로 대응해 가기가 어렵다. 왜냐하면 인간을 자원으로 보는 관점 자체가 제품 중심적 논리에 의한 개념이고 기껏해야 제품의 품질을 보다 효과적으로 증진시키기 위한 여러 자원 중의 하나라고 보기 때문이다. 제품의 품질적 측면은 기본이고, 고객과의 긴밀한 관계 속에서 이전에 없었던 새로운 부가가치를 공동 창조해 가는 서비스 중심적인 기업이 되기 위해서는 조직구성원들을 표준화된 도구로서 보는 것이 아니라 유기적으로 가치를 창출해 갈 수 있는 창의적이고 혁신적 인간으로 보는 관점이 필요하고 이를 위한 경영 및 인사관리의 혁신이 필요한 것이다.

조직 측면에서도 이러한 시장가치의 유기적이고 창의적인 진화 형태를 따라가기 위해서는 소비자의 암묵적 니즈를 제때에 파악하고 창의적인 제품 및 서비스로써 고객을 만날 수 있는 조직역량이 필요하다. 이러한 조직역량은 바꾸어 말하면 고객의 명시적 니즈가 아닌 암묵적 니즈에 대응할 수 있는 역량이라고 볼 수 있다. 고객의 명시적 니즈는 누구나 다 알 수 있는 니즈로써 기업이 필수재나 일회용품을 만드는 회사라면 저가의 박리다매 방식으로 이를 충족시킬 수 있을 것이다. 이러한 시장 상황이라면 인간에 대한 자원적 개념이 알맞다. 왜냐하면 자원의 효율성을 활용하여 많이 생산하고 코스트 경쟁에서 살아남으면 되기 때문이다. 하지만 혁신경쟁을 해야 하는 시장이라면 어떠할까? 코스트 경쟁시장은 이미 로봇에 의해 자동화시스템으로 대체되고 있으며, 앞으로 인적자원이 속해야할 조직은 혁신경쟁 시장 속에 있는 기업일 수밖에 없을 것이다. 고객은 이미 표면화된 니즈가 아니라 자신도 잘 몰랐지만 기대 이상으로 자신의 암묵적 니즈를 충족해준 제품과 서비스를 추종한다. 다른 말로 하면 고객의 문제를 새롭고 매력적으로 해결해준 기업을 선택한다는 의미이다. 여기서 중요한 것은 이러한 혁신적 제품과 서비스는 결코 누구나 알고 있는 명시적 지식에 의해서 만들어지지 않는다는 것이다. 명시적 니즈는 명시적 지식에 의한 제품과 서비스로 충족될 수 있지만, 고객의 암묵적 니즈는 조직의 시크릿소스인 암묵적 지식의 축적으로 창출된 제품과 서비스에 의해 충족되는 것이다. 그 제품과 서비스가 혁신적일 수 있는 이유는 그 기업이 고객과의 관계와 경험에서 축적된 미시적인 통찰들, 즉 암묵적 지식이 집합되어 창의적으로 발현되었기 때문이다. 암묵적 지식은 시간적 역사성을 가지고 오랜 관계와 경험에 의해 축적되는 고귀한 지혜이기 때문에 쉽게 카피하기가 어렵다. 따라서 암묵적 지식에 대한 지식경영이 잘되어 있는 조직은 혁신의 창조 및 지속적 시장 우위에 있을 조건을 갖추게 되는 것이다. 여기서 문제가 두 가지 있다. 하나는 암묵적 지식이 인간에게 체화된다는 점이고 다른 하나는 암묵적 지식의 획득, 공유, 확산이 매우 까다롭다는 것이다. 보물 같은 암묵적 지식을 체화한 조직구성원이 자신의 지식을 조직을 위해 사용하지 않겠다고 결심하면 조직으로서도 어쩔 수가 없는 것이다. 인간은 기계와 달라서 버튼을 누르거나 비밀번호를 입력한다고 해서 실행되는 것이 아니기 때문이다. 그렇다면 암묵적 지식을 통한 혁신으로서 생존을 이어가야하는 조직은 그런 조직구성원에게 어떤 전략으로 대해야할까? 바로 수단적 자원이 아닌 가치의 주체로서 대해 주어야하는 것이다. 가치 중심의 조직경영이 필요한 이유는 인간은 자신의 가치가 공감되고 연결될 때 스스로의 에너지를 투입하고 그 가치를 더 확대해 나가기 때문이다. 조직 측면에서 인적가치개발론이 탐구하는 바는 고객가치와 관련한 암묵적 지식의 획득, 활용, 그리고 공유 및 확산이 조직구성원 간 효과적으로 이루어져 고객의 기대를 능가하는 혁신적 서비스가 지속적으로 창출될 수 있도록 조직 시스템을 어떻게 디자인하는가와 같은 과제라고 볼 수 있다. 인간을 수단적 자원으로 보는 관점으로서는 명시적 지식의 유통을 강제할 수 있을지는 모르지만 혁신에 필요한 암묵적 지식을 다양한 형식을 통해서 조직구성원 스스로가 공유 확산하여 혁신에 기여할 수 있도록 하기에는 한계가 있다. 왜냐하면 인간은 자신이 주체로서 존중받고 조직의 가치와 개인의 가치가 서로 정렬되어 갈등이 최소화 되어야만 자신의 에너지를 조직에 투입할 수 있기 때문이다. 여기에서 개인 측면의 인적가치의 의미가 대두될 수 있는데 바로 '에너지의 발현'이라는 관점이다.

CHAPTER 3 인적가치와 학습의 변화

 인적가치개발 측면에서의 학습론을 설명하기 위해서는 개인적 측면에서의 가치 개념을 조금 더 상세하게 살펴볼 필요가 있다. 앞 장에서 개인 측면의 인적가치의 의미를 단순히 '에너지의 발현'이라는 정의로만 소개를 했는데, 이러한 정의를 조금 더 정교화 해보려는 것이다. 인적가치개발론 역시 조직의 발전이라는 맥락에서 논의되는 것이므로 결과의 창조 및 성과의 향상이라는 기본적인 전제가 바뀔 수는 없다. 조직 내 개인도 결과의 창출을 위해 노력해야 할 것이다. 그렇다면 개인이 성공적인 결과를 창출할 때 어떠한 변수들이 역동적으로 작용하고 있는 것일까? 매우 단순화 시켜서 본다면, 결과는 자신이 가지고 있는 역량과 운의 함수라고 볼 수 있다. 다음과 같이 표현될 수 있다.

$$결과 = f(역량 \cdot 운)$$

 누군가가 엄청난 결과를 성취했다면 그는 분명히 역량이 뛰어난 사람이고 행운도 따랐을 것이라는 생각을 하게 된다. 위대한 성취는 그냥 이루어지지 않으며 그에 따른 탁월한 역량이 뒷받침되고 환경이 우호적으로 지원될 때 이루어질 수 있다. 하지만 여기서 운에 관한 한, 그것이 행운이건 불운이건 간에 사람이 항상 통제할 수 있는 변수가 아니므로 우리가 초점을 맞추어야하는 변수는 역량이라고 볼 수 있다. 일각에서는 운이라는 것도 우연이 아니라 인간이 헌신과 능력으로 만들어내는 필연이라는 시각이 있는데 이 또한 역량의 다른 말이므로 역량이라는 개념에 집중해 보고자 한다. 그렇다면 역량은 어떤 것에 영향을 받을까? 역량은 무엇을 해내는 능력으로 생산성과 관련이 있다. 그렇다면 그 생산성은 어떤 바람직한 일관된 행동을 통해서 성취가 된다. 따라서 역량은 행동의 함수이다.

$$역량 = f(행동)$$

　엄밀히 말하자면 역량은 그 사람이 가지고 있는 지식과 판단력에도 영향을 받는다. 하지만 지식을 축적하는 것, 그리고 판단하는 행위 모두 행동에 포함된다고 보아 행동이라는 단일 변수를 선택하였다. 따라서 여기서의 행동은 지적인 행동, 예술적인 행동, 민첩한 행동 등 해당 영역에서 생산적인 활동을 지원하는 다차원적인 행동을 모두 포괄한다. 그렇다면 이 행동은 또다시 어떤 요소들에 의해 구성되고 영향을 받는 것일까? 이를 규명해야 바람직한 행동, 역량을 증진하는 행동들을 보다 명쾌하게 설명할 수 있을 것이다. 행동은 의도 또는 의지가 있을 때 발생한다. 의도 없이 자동화된 행동이 있을 수 있겠지만 그러한 행동도 최초에는 어떤 의도를 지니고 시작되었을 것이다. 약물, 음주, 폭식 등 중독적인 비정상 행동의 경우, 성취를 위한 역량과 무관하므로 논외로 하기로 한다. 의도를 관찰한다면 이는 생각에 의해 비롯되고 느낌에 의해 힘을 받는다. 결국 의도의 원천적인 요소는 생각과 느낌이라고 볼 수 있다. 따라서 행동이 의도에 의해 비롯된다고 할 때 의도 또한 생각과 느낌에 영향을 받으므로, 행동의 원천적인 요소는 생각과 느낌이라고 말할 수 있다. 결국 행동은 그 사람이 가진 생각과 느낌의 함수이다.

행동 = f(생각 · 느낌)

많은 사람들이 생각과 느낌을 통틀어서 단순히 마음이라고 정의를 하는데 이렇게 요소를 나열하는 것으로는 마음을 이해하기가 쉽지 않다. 왜냐하면 이런 분절화된 설명으로서는 마음의 통합적 성격과 역동적인 특징이 잘 드러나지 않기 때문이다. 마음의 특성을 알기 위해서는 마음 자체에 내포되어 있는 구조와 과정을 잘 이해해야 한다.

마음의 구조는 그 깊이에 따라서 세 단계로 나누어 생각해 볼 수 있다. 첫 번째는 〈그림 1-1〉과 같이 얕은 구조이다. 마음의 얕은 구조는 앞에서 설명한 바와 같이 행동에 영향을 미치는 생각과 느낌이다. 이 마음은 일시적이고 단편적이다. 마치 컴퓨터의 RAM(Random Access Memory)과 같이 그때그때의 상황에 부합하는 단기적인 움직임이라고 볼 수 있다. 얕은 구조이므로 많은 것을 저장하지는 않지만 환경에 빠르게 대응하고 나름의 적응된 행동을 표출한다.

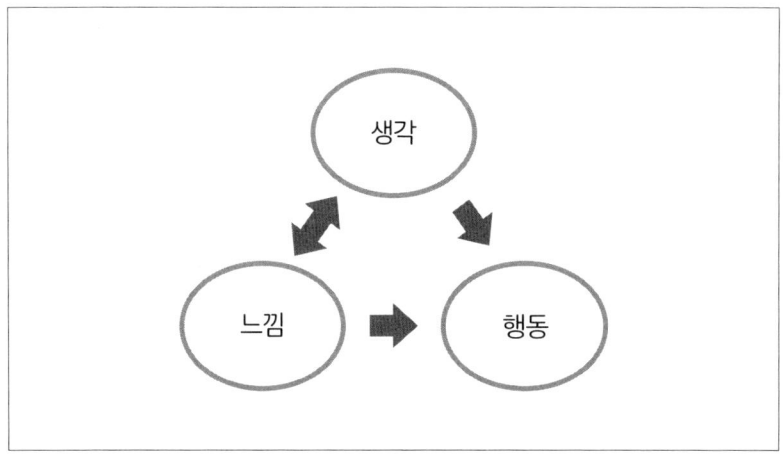

<그림 1-1> 마음의 얕은 구조

마음의 얕은 구조는 〈그림 1-2〉의 중간 구조와 관련이 깊다. 이 관련성은 서로 주고받음과 같다고 볼 수 있는데 얕은 구조의 일정한 패턴이 지속되면 중간 구조에 편입되고 중간 구조에서 각각의 특성은 얕은 구조가 활동하는 데에 지대한 영향을 미친다. 결국 조건화가 진행되는 것을 의미한다.

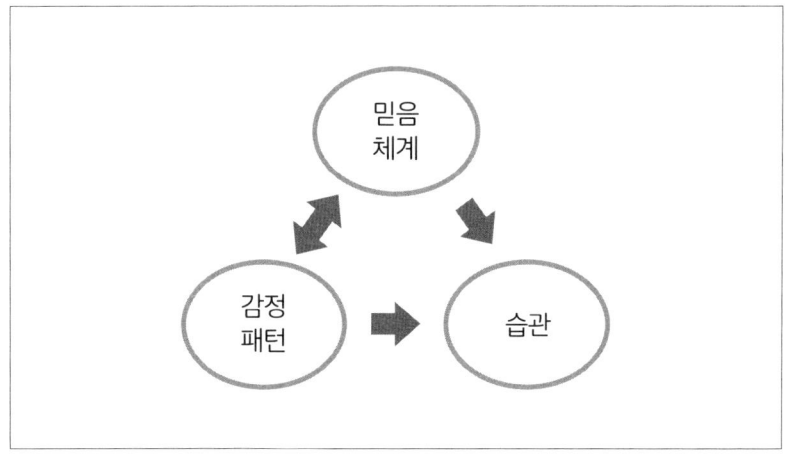

〈그림 1-2〉 마음의 중간 구조

　중간 구조는 믿음체계, 감정패턴, 습관으로 이루어지며 각각 생각, 느낌, 행동과 대칭된다. 예를 들어 특정 생각이 지속적으로 한 방향으로 이루어지면 그것은 하나의 믿음체계가 되어 다음에 비슷한 현상, 사건 또는 환경을 통해 같은 종류의 생각으로 그 현상을 해석하는 것이다. 느낌도 마찬가지다. 기쁨과 슬픔, 환희와 분노, 자신감과 당황스러움, 안정감과 두려움, 희망과 좌절감, 즐거움과 우울 등등 여러 가지 감정 중에서도 어느 특정의 감정을 자주 느끼게 되면 그것이 자신의 감정패턴이 되어 그 감정이 다른 감정보다도 다양한 상황에서 쉽게 표출될 수 있는 조건이 구조화되는 것이다.

이는 마치 음식이 영양분이 되어 우리 신체를 구성하는 것과 똑같은 이치이다. 마음에서 음식에 해당하는 것은 바로 우리가 보고, 듣고, 느끼는 것이다. 순간순간 보고, 듣고, 느끼는 것이 지속적으로 영양분으로 전환되어 즉 믿음체계와 감정패턴으로 변화되고 우리의 마음을 구성하게 되는 것이다. 우리 마음의 상태는 우리가 일상에서 지속적으로 무엇을 어떻게 보고, 듣고, 느끼느냐에 따라 결정된다. 예를 들어, 본다는 것은 일종의 모델링으로 생각해볼 수 있다. 어떤 사람의 바람직한 행동에 공감하는 경우, 예를 들어 건전한 투자를 통해 지속적인 부를 쌓아 올리는 사람이 있고 내가 그 사람의 모습이 좋다고 생각한다면 나는 계속 그 사람의 생각과 행동을 따라 하고자 할 것이다. 듣는다는 것은 우리가 받아온 교육을 생각하면 될 것이다. 선생님, 부모님, 형제, 선배 등으로부터 우리는 많은 것을 들어왔고 그것이 암암리에 우리의 믿음체계를 형성한다. 느끼는 것은 특히 어렸을 때 경험한 강렬한 사건 등에서 오는 감정의 기억이 장기 기억으로 남아 그 생생함이 재현되는 것을 예로 들어 볼 수 있을 것이다.

이러한 믿음체계와 감정패턴은 지속적으로 행동에 영향을 미쳐 하나의 자동화된 행동패턴을 이루는 데 우리는 이를 통상 습관이라고 칭한다. 습관이 무서운 것은 이것이 자동화되어 있기 때문에 지속성을 갖고 따라서 변화에 큰 저항성을 갖는다는 점이다. 좋은 습관이라면 변화시킬 필요가 없겠지만 나쁜 습관이라면 우리에게 계속 안 좋은 결과를 만나게 하여 고통을 증가시킨다.

마음의 구조는 중간 구조에서 완결되지 않는다. 한 단계 더 나아가서 〈그림 1-3〉과 같은 깊은 구조가 존재하며 바로 중간 구조의 원인이 되는 구조라고 볼 수 있다. 깊은 구조는 매우 미세한 분별심을 의미한다. 아주 조그마한 판단에 따라서 생각의 측면에서는 옳고 그름 또는 좋고 나쁨이, 느낌 측면에서는 좋아함과 싫어함 또는 사랑과 미움의 기준이 내가 받아

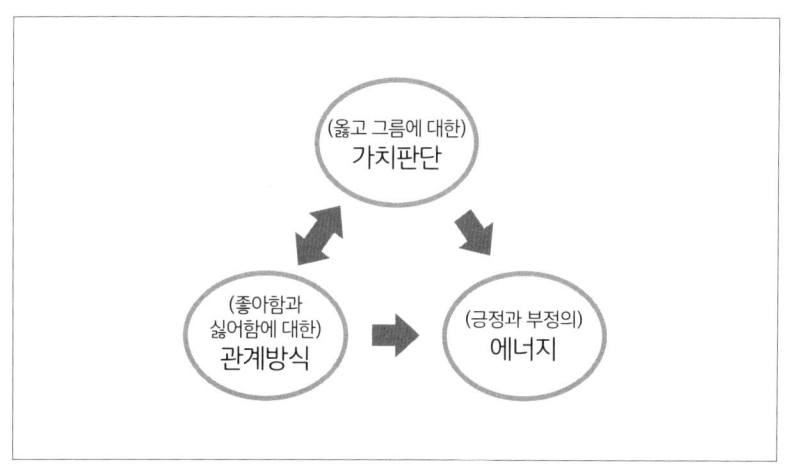

<그림 1-3> 마음의 깊은 구조

들일 환경을 선택하게 만드는 것이다. 결국 첫 장에서 소개했듯이 내면의 자발적 또는 자동적인 선택이 외면의 환경을 구성하게 된다. 옳고 그름은 가치판단의 영역이며 좋아함과 싫어함은 관계방식에 의해 결정된다.

가치판단과 관계방식에 의한 미세한 분별은 자신이 가진 에너지에 영향을 미쳐 강하게도 하고 약하게도 하는 원인이 된다. 그 에너지는 옳음과 좋아함에는 긍정의 에너지로, 그름과 싫어함에는 부정의 에너지로 작용한다. 이 가치판단과 관계방식에 의해 특징 지워진 에너지는 중간 구조의 믿음체계 및 감정패턴에 끊임없이 영양분을 공급하고 깊은 구조의 미세한 분별심에 따라 중간 구조는 강화되거나 약화된다.

이렇게 마음을 구조와 과정으로 분석하여 볼 때, 다음과 같이 정의될 수 있을 것이다. 마음은 "가치와 관계에서 비롯된 에너지"이다.

앞 절에서 마음을 단순히 생각과 느낌으로 정의하는 것은 마음의 통합적 성격을 담보하지 못한다고 지적하였다. 에너지의 측면에서 볼 때 마음은 다이내믹한 특성을 지니고 있고, 인간의 생명력을 드러나게 하는 요소라는 것을 강조할 수 있다. 누군가는 마음이 머리에 있다고 하고, 또 누군가는 마음이 심장에 있다고 하면서 눈에 보이는 실체처럼 말하곤 한다. 하지만 마음은 그 어느 한 곳에 있는 것이 아니며 미세한 분별에 의해 촉발된 에너지로서 그 활동은 나의 신경과 세포 등 신체의 관계망을 재구조화한다. 마음과 신체는 긴밀히 연결되어 있고 특별히 기억하고 싶은 경험들은 주로 머리의 뇌가 되겠지만 적절한 신체의 관계망 안에 저장한다. 여기서 마음을 특징짓는 에너지는 가치와 관계에 영향을 받는다는 것이 중요하다. 신체가 각 장기의 기능과 그 관계에 의한 시스템으로서 움직임을 위한 파우어를 생산한다면, 마음은 가치와 관계에 의한 시스템으로서 사고와 감정을 위한 에너지를 생산한다. 이러한 긍정적 또는 부정적 에너지에 따라서 우리의 행동은 규율된다. 따라서 위의 행동에 대한 공식을 다시 쓴다면 행동 = f(마음)이라고 볼 수 있다.

저자가 개인 측면에서의 인적가치를 '에너지의 발현'이라고 정의한 이유가 바로 여기에 있다. 인적가치개발은 인간을 목적을 위해 사용되는 물화(物化)된 도구의 개념으로 보지 않고 자신의 에너지를 발산하여 가치를 발견하고 실현해 나가는 존재로 본다. 이러한 측면에서 인적가치개발론은 인간의 학습에 대한 관점을 인적자원개발론과는 전혀 다르게 정의한다.

인적자원개발이냐 인적가치개발이냐를 떠나서 학습이론 자체가 많은 진보를 이루어 왔다. 은유적으로 표현한다면 획득(acquisition metaphor)에서 참여(participation metaphor)로의 변화가 이루어졌다고 볼 수 있다. 획득 메타포는 그야말로 지식을 얼마나 많이 머릿속에 획득하느냐 하는 관점에서 학습을 설명한다. 지금까지 우리나라 교육이 이러한 개념에 입각하여 시험 중심으로 인간을 평가해 왔다. 이에 반해 참여 메타포는 주어진 문제 상황에 얼마나 많이 참여하여 의미를 구성해 왔는가 하는 관점에서 학습을 설명한다. 가장 단적인 예가 실행공동체(communities of practice:

COP)와 같은 이론이다. 실행동공체 이론에서는 공동체 내에서 초심자(new comer)가 주변의 정당한 참여(legitimate peripheral participation)를 통하여 그 공동체 내의 가장 오래된 멤버(old timer)인 전문가가 되어 가는 과정, 즉 그러한 정체성 변화(identity change)를 학습으로 본다. 공동체의 구성원으로서 멤버십을 가지고 공동체 내의 문화를 소비하거나 창조하는 활동을 통해 생생한 지식이 공유되고 확산되는 것이다. 획득 메타포에서의 지식이 이미 알려진 명시적 지식이고 맥락과 분리된 죽은 지식이라면, 참여 메타포에서의 지식은 구체적 맥락 속에서 진화하고 체험을 통해 자기 정체성으로 내면화한 살아 숨쉬는 지식이라는 점이 구별된다.

지금까지의 인적자원개발론은 집합교육과 컨설팅의 이름으로 교육 및 내용 전문가 위주의 획득 메타포 학습을 조직구성원들에게 주입해 왔다. 과거의 정제된 지식은 효율적인 전달이 용이하므로 복잡하지 않고 잘 정의된 문제들(well-defined problems)에 대해서 잘 대처할 수 있도록 도와주지만, 경쟁의 격화와 기술 진보에 따라 매우 복잡하고 잘 정의되지 않는 문제들(ill-defined problems)이 만연한 현재의 시장 속에서는 구체적 상황이 다각적으로 고려된, 맥락적 지식과 인간 상호작용 속에서 공동 창조되는 살아 숨쉬는 지식이 필요한 것이다. 참여 메타포는 학습의 상황맥락성 그리고 인간의 상호작용과 변화를 강조함으로써 현재 시장환경에 맞는 학습상황을 적절하게 표현해주고 있다. 하지만 인적가치개발론이 강조하는 개인의 인적가치, 즉 자신만의 고유한 에너지 발현이 실현될 수 있는 학습적 조건을 설명하기에는 부족해 보인다. 왜냐하면 참여 메타포는 멤버십을 획득하고자 하는 인간의 능동성을 인정하고 있기는 하지만 여전히 맥락적 상호작용 속에서 제한된 지식의 습득이라고 하는 '밖에서 안으로의 학습'이 큰 비중을 차지하고 있기 때문이다.

인간의 개별화된 관심과 열정의 발현을 통하여 공간적 한계를 벗어난 의미의 형성으로 적극적 관점의 학습을 정의하기 위해서는 새로운 은유가 필요하다. 인적가치개발론은 이 은유를 '내어줌의 은유(giving metaphor)'라고 명명하고자 한다. 개개 인간의 독특한 '가치와 관계에서 비롯된 에너지의 발현'이라는 관점에서 학습을 정의한다면 이는 '관심과 열정의 조직화'가 될 것이다. Giving metaphor는 acquisition metaphor와 달리 오히려 내어줌으로써 학습의 폭과 속도가 비약적으로 확대되리라는 것을 암시한다. 인적가치개발론의 학습은 이러한 개인의 열정이 제한 없이 분출될 수 있는 학습시스템을 구조화하는 것을 목표로 한다. 이는 지금까지 HRD 프랙티스에 대한 근본적인 혁신을 요구하는 측면으로써, 인적가치개발론의 HRD부서에 대한 시사점은 다음 장에서 소개하기로 한다.

CHAPTER 4 | HRD 부서의 변화

인적가치개발론은 인적자원개발의 학습과 달리 안에서 밖으로(inside-out)의 표현과 공유를 통하여 가치를 증폭시키고자 하는 것을 학습으로 본다. 개인 측면에서의 인적가치는 인간의 독특한 '가치와 관계에서 비롯된 에너지의 발현'이라는 관점에서 정의될 수 있고, 따라서 학습의 가장 중요한 이슈는 각 조직구성원들의 '관심과 열정을 조직화'하는 것이다. 일하는 조직도 인간의 개별화된 관심과 열정의 발현을 통하여 적극적으로 의미가 형성되는 장(場)으로 간주된다. 인적가치개발론이 지지하는 HRD 부서(추후 명칭도 HVD: Human Value Development로 바꿔져야겠지만, 아직 통용되고 있지 않으므로 기존 담당부서를 지칭하기 위해 HRD를 사용하기로 한다.)의 가장 핵심적인 역할은 이러한 개인의 열정이 제한 없이 분출될 수 있는 학습시스템을 구조화하는 것이다. 이러한 구조화를 위해 많은 대안들이 있겠지만 저자는 핵심적으로 다음의 세 가지만 언급하고자 한다. 첫째는 HRD부서가 지금까지의 공급자 중심모델(Push 모델)에서 벗어나 자발적 참여모델(Pull 모델)로 신속히 교육시스템을 변화시켜야 한다는 것이고, 둘째는 역량의 정렬(alignment)을 넘어 가치의 정렬을 이루어내야 한다는 것이며, 마지막으로 셋째는 실천역량뿐만 아니라 발견역량의 증진 또한 강조되어야한다는 점이다.

먼저, 자발적 참여모델(Pull 모델)과 관련하여, 교육에서의 공급자 중심 모델(Push 모델)이 기존의 커리큘럼과 코스워크에 의해 교수자 또는 프로그램 개발자가 이미 마련해 놓은 교수 내용을 학습자에게 전달하는 것을 강조한다면, Pull 모델은 이와는 반대로 학습자들과 교수자 모두에 의해 학습 요목이 제안되고 이 내용들이 학습 플랫폼으로 구성되어 교수자들은 가르친다기보다 큐레이터의 역할을 통하여 학습자들의 학습 경로를 잘 안내하는 역할을 수행하는 모델을 지칭한다. Hagel III, Brown, & Davison (2010)은 그들의 책 『The power of pull』에서 하와이 출신인 Dusty Payne이 어떻게 세계 최고의 서퍼가 되었는가를 의미심장하게 기술하고 있다. 페인이 여덟 살이던 어느 여름날 아버지는 그에게 무엇을 하고 싶냐고 물었고, 페인은 간단히 "서핑하고 싶어요."라고 대답했던 것이다. 그때부터 페인부부는 서핑협회에 가입하는 등 관심을 보였고 페인은 하루종일 서핑을 하고 저녁 때는 집으로 돌아와 자기가 했었던 동작들 또는 프로 서퍼들의 비디오를 보면서 더 잘 할 수 있는 방법을 익히곤 하였다. 이로부터 페인의 집은 그 주변의 서퍼들이 모이는 클럽하우스가 되었고, 서로의 서핑 동작들을 분석하고 발전시키는 학습장이 되었다. 페인은 자신의 영상들을 인터넷에 올렸고 매트 키노시타와 같은 멘토를 만나게 되면서 결국 세계적인 서핑대회에서 그랑프리까지 타는 최고의 선수가 된 것이다. 더스티 페인이 최고가 되기까지 서핑에 대해 학원에서 강습을 받거나 기존의 프로그램에 속해서 훈련을 받은 적은 없다. 하지만 자신의 열정과 관심이 많은 네트워크를 끌어당겼고, 네트워크 속에서의 자발적인 학습이 그를 최고로 만든 것이다. 기존의 커리큘럼을 주입(push)하는 것이 아니라 다양한 자원들이 관심과 열정을 매개로 끌어당겨져서(pull) 기하급수적인 성장과 밀도 있는 학습을 수행하게 되는 것이다.

하루에도 엄청난 지식들이 증폭되고 있고 과거에 볼 수 없었던 고약한 문제들(wicked problems)이 만연해 가는 경제적 환경에서 예전과 같은 공급자 중심의 push 방식은 설 땅을 이미 상실하였다. Pull 방식은 '관심과 열정의 조직화'라고 하는 인적가치개발론의 학습 관점과 맞닿아 있고, 개개인의 인적가치가 플랫폼을 통해 증폭되는 시스템을 가정하고 있다. Pull 모델이 교육 플랫폼을 요구하는 이유는 실시간으로 직원들의 학습이력 및 요구들이 빅데이터로 분석되어 플랫폼 안에서 개인 맞춤형 강좌들이 끊임없이 개설 및 폐쇄될 수 있는 인공지능적 코스워크 자동화시스템이 필요해지고 있기 때문이다.

두 번째로 조직 내에서 역량의 정렬을 넘어 가치의 정렬을 이룰 필요가 있다. 인적자원관리가 제대로 분화되지 않았던 산업화 시대에는 개인의 능력을 나타낼 수 있는 지표들이 부족하여 결국 직원이 가진 간판, 즉 대학졸업장, 전공, 자격증 등을 중심으로 선발 또는 배치가 이루어졌다. 이후 성과시스템이 발달되면서 직원의 역량 수준에 따른 인사관리가 가능해 졌다. 간판의 매칭에서 역량의 매칭으로 진화가 된 것이다. 더 나아가 지금은 역량의 매칭만으로 조직의 경쟁력을 이어가기에는 힘든 시장 환경이 조성되고 있다. 왜냐하면 역량의 매칭은 직무의 표준에 맞추는 것을 의미하지만 요구된 직무와 업무분장의 일사불란한 구조화만으로는 시장을 선도할 수 있는 혁신적 기업이 되기 어렵게 되었기 때문이다. 그 이유로 두 가지 측면을 들 수 있는 데 첫째, 현대의 조직에서 직무는 기술적 합리성에 의한 업무 기술을 넘어 훨씬 더 다양하고 복잡한 문제 상황을 포함하게 되므로 표준적인 직무역량이 매칭되었다고 하더라도 그 수행능력에 대해서는 불확실 할 수밖에 없다는 점이고 둘째, 결국 조직의 경쟁력은 직원들이 자신의 보수만큼만 조직에 기여하기 보다는 보수 이상으로 기여하는 여분의 노력에 의해 경쟁기업보다 우위를 점할 수 있다는 점 때문이다. 이는 진정한 리더십은 기술된 직무를 초과하여 여분의 노력을 촉진하는 incremental influence에 있다고 리더십 학자들이 강조하는 이유이기도 하다. 직원들이 복잡한 문제 상황에 몰입하고 해결을 위해 여분의 노력을 기꺼이 투입시킬 수 있는 조건은 바로 개인과 조직 간의 가치가 매칭되는 것이다. 인적자원개발론이 역량의 매칭을 강조한다면 인적가치개발론은 이를 넘어서 가치의 매칭을 강조한다. 나의 가치가 조직의 가치와 조화를 이루어야 에너지가 막힘없이 자연스럽게 흐를 수가 있고 보다 효과적으로 개개인의 열정들이 조직화될 수가 있다. 이러한 가치의 매칭을 위해서는 집합교육보다는 코칭과 같은 소프트한 접근이 요구된다. 셋째, 실천역량과 더불어 발견역량에 대한 강조가 필수적이다. 인적가치개발론의 입장에서 조금 더 정확히 얘기하자면 발견역량은 '가치발견역량'이라고 할 수 있고 가치실천에 몰두하기 이전에 '왜'에 대한 근거와 '이해'가 선행되어야한다는 점을 강조한 것이다. 예를 들어 지금까지 기업교육에서는 나(I)의 측면에서는 '자기조절역량', 너(You)의 측면에서는 '의사소통역량', 우리(We)의 측면에서는 '협력', 그리고 과제(Task)의 측면에서는 '문제해결역량'을 강조해 왔다. 이렇듯 자기조절, 의사소통, 협력, 문제해결역량 등은 모든 조직구성원들이 기본적으로 갖추어야하는 기초적인 관리스킬로써 모든 기업교육 프로그램들이 이러한 기초 핵심역량 증진 과정을 포함하고 있다고 해도 과언이 아니다. 이러한 역량들이 조직인으로 살아가기 위해 가장 핵심적이고 중요하다는 것을 누구나 알고 있지만 과연 이러한 '실천역량'들이 교육된다고 해서 바라는 결과들이 쉽게 창조될 수 있는가에 대해서는 의문이다. 왜냐하면 이러한 가치실천역량들은 그것들이 행동화되기 이전에 '가치발견역량'이 선행되지 않고서는 그 효과가 지속되지 않기 때문이다. 말하자면 자기조절 이전에 '자기이해'가, 의사소통 이전에 '공감'이, 협력 이전에 '책임'이, 문제해결 이전에 '문제발견'이 있어야만 실천역량들이 실질적인 가치실현을 이룰 수 있는 것이다. 가치발견역량과 가치실천역량을 표로 정리하면 〈표 1-1〉과 같다. 가치발견역량과 가치실천역량으로 구성되는 인적가치역량개발에 관해서는

<표 1-1> 가치발견역량과 가치실천역량

	가치발견역량	가치실천역량
나(I)	자기이해	자기조절
너(You)	공감	의사소통
우리(We)	책임	협력
과제(Task)	문제발견	문제해결

제2장에서 자세히 서술하기로 한다.

지금까지 인적가치개발론이 HRD부서에 주는 시사점에 대해 세 가지를 중심으로 알아보았다. 조직 내 개발시스템을 Push 모델에서 Pull 모델로 전환하고, 역량의 매칭을 넘어 가치의 매칭을 실현하며, 실천역량과 더불어 발견역량에 강조점을 두어야한다는 제안을 하였다. 기존의 HRD 부서가 이러한 방향으로 조금씩 나아가서 인적가치개발론이 개인개발뿐만 아니라 조직개발을 위해서도 목표로 하는 의미 있는 활동 즉, 가치발견 → 가치실천 → 가치실현의 선순환을 통해 경쟁력 있는 조직 만들기가 가능해지기를 기대한다.

PART
02

가치 중심 역량개발

본 챕터에서는 인적가치개발론에서 역량개발의 의미를 설명한다. 인적자원이 아닌 가치를 지닌 인간의 측면에서 역량개발을 수행한다면 어떠한 차이점이 있을지에 대한 설명과 개발의 관점에서도 어떤 변화가 필요한지에 대해 탐색한다. 다음과 같은 순서로 상술한다.

제1장 | 역량의 정의와 핵심역량
제2장 | 고부가가치 역량
제3장 | 전문성과 역량개발

CHAPTER 1 역량의 정의와 핵심역량

1. 역량개념의 전개 과정

역량이라는 용어는 학문 분야별로 다양하고 광범위하게 활용되고 있지만 구체적인 과제를 수행하기 위한 능력이라는 공통의 기저가 수반되어 있다. 따라서 역량의 서로 다른 의미들을 통해 인간의 능력 측면에서 어떻게 이해될 수 있는지 살펴볼 필요가 있다.

역량의 개념은 초기에 Robert White(1959)에 의해 인간의 활동을 직접적으로 관찰 가능한 행동으로 분류하는 행동주의 심리학적 관점에서 사용되었다. 그 후 McClelland(1973)는 전통적인 지능검사가 업무성과나 인생의 성공 여부를 예측하지 못하고 소수민족, 여성 및 경제적 지위가 낮은 집단의 사람들에 대한 편견을 배제하지 못한다는 문제점을 제시하며, 직무의 성과를 예측하고 성공의 원인이 되는 자발적 사고와 행동을 규명하는 광범위한 심리적 또는 행동적 특성을 규명하고자 우수 수행자의 행동을 통한 직무역량을 제시하였다. 이는 실제 수행 상황에서 성공적인 수행을 가능하게 하고 평범한 수행자와 구별되는 우수 수행자의 특성으로 특정 수행을 가능하게 하는 것이다.

이러한 개념을 보다 구체화 한 Boyatzis(1982)는 역량을 '어떤 직무나 상황에서 준거에 비추어 효과적이고 뛰어난 수행의 기저가 되는 개인의 총체적인 특성'으로 정의하며 우수한 수행자와 구분 짓는 그 특성을 지식(knowledge), 기술(skill), 특질(traits), 동기(motive), 자기 이미지(self-image), 사회적 역할(social role)이라고 보았다. 이 연구는 개인의 직무수행과 조직환경의 상호작용에 의한 역량으로 어느 조직, 어느 업무에서나 일관성 있게 나타나는 우수한 관리자의 역량을 발견한 것에 의미가 있다.

McClelland와 Boyatzis의 연구를 근간으로 역량모델의 이론적 배경을 제시한 Spencer와 Spencer(1993)는 성공적인 수행을 위한 인간의 특성을 강조하였다. 이들은 역량을 '특정한 상황이나 직무에서, 준거에 따른 효과적이고 우수한 수행의 원인이 되는 개인의 내적인 특성(underlying characteristics)'이라고 정의하였다. 구체적으로 '내재적 특성'이란 다양한 상황에서 일반적으로 나타나며 개인의 행동을 예측할 수 있도록 해주는 개인 성격의 심층적이고 지속적인 측면을 말한다. 이를 구성하는 요소는 동기(motives), 특질(traits), 자기개념(self-concept), 지식(knowledge), 기술(skill)이다. 역량의 정의에서 '원인이 된다'는 것은 역량이 행동이나 수행의 원인이 되는 것으로 행동과 수행을 예측할 수 있다는 의미이며, '준거에 따르다'는 것은 역량이 구체적인 준거나 기준에 의해 예측이 가능하다는 것을 의미한다.

이들은 동기, 특질, 자기개념의 역량에 의도(intent)가 포함되어 기술적인 행동을 예측할 수 있고, 이러한 기술적 행동은 업무성과로 이어진다는 인과관계 모형(causal relationship)을 제시하였다. 의도는 특정 결과를 지향하는 행동을 유발하는 것으로 지식과 기술을 발휘할 수 있는 추진력을 제공한다고 보았다. 이는 지금과 같이 빠른 변화의 시대에서 요구되는 실천적 행위를 위한 지식과 부가가치를 높일 수 있는 창조적 지식의 근원이 되는 것으로써, 근본적인 역량의 특성을 통하여 미래사회에서의 역량의 중요성을 시사해 볼 수 있다.

또한 빙산모델에 의거하여 인재 선발 시, 동기, 특질과 자기개념은 중심부에서 잘 드러나지 않는 부분으로 평가나 개발이 어렵기 때문에 이 부분을 중점으로 선발하고 지식과 기술은 업무 수행을 위한 교육을 통해 개발하는 것이 효과적임을 제안하였다. 이는 단순한 지식의 수준을 넘어 성공적인 업무 수행을 가능하게 하는 역량의 개인특성(동기, 특질, 자기개념 등)을 고려한 인재양성 및 선발의 중요성을 시사한다.

Hamel과 Prahalad(1994)는 경쟁 기업이 결코 따라올 수 없는 자기 기업 특유의 차별화된 기술이나 노하우 결정체를 '핵심역량(core competency)'으로 정의하며 사업의 성패는 기업의 핵심역량이 무엇인지를 탐구하고 이를 지속적으로 키워나가 효과적으로 활용하는 능력에 달려있다고 언급하였다. 즉, 기업경영에서 핵심적인 것으로 새롭고 창의적인 방법으로 개개인의 전문성을 다른 것들과 결합하여 새로운 사업으로의 발전이 가능하도록 하는 것이다.

2000년대에 들어 역량의 개념은 OECD(2005)에서 언급한 것과 같이 일반적인 삶의 질 향상, 성공적인 삶을 영위하기 위하여 핵심적으로 갖추어야 할 것으로 의미가 확대되었다. 이는 역량을 개인의 내적 특성과 맥락과의 상호작용의 산물로 본 것으로, 개인의 내적 특성이 정태적인 모습으로 표출되는 것이 아닌 특정 맥락에서 주어진 요구에 반응하며 나타난다는 점에서 맥락에 결부되어 조절되는 측면이 주요 특성임을 말해 주고 있다(Rychen & Salganik, 2003). 이처럼 역량을 개인의 일반적인 내재된 특성으로 볼 것인지, 수행·성과 등과 같이 표면적으로 드러나는 행동의 영역으로 볼 것인지, 상황과 맥락에 따라 측정되고 타당화되는 상황역량(이순묵, 2004)으로 볼 것인지에 따라 그 의미와 범주가 달라질 수 있다.

과거 역량 연구를 살펴보면, 현 수준에서의 개인의 직무 성과를 향상시키기 위해 직무수행자가 갖추어야 할 최소한의 기본역량이 무엇인지를 탐구하거나, 업무에서의 우수 수행자와 평균 수행자를 구별하는 핵심역량이 무엇인지를 밝혀내는 연구가 다수를 이루고 있다. 그러나 현 시점에서 이러한 역량 연구가 복잡하고 다양한 지식의 융합과 확산적 사고로 월등하고 새로운 지식을 창출해야 하는 제4차 산업혁명 시대에 적합할 것인지는 고려할 필요가 있다. 즉, 위와 더불어 그동안 간과되어 왔던 시대적 흐름에 따른 사회체계(social system) 맥락과의 상호작용에 대한 체계적인 연구가 요구된다.

2. 새로운 역량개념의 필요성

오늘날 세계는 첨단 과학과 디지털 기술의 발전으로 다양한 정보 및 아이디어의 획득과 활용이 가능해짐에 따라 지식의 확산과 창출이 가속화되고 있다. 하나의 사건이나 사실의 체계적 자료는 단순한 정보에 지나지 않음을 인식하고, 정보를 활용하는 사람의 특정한 신념, 가치, 의도가 반영된 실천적 행위를 위한 지식으로서의 역할이 증대되고 있음(Nonaka, & Takeuchi, 1995)은 이미 누구나가 인식하고 있는 바이다.

가치창출의 원천이 정보와 지식으로 변화함에 따라 그 주체가 되는 인간은 단순한 자원이 아니라 가치창출의 원천이라는 인식이 대두되고 있다(오장원·전영선, 2004). 과거 기술, 인력, 자본 등의 유형자본이 중요한 요소로 자리 잡았던 산업시대에서 지식·정보와 같은 무형자본의 획득과 활용이 중시되며 인적자원의 역량을 강조하는 지식기반경제사회로 변화했다. 이제는 더 나아가 자신에게 유용한 정보를 수집하고 이러한 지식을 응용하여 부가가치를 높이고 새로운 차원의 창조적 지식으로 전환할 수 있는 창의융합형 인재를 요구하는 시대가 된 것이다. 이는 전통적인 관념에 따라 단순히 '무엇을 알고 있는가?'에 머무르던 사회체계(social system)가 실용적 측면이 강조됨에 따라 '무엇을 할 수 있는가?'의 역동적이고 실천적인 체계로 변화하였음을 의미하며, 더 나아가 이제는 '새로운 무엇을 창조할 것인가?'라는 질문에 인재육성의 측면에서 해답을 마련해야 한다고 지적한다.

2000년대 초만 하더라도, 지식기반사회로의 경제적 변혁에 따라 지식을 형성하고 활용 및 공유하는 인적자원의 중요성을 인식하면서 인간의 역량 및 전문성을 개발하고 향상시키는 것이 조직의 중요한 전략적 가치가 되었고(Swanson & Holton, 2001), 조직구성원이 창출하는 지적자산이 기업 성과의 중요한 핵심으로 등장하였다(전영옥·변현정·이준철, 2006). 이와 같은 조직 환경 속에서 효과적으로 업무를 수행해 내는 조직구성원의 행동 특성으로서의 역량(competency)이 강조되면서 다양한 역량 모델이 개발되었다.

직무를 효과적으로 수행하기 위해 필요한 역량의 집합으로 구성된 직무 역량모델(Job Specific Competency Model), 탁월한 업무수행자의 실제 직무수행 시 행동을 분석하여 추출한 역량으로 구성된 우수수행자 역량모델(High Performer Competency Model), 개인이나 팀의 지식, 내적 특성 등 구성원들이 공유하는 가장 중요한 역량으로 조직의 역량을 창조하는 핵심역량모델(Core Competency Model), 판매, 고객서비스, 엔지니어링 등 특정 비즈니스나 업무 프로세스를 수행하는데 필요한 역량으로 구성된 프로세스 역량모델(Process Competency Model) 등이 있으며(윤여순, 1998), 이와 같은 모델들을 기반으로 역량 중심의 교육프로그램을 개발하고 실시하는 기업이 다수를 차지하고 있었다. 그러나 지식기반사회를 넘어 초연결 시대에 맞게 새로운 것을 만들어 내는 잠재능력, 혹은 전혀 다른 영역의 두 아이디어를 연결하여 새로운 의미를 부여하는 창의성과 이러한 아이디어가 실천되어 나타나는 혁신역량이 강조되는 작금의 시대에 적합한 고부가가치 역량모델과 교육프로그램은 미흡한 실정이다.

Peter Drucker(2001)는 오늘날의 조직과 개인 모두의 공통 역량을 혁신이라 정의하며, 지식근로자가 과거에 얽매이지 않고 변화하는 새로운 지식을 습득하고 전문적 범주 안에서 자신의 이동성을 높일 때 스스로 설정한 기준에 따라 성장할 수 있다고 하였다. 혁신이란 지금까지의 상식을 부정하고 새로운 시스템을 구축해 가는 것으로(Shibata, Kaneda, 2001), 새로운 제품이나 프로세스 또는 서비스에 지식을 구현·결합하거나 합성하는 행동을 통해 새로운 부가가치를 창출하여 기업에게 월등한 가치(고부가가치를 통한 성장과 수익성)를 주는 핵심역량이다(Shapiro, 2002).

이와 같이 로봇과 인공지능을 넘어서는 인간의 능력인 창의성과 혁신이 강조되는 제4차 산업혁명시대에는 새로운 지식을 창출하고 활용할 줄 아는 창의력과 모험심, 도덕성을 갖춘 인재 육성이 절실하다고 볼 수 있다. 따라서 본 섹션에서는 새로운 가치 창조의 주체가 되는 인재양성을 위하여 초연결시대에 적합한 고부가가치 혁신역량 모델을 제시하고자 한다. 이를 위하여 기존 역량의 개념을 살펴보고 새로운 역량개념 및 고부가가치 혁신역량의 필요성을 살펴보고자 한다.

앞서 살펴본 것과 같이 다양한 역량의 정의가 존재하지만 행동주의 심리학에 기초한 역량을 기반으로 개인의 내재된 특성과 발현되는 행동의 특성을 규명하는 역량의 개념에 대해선 의심할 여지가 없다. 그러나 경제 사회 패러다임의 변화에 따라 미래사회에 걸맞는 인재의 역량을 어떻게 발전시켜 나가야 할 것인지에 대한 고민을 부가해야 할 것이다. '새로운 무엇을 창조할 것인가?'의 시대를 맞이하며 현재 수준에서의 핵심역량이 미래사회에 끼치는 영향력뿐만 아니라 기본역량을 통해 어떻게 새로운 가치를 창출해 낼 것인가를 고려해야 한다. 즉 가치 중심의 역량개발에 대한 필요성이 대두되는 것이다.

전통적으로 우리는 문제해결 중심의 역량접근을 시도해 왔다. 우수 수행자의 특성을 파악하여 평균 이하의 수행자들을 향상시키는 노력을 기울여 왔으며, 직무분석(job analysis) 등을 통해 기대 수준의 직무수행에 필요한 역량과 현재의 직무수행 수준의 차이를 도출하여 이로 인해 발생되는 문제나 어려움을 해결하고자 하였다(윤여순, 1998). 즉, 기술, 생산, 판매 등이 기업 성공의 핵심요소로 작용한 산업시대에서 기본역량을 갖춘 구성원들은 세계화의 흐름과 기업의 경쟁력 확보 방안의 일환으로 핵심역량을 갖추게 되었다. 그러나 이는 문제해결 방식과 조직운영 방식이 환경의 변화에도 불구하고 특정 분야의 핵심역량을 강조하고 고수함에 따라 복잡하고 다양한 시장에 대한 대응력을 상실하게 되는 핵심경직성(core rigidity) (Leonard-Barton, 1992)의 한계에 직면하게 되었다.

경제사회 패러다임의 변화에 따라 아이디어와 방법, 정보를 창출하고 활용할 수 있는 혁신역량을 가진 창의적 인간과 문제해결을 적극적·능동적으로 추진할 수 있는 자기주도적인 인간의 핵심역량이 기업과 사회의 경쟁력임이 강조되고 있다. 또한, 초지능, 초연결, 초실감 기술의 끊임없는 발전에 따라서 기존의 반복적 업무들은 기계와 자동화시스템에 의해 수행되도록 하고, 인간은 오히려 테크놀로지를 활용하여 숨은 가치를 발견하거나 지금까지 보지 못했던 새로운 가치를 창조하는 역할로의 변화가 요구된다.

이를 위해서는 〈그림 2-1〉과 같이, 개인의 기본적인 특성을 반영한 기본역량을 근간으로 기업의 성공과 경쟁력 확보를 위한 핵심역량을 강조하던 시대(Market A)에서 Market B와 같이 복잡성과 다양성이 증대되는 사회적 흐름에 따라, 문제해결을 넘어 경영 환경의 변화를 분석하고 가치를 창출하는 부가가치역량과 새로운 시스템을 구축하여 월등한 가치를 창출하는 고부가가치 혁신역량을 강조하는 인재양성 방안이 시급하다고 볼 수 있다. 미래에 새로이 요구될 과업과 필요한 지식, 기술, 태도 등의 미래지향적이고 가치 지향적인 역량을 도출하여 이를 개발하고 교육하는 것이 요구된다. 이는 당면한 문제해결에만 그치지 않고 한 차원 높은 수준으로 경영상의 요구를 반영하는 접근이 될 것이다.

본 장에서는 현 수준을 넘어 미래사회에 요구되는 새로운 역량모델을

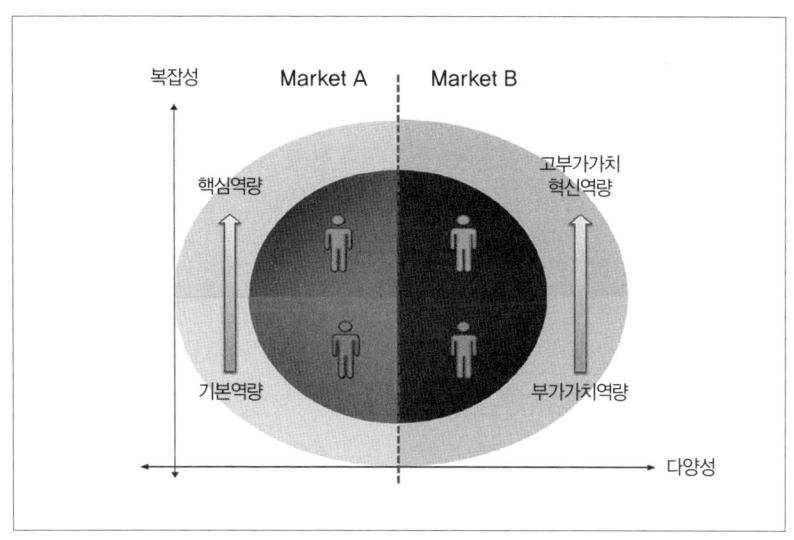

<그림 2-1> 시장 변화에 따른 역량의 개념

제안하고자 한다. 우수 수행자들의 과거 특성에 기반한 현재 수준 예측의 한계를 넘어 시대적 흐름을 고려한 현재 수준을 통해 미래의 수행을 예측할 수 있는 역량이 무엇인지에 대한 연구가 요구된다. 이를 통해 현재 요구되는 개개인의 특성 하나하나에 관심을 갖고 도출한 역량으로부터 '조직과의 융합' 등의 맥락성과 총체성을 접목한, 보다 확산된 범위의 역량 연구가 가능한 것이다.

기존 연구들에서 나타난 것처럼 개인은 단 하나의 내재적 특성이나 행동 특성으로만 존재하는 것이 아니라 그와 결부되는 여러 가지 상황 및 요소에 따라 역량이 발현될 수 있다. 그러므로 개인에게 내재된 역량들의 상호작용을 통해 발현될 수 있는 부가가치 역량이 무엇인지에 대한 연구의 필요성을 시사해 볼 수 있다. 즉, 개인의 지식 및 기술, 동기 등의 기본역량을 바탕으로 현재와 미래사회에 요구되는 핵심역량들을 발현하고 이를 측정, 평가 및 개발하는 체계적인 시스템을 통해 새로운 가치를 창

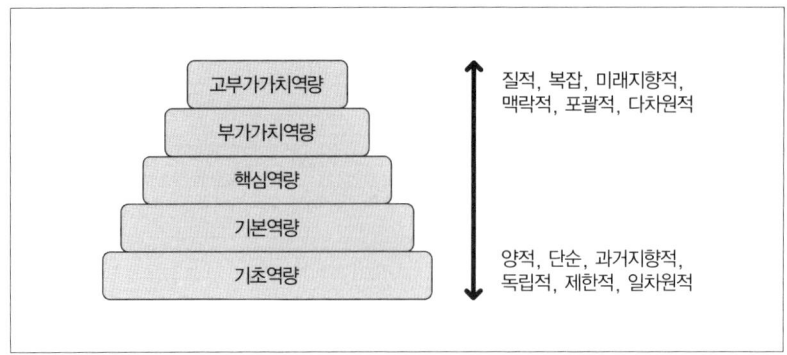

<그림 2-2> 고부가가치역량 피라미드 모델

출 할 수 있는 고부가가치 혁신역량의 육성이 가능한 것이다.

〈그림 2-2〉에서와 같이 단순하고 문제해결 중심의 과거지향적이며 독립적이고 제한되며 일차원(one dimension)적인 기본역량을 통해 보다 복잡하고 미래지향적이며 맥락적이고 다차원(multi dimension)적인 고부가가치역량으로의 체계적 전환이 필요하다.

CHAPTER 2 | 고부가가치 역량

1. 고부가가치 혁신역량의 필요성

역량은 더 이상 단일 차원에 국한되지 않고 인간의 내적 특성과 함께 다양한 요소들이 서로 융합하여 역동적으로 작용하는 혁신 과정을 통해 더 높은 가치를 창출 할 수 있다. McClelland는 1973년 '지능검사에 대한 역량 검사의 우위성(Testing for Competence Rather Than Intelligende)'이라는 논문을 통하여 전통적인 적성 검사나 기초 지식 검사가 차후 업무의 성과를 예측하지 못한다는 것을 언급하며 역량의 개념을 도입하였다. 이는 과거 단순한 지식과 기술이 핵심이 되던 사회로부터의 변화를 의미한다. 나아가 개인의 기초 지식과 함께 태도, 동기 등과 같은 '내적인 특성(underlying characteristics)'을 강조하면서 역량의 근원이 형성되었다.

새롭고 다양한 규범과 가치가 등장하는 지식기반사회의 핵심으로 지식의 기능이 확장되면서 명시적인 지식에서 실천적 수행 능력으로 나타나게 되었다. 이는 지식생산에 크게 영향을 미치는 요인으로(OECD) 인간의 능력 측면에서 역시 명제적, 외현적인 것뿐만 아니라 암묵적 수행까지 포함된 의미로 이해해야 할 것이 요구되고 있다(이돈희, 1999). 이처럼 역량은 인간의 내재적 특성들이 구조적으로 연결되고 수행 과정 속에서 역동적으로 작용하여 총체적 능력으로 발현되는 개념으로 확장되었다.

이와 함께 Spencer와 Spencer(1993)가 제시했던 것처럼 역량이 특정 맥락에서 우수한 수행자가 취하는 행동의 특성을 통해 도출된다는 점에서 수행에서의 맥락이 강조되었다. 또한, McClelland(1973)의 행동사건면접(Behavioral Event Interview:BEI)은 중요한 업무 상황에서 당사자들이 실제로 행동한 내용을 상세하게 기술하게 하고 그러한 기술을 바탕으로 면접을 수행하는 방법을 제시하였으며, 이를 통해 도출된 중요 역량은 구체적인 상황에서 발현되는 수행자의 사고와 행동방식을 드러낸다. 이와 같은 접근은 자연스럽게 우수 수행자과 평범한 수행자를 구분하는 특성으로서의 직무역량을 출현시켰으며, 조직의 가치와 비전을 접목한 전략적 인적자원측면에서의 핵심역량으로 발전하는 토대가 됐다.

나아가 자신에게 유용한 정보를 수집하여 창조적 지식으로 전환할 수 있는 혁신능력이 강조되는 창조경제로의 전환을 위해서는 위와 같은 기존 역량구조를 기반으로 한 단계 높은 수준의 새로운 부가가치를 창출하는 역량의 개념이 요구된다.

저자는 이 역량을 고부가가치 혁신역량(High value-added innovation competency)이라 정의하고자 한다. 이는 근간이 되는 기본역량과 핵심역량들이 혼합되어 형성되는 것으로 각각을 구성하는 개별 역량들의 역동적인 상호작용을 통하여 새로운 부가가치를 창출할 수 있는 통합역량(Meta-competency)을 의미한다. 구체적으로 직업에서의 성공적인 수행과 삶의 질 향상의 차원에서 추구해야 할 가치와 질서를 포함하는 가치 지향성이 부가되며, 창조적 지식을 생산하기 위한 전략적 판단으로 미래의 가치를 창조할 수 있는 역량이다.

2. 고부가가치 혁신역량 가설모델

지금까지의 문헌 분석을 통해 보다 실증적인 연구모델을 제시한다면 〈그림 2-3〉과 같다. 즉, 창조지식의 주체인 개인의 역량으로부터 새로운 부가가치 창출을 통해 조직 및 지역사회의 발전을 도모하고 미래 한국사회의 혁신역량 증진을 위한 것으로 고부가가치 혁신역량의 가설모델이라고 이름 붙일 수 있다.

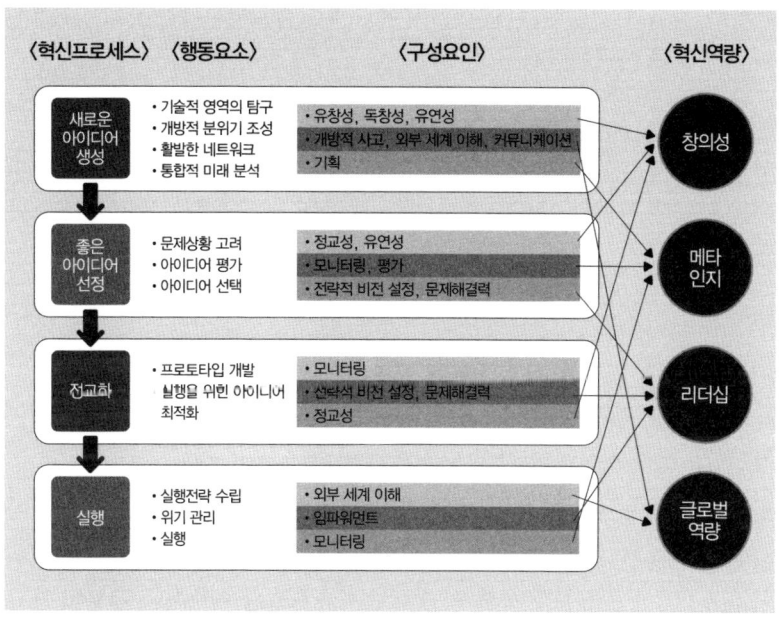

<그림 2-3> 고부가가치 혁신역량 가설 모델

이는 Bessant와 Tidd(2007)와 Luecke(2009)가 제시한 혁신프로세스를 기반으로 각 단계별 주요 행동요소를 추출하고 그 행동요소에 발현될 수 있는 구성요인을 파악하여 혁신역량의 가설모형을 수립한 것이다.

구체적으로, 새로운 아이디어 생성을 위해서는 개방적 분위기를 조성하여 활발한 네트워크를 구축하고 각 영역에 따라 심화된 이론적·경험적 탐구과정이 요구된다. 이를 기반으로 한 거시적·통합적 사고를 통해 미래를 분석함으로써 새로운 아이디어 생성이 가능하다.

좋은 아이디어 선정 단계에서는 이론적·경험적 탐구를 통해 분석된 다양한 아이디어들을 선택하기에 앞서, 현재 시점의 맥락적 요소를 고려하여 아이디어를 평가하는 것이 요구된다. 이와 같은 과정을 통해 선택된 아이디어의 프로토타입을 개발하고 아이디어 실행을 위해 정교화 과정이 요구되며 실행 전략을 수립하고 발현될 수 있는 위기사항을 관리함으로써 최적화된 혁신프로세스 체계의 수립이 가능하다.

위와 같은 혁신프로세스에서 요구되는 행동 요소들은 전문가 집단의 검토(SME interview)를 통해 구체적인 핵심 구성요인으로 도출되었으며, 이를 토대로 다음과 같은 네 가지 혁신역량을 소개하고자 한다.

창의성

급변하는 기술문명, 지식정보량의 폭발적인 증가, 정보화, 세계화 등에 능동적으로 대처하고 인간의 생존과 삶의 질 향상을 위해 가장 필요한 역량은 과학적 탐구력과 합리적 사고력, 비판적 사고 및 확산적 사고를 포함하는 창의성이다(Woolfolk, 2009). 이는 새로운 관계를 바라보고 비범한 아이디어를 산출하는 유창성과 독창성을 포함하며 이질적인 정보를 조합하고 통합하는 과정을 통해 문제를 해결하고 현재의 시점에 새로운 가치를 생산하는 정교성과 유연성을 포함한다(NACCCCE, 1999).

이와 같이 창의성은 혁신의 프로세스 중 새로운 아이디어를 생성하고 선정하는 과정에서의 핵심적인 역량으로, 당면하는 문제를 새롭고 독창적인 방법으로 해결해 가는 원천이 될 수 있다.

메타인지

메타인지는 추론, 이해, 문제해결 등과 같은 인지적 과정을 조절하고 관리하는 고차원적 인지체계이다(Woolfolk, 2009). Meichenbauma(1995)는 메타인지를 자신의 인지적 시스템을 인식하고 어떻게 활용할 것인지를 아는 것으로 정의하였다. 구체적인 메타인지 역량의 사고 과정은 과제를 시행하는데 어느 정도의 시간이 걸리는 지를 결정하고 다양한 전략을 사용하며 자원을 수집하는 등의 과정을 포함하는 기획의 단계를 거쳐, 현재 진행되고 있는 과제의 정당성을 확인하고 부족함을 탐구하는 모니터의 과정을 거친다. 마지막으로 사고와 학습의 전반적인 과정에 대해 최종적으로 평가함으로써 선택된 대안을 수정 혹은 확정하게 된다.

이와 같이 메타인지는 체계적인 아이디어를 생성하고 지속적으로 관리하는 과정을 통해 최적의 대안을 선정함으로써 혁신 프로세스의 전체적인 과정의 기반이 되는 역량이다.

리더십

리더십은 미래에 대한 비전을 제시하고 비전을 현실에서 실현시킬 수 있는 방법을 찾을 수 있도록 힘을 불어넣는 미래지향적 요소들을 내포하고 있다. 리더십에 대한 다양한 측면의 과학적 연구들 가운데 상호간의 영향력 관계 과정 속에서 발현되는 리더십 역량에 초점을 두었다.

개인의 내적 특성에 영향을 받으며 기능적으로 연관이 되어 있는 인지적 역량과 조직의 성과를 위해 필수적인 전략적 관리역량 등으로 나눈 이석재(2006)의 연구를 토대로 전략적 비전설정을 도출하였으며, 한 사람의 행동이 다른 사람의 행동에 영향을 미치는 영향력의 한 방법으로 임파워먼트(Greene & Schriesheim, 1980)를 혁신 프로세스의 정교화와 실행 과정에서의 핵심 요인으로 선정하였다. 종합적으로 인지적 역량, 전략적 관리 역량, 비전 설정, 임파워먼트를 리더십의 하위 역량으로 제시할 수 있다. 향후 리더십 역량에 대한 구체적이고 세부적인 내용들이 정교화되기를 기대한다.

글로벌 역량·스킬

국가 간의 경계가 사라지고 상호의존성이 높아지면서 글로벌 경쟁력을 키우기 위한 노력이 증대되고 있다. 이는 전략적 차원에서 글로벌 정세를 반영해야 함을 당위적으로 증명하고 있는 것이다. 이에 따라 전반적인 혁신 프로세스 내에 글로벌 역량은 필수 요인으로 설명될 수 있으며 특히 위 과정 속에서 발현될 수 있는 구성요인을 선정하였다.

구체적으로 외부 세계의 다양한 이슈에 관심을 갖고 각 나라의 차이점 및 공통점을 이해하는 외부 세계 이해, 다양한 배경의 개인과 집단을 이해하고 고정관념이나 편견 없이 수용하는 개방적 사고(이효미·김명소·한영석, 2011)를 글로벌 역량의 핵심 요인으로 볼 수 있다.

3. 논의

본 장에서는 기존의 문제해결 중심의 역량접근이 다양하고 복잡한 사회변화에 적절하게 대응하지 못하는 핵심경직성(core rigidity, Leonard-Barton, 1992)이라는 한계를 가지고 있다는 점을 지적하고, 이러한 기존 역량접근의 한계를 극복하기 위해서 새로운 역량개념과 모델의 요구를 제시하였다. 이러한 요구에 따라 본 연구에서 새로이 제시한 역량개념은 '고부가가치 혁신역량'(High value-added innovation competency)이다. '고부가가치 혁신역량'은 기존 단일 역량과는 차별화되는 높은 수준의 새로운 부가가치를 창출하는 역량의 개념으로 정의될 수 있고, 이는 근간이 되는 기본역량과 핵심역량들이 혼합되어 형성되는 것으로, 각각을 구성하는 개별 역량들의 역동적인 상호작용을 통하여 새로운 부가가치를 창출할 수 있는 통합역량(Meta-competency)을 의미한다. 또한 가치지향적이며, 미래지향적인 성격을 가지고 있다.

'고부가가치 혁신역량'은 다음과 같은 측면에서 교육 및 인력개발과 관련한 시사점을 갖는다. 첫째, '미래지향성'으로, 혁신은 미래에 대한 예측과 대비를 준비하는 것이다. 이에 혁신역량의 강조는 미래지향적 교육 내용과 교수-학습 방법의 변화를 촉진할 수 있다. 둘째는 '비용효과성'이다. 역량개념은 교육 결과의 기준을 제공함으로써 교육활동의 효과성을 제고한다는 것이다. 이러한 특성을 바탕으로 다음과 같은 분야(교육분야는 대학교육, 직업교육, 기업교육(HRD), 공공기관 교육)에 적용할 수 있다.

대학교육 측면에서는 대학의 역량 중심 교육 과정을 촉진하며 경력개발센터의 역량증진 프로그램을 지원하는 등의 연계 활동이 가능하다. 직업교육 측면에서는 혁신의 개념을 강조하는 역량 중심의 산학협력을 촉진할 수 있다. 기업교육(HRD) 측면에서는 혁신적 기업전략과 연계되는 인적자원개발 활동 추진에 역량 개념 및 모델을 반영할 수 있고, 또한 조직원의 혁신적 성과창출을 위한 인적자원관리 활동에 적용할 수 있다. 공공기관의 교육에서는 리더와 조직원들의 글로벌 역량 및 리더십 역량을 개발하는데 이용할 수 있을 것이다.

다만 본 연구에서 도출한 개념과 모델은 시대 사회적 요구와 문헌연구를 바탕으로 한 가설적 모형에 불과하다는 한계점을 가지고 있는 것이 사실이다. 그러나, 기존 역량개념의 의미와 한계의 분석을 바탕으로, 현 시대의 요구를 수용할 수 있는 새로운 역량개념의 존재를 인식하고 정의하고 가설적 모형을 제시한 것은 나름의 의미가 있는 연구로 생각된다. 연구자 스스로가 인식한 것처럼 실증적 검토를 통해 충분한 연구모형의 수정이나 보충이 필요할 것이다.

  우리 사회의 인력 양성 체제와 교육·훈련의 방향은 여전히 미래지향적인 혁신역량에 맞춰져 있기보다는 기존의 지식기반사회의 핵심역량을 중심으로 맞춰져 있다. 기존의 핵심역량을 중심으로 하는 인재의 양성과 개발을 통해서는 혁신과 창조의 시대를 선도하는 개인·조직·국가 그 어떤 것도 성취하기 어려운 것이 우리의 현실이다. 그러므로 본 연구에서 시도한 것처럼 창조와 혁신을 이끌 수 있는 새로운 접근과 연구가 다양하게 시도되어야 할 것이다.

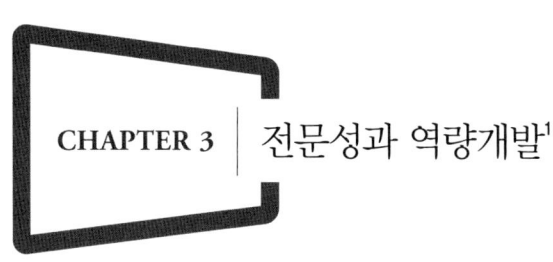

CHAPTER 3 | 전문성과 역량개발[1]

    2016년 1월 개최된 세계경제포럼을 통해 4차 산업혁명은 전 지구적 의제가 되었다. 4차 산업혁명의 목표는 디지털, 물리적, 생물학적 영역의 경계가 사라지면서 기술이 융합(물리-디지털, 물리-생명체, 디지털-생명체 영역 간 융합)되는 것으로 제시된다(김병운, 2016; 원동규·이상필, 2016). 4차 산업혁명은 새롭고 혁신적인 정보통신기술, 사이버물리시스템, 네트워크통신, 시뮬레이션, 빅데이터 분석, 클라우드 컴퓨팅, 로봇, 증강현실, 지능적 기기 등을 통해 구체화된다(EPRS, 2015). 특히 국내에서는 프로 바둑기사 이세돌과 인공지능 알파고(AlphaGo)의 바둑 대결이 큰 반향을 일으켰으며, 인공지능과 함께 사물인터넷(Internet of Things: IoT)은 앞서 언급한 사이버물리시스템의 핵심 기술에 해당한다(원동규·이상필, 2016). 이러한 미래사회를 향한 변화의 흐름은 지금까지 우리가 수용해온 전문성 담론에도 영향을 미칠 수밖에 없다. 자신의 전문 분야 위에서 천부적 재능과 후천적 노력을 통해 형성된 전문성이 향후에도 유효할 것인가를 숙고할 필요가 있다. 4차 산업혁명의 시대가 보다 확장된 기술의 융합에 주목할 때, 융합은 변화하는 전문성 개념을 향한 연결고리가 된다.

---

[1] 제3장은 저자가 백형구와 공동저술한 '전문성 연구의 비판적 검토와 미래 연구 과제 탐색 (기업교육연구, 제18권 2호)'의 논문을 수정·보완한 내용임.

융합형 인재가 왜 필요한지를 정당화하는 과정에서 유영만(2013)은 미국의 작가 앰브로즈 비어스(Ambrose Gwinnett Bierce)의 문장을 인용한다. 이에 따르면 전문가는 '무언가에 대해 모든 것을 알고 있지만, 그 밖의 다른 것에 대해서는 아무것도 모르는 사람'이다. 19세기 중반 무렵 태어나 20세기 초반까지 생존한 작가가 전문가에게 내린 이 신랄한 평가는 지금 이 순간에도 유효한 것일 수 있다. 이제 조직의 구성원들은 하나의 영역에서 전문가가 되는 것으로는 충분하지 않으며 서로 다른 세분화된 분야들을 결합시켜야 할 필요성이 제기된다(Pink, 2006). 자신의 분야에서 일어나는 변화에 적응하는 것은 물론이고 전문성을 개발하면서 또 다른 분야에서도 능숙한 상태에 도달하도록 요구받는 것이다(van der Heijden, 2002). 더욱이 자신의 분야나 영역 내부에서도 오늘날 업무 환경의 복잡성은 더 높은 수준의 지식과 과업의 변동성으로부터 증가하고 있다(Molloy & Noe, 2009; Tannenbaum, 2001).

　조직 그리고 일터라는 맥락을 인적자원개발의 고유한 정체성 형성의 단서 가운데 하나로 고려한다면 국내 인적자원개발에서의 전문성 연구는 충실하게 그 직분을 수행한 것으로 평가받아야 마땅하다. 최소한 인적자원개발 개념을 정의할 때 전문성은 개념 정의 진술의 주요한 요소 가운데 하나이다(McLean & McLean, 2001; Swanson & Holton, 2009). 시간적 범위로서 전문성 연구(문헌)의 과거부터 현재까지에 대한 검토(배을규·동미정·이호진, 2011)가 이루어졌고, 전문직종의 변화로부터 전문성의 미래 전망(오헌석·성은모, 2010)도 시도되었다. 행위 주체로서 우리 자신, 인적자원개발 담당자의 전문성(이성·이영민·안재희·이수영, 2009; 전소영·김진모, 2015)에 대한 고민도 확인할 수 있다. 그럼에도 불구하고 다가올 미래의 큰 변화의 흐름은 전문성 개념의 재구조화를 요구하는 것이다. 전문성 개념의 재구조화는 기본적으로 영역에 대한 의존성(domain-dependent)과 특수성(domain-specific)으로부터의 전환을 의미한다. 이러한 전환적 시각은 변화하는 혹은 다가올 미래 사회의 전문성을 어떻게 개념화할 것인가의 문제, 그리고 인적자원개발 전문성 연구의 새로운 과제들을 포함한다고 할 수 있다. 산업시대의 전문성이 신속하고 정확한 문제 해결과 효율적이고 효과적인 전문성으로 수렴된다고 판단되지만, 인간이 수행해 온 상당수의 작업들이 향후 자동화된 로봇에 의해 대체되는 상황을 예견해볼 때 지금까지의 전문성 개념과 연구의 적합성(relevance)은 위협받을 수밖에 없다. 전문성 연구의 비판적 검토와 미래 연구 과제의 도출을 지향하면서, 이 섹션은 다음과 같이 구성되었다. 먼저 전문성 연구의 현재를 검토한다. 검토 주제는 첫째, 전문성 개념과 이론적 접근으로 전문성 개념의 구성과 측정, 타고난 능력 대 발달적 능력을 다루었다. 둘째, 전문성 개발과 발달의 과정으로 전문성 개발과 의도적 연습, 전문성 발달의 연구 동향을 정리하였다. 셋째, 전문성 영역 간의 융합을 중심으로 전문성의 확장과 관련된 주제들을 살펴보았다. 전문성의 확장은 그 자체가 최근 전문성 연구에서 부각되는 하나의 흐름으로서의 의미를 보유하며, 이러한 전문성의 확장을 뒷받침할 수 있는 적응적 전문성(adaptive expertise)과 교역지대(trading zone) 개념을 다루었다. 다음으로 전문성 개념의 재구조화를 제안하였다. 이때 재구조화의 논점은 크게 두 가지 측면에서 접근하였다. 첫째, 전문성 연구에서 맥락의 중요성을 재확인하였다. 둘째, 전문성의 근간이 되는 분야나 영역의 확장을 넘어서는 대안적인 전문성 연구의 확장 가능성을 탐색하였다. 마지막 결론에서는 미래 인적자원개발 전문성 연구의 아젠다를 포함시켜 제시하였다.

1. 전문성 개념과 연구의 현재

전문성 개념과 연구의 현재는 결국 전문성 개념을 정의하는 문제, 그리고 전문성의 원천으로서 선천적 재능과 후천적 능력 사이의 우선순위를 포함한다. 나아가 전문성이 어떻게 형성되고 어떠한 흐름에 따라 전개되는지에 주목한다. 이때 전문성의 형성과 전개의 흐름은 전문성의 심화뿐만 아니라 영역을 넘나드는 전문성 확장의 의미까지 고려하는 것이다.

가. 전문성 개념과 이론적 접근

1) 전문성 개념의 구성과 측정

전문성에 대한 정의는 다양하며 결과로서의 퍼포먼스를 고려하고 있다는 점에서 공통적이지만 퍼포먼스와 관련된 어떠한 측면을 강조하느냐에 차이가 있다. 배을규, 동미정, 이호진(2011)은 이러한 강조점을 퍼포먼스의 요소, 과정 및 절차, 결과로 구별한다. 요소는 퍼포먼스 영역과 관련된 지식과 기술, 과정 및 절차는 퍼포먼스 결과를 산출하는 개인의 인지 과정과 패턴, 결과는 개인의 행동으로 산출되는 퍼포먼스 성과와 효과성을 강조한다. 그러나 인적자원개발에서 강조되는 퍼포먼스 개념 자체는 행위로부터의 산출물(output)이나 결과(outcome)뿐만 아니라, 행위(behavior)나 과정(process) 그 자체를 의미한다(배을규, 2009). 따라서 전문성 개념을 바라보는데 있어 결과와 과정 사이의 균형이 요구된다. 한편 전문성 개념에 있어서 지식이나 기술뿐만 아니라 그 외의 강조점이 존재한다는 점은 전문성 개념의 객관적 특성과 주관적 특성의 구별을 가능하게 한다. Grenier & Germain(2014)은 객관적 특성으로 후천적으로 습득된 지식, 기술 또는 자격을 예시하면서 탁월한 수준의 문제해결 스킬을 강조하고 전문가와 비전문가의 차이가 문제해결 과정에서 비롯된다고 정리하였다. 객관적 특성으로는 전문성의 조작적 정의를 위한 세 가지 핵심 요소로도 언급된 바 있는 지식, 경험, 그리고 문제해결을 제시할 수 있으며(Herling

& Provo, 2000), 전문성의 구성요소에서 구성요소 간의 관계로 더 나아간 다면, 전문성은 구성요소의 상호작용에 의해 전문성 행위로서 발현되는 것이다. 이때의 상호작용은 끊임없는 지식 획득을 통한 지속적 학습의 과정(지식), 정보의 재조직화(경험), 그리고 발전적 문제해결 노력(문제해결)의 상호 복합적 활동으로 이해할 수 있다(Herling, 2000). Herling(2000)은 인적 전문성을 각각 실행과 결과 면에서 최적으로 효율적이고 효과적인 개인의 일관된 행위 형식으로 특정한 영역 및 관련 영역 내에서 드러나는 행동으로 정의한다. 반면 역량에 대해서는 동일한 내용을 다루지만 실행과 결과 면에서 최소한으로 효율적이고 효과적인 행동으로서 전문성 개념과는 구별되는 것으로 제시하고 있다. 그러나 주관적 특성의 또 다른 이름은 선천적 특성이며 타고난 비판적 사고 능력, 스스로 개선할 수 있는 능력, 카리스마, 추론 능력, 진취성, 판단력, 대인 관계, 적응력, 자신감, 외향적 성향 등도 강조되고 있다. 배을규, 동미정, 이호진(2011)이 정리한 전문성의 구성요소 또한 문제해결, 지식, 경험, 그리고 직관, 창의성, 가치, 흥미, 관심, 자질, 태도 등과 같은 정의적 및 행동적 특성이 망라되어 있다. 이러한 객관적 특성과 주관적 특성은 전문성 측정 도구의 개발에서도 적용되었다. Germain & Tejeda(2012)는 18개 문항(객관적 특성 6개, 주관적 특성 12개)으로 구성된 일반화된 전문성 측정 도구(Generalized Expertise Measure: GEM)를 제안하였다.

2) 타고난 능력 VS 발달적 능력

전문성에 대한 이론적 관점은 선천적인 능력으로서의 전문성과 발달적 능력으로서의 전문성으로 구별해 볼 수 있다. 전문성 연구 초기에 선천적인 능력이 전문성의 원인으로 지지된 것에 비해 지금은 전문성을 특정한 영역 내에서 탁월한 수행을 보이는 것으로, 그리고 전문가의 탁월한 수행과 비전문가의 차이는 장기간의 훈련을 통해 습득된 결과로 보는 견해가 우세하다(Ericsson & Lehmann, 1996).

재능과 능력을 상반된 입장으로 이해한다면 대중에게 친숙한 '1만 시간의 법칙'을 둘러싼 최근의 논의도 언급할만하다. 대중적으로 인지도 높은 저술가인 말콤 글래드웰(Malcolm Gladwell)이 2008년 저서 『Outliers』에서 소개한 1만 시간의 법칙이 오해에서 비롯된 것이라는 주장이 제기되었기 때문이다. 1만 시간의 법칙의 원 연구자인 앤더스 에릭슨(Anders Ericsson)이 신간 『Peak』에서 (재차) 강조한 것은 의도적 연습(deliberate practice)이다. 의도적 연습의 핵심은 부족한 부분에 대한 집중과 조력자 내지 코치의 건설적인 피드백에 있다(Ericsson & Pool, 2016). 1만 시간의 투입 그 자체가 마법을 일으킨다고 이해하기보다는 의도적 연습과 같은 전문성 발달을 위한 연습 방법에 주목할 필요가 있음을 강조한 것이다. 타고난 능력과 발달적 능력의 대비는 전문성 연구의 흐름을 특정한 영역에서 탁월한 수행을 보이는 전문가 개인의 속성을 분석하려는 전통적 접근(traditional approach)과 전문가의 수행 특성과 수준 분석, 다시 말해 전문성의 판단 기준과 탁월한 수행을 가능하게 하는 행동 특성에 주목하는 전문가 수행 접근(expert performance approach)으로 구별하는 견해와도 연결된다(오헌석·김정아, 2007). 두 가지 접근 방식은 모두 타고난 능력과 발달적 능력이라는 전문성에 대한 이론적 관점 논의의 연장선상에 있다.

나. 전문성 개발과 발달의 과정

1) 전문성 개발과 의도적 연습

전문성 개발의 과정에서 경험은 중요한 역할을 담당한다. 다만 습관적이고 반복된 경험으로는 전문성을 개발할 수 없다. 최고 수준의 전문성 개발을 설명하기 위해 도입된 개념이 바로 의도적이고 집중된 실천 또는 의도적 연습(deliberate practice: DP)이다. 의도적 연습 개념의 주요 특징으로는 이전과 비교해 더 어려움, 혼자서 연습, 집중, 피드백, 반복을 꼽을 수 있다(손영우, 2013). 배을규, 동미정, 이호진(2011)은 "개인이 자신의 행동을 관찰하면서 반성적 성찰을 하고, 그 결과 목표에 도달하는 실천 원리를 개념화하며, 이를 다시 행위에 적용하는 순환적인 학습 과정"(p.13)으로 의도적 연습을 정의한다. 의도적 연습의 핵심은 전문가적 수행(expert performance)에서 경험의 누적과 함께 수행이 지속적으로 향상되며, 현재의 수준을 넘어서기 위한 적극적인 노력을 통해 경험의 자동성을 벗어날 수 있는 인지적, 생리적 매커니즘의 중요성을 강조한 것에 있다(Ericsson, Nandagopal, & Roring, 2009). 전소영, 김진모(2015)는 "개인이 자신의 현 수준을 넘어선 수행·성과를 달성하고자 보다 어려운 과제에 참여하여 가급적 즉각적이고도 구체적인 피드백을 받으며 자신을 관찰 및 성찰하고, 수행·성과 개선에 집중하여 혼자서 반복해 봄으로써 지속적으로 수행·성과를 향상시켜 가는 것"(p.187)으로 의도적 연습에 대한 조작적 정의를 제시하였다.

그러나 전문성 개발의 과정을 전문가 학습의 메커니즘을 중심으로 설명하려는 의도적 연습의 경우에도 전문가들이 어떻게 최고 수준의 전문성에 도달하는지에 초점을 두게 되면서 전문가 개인의 특정한 전문 영역 안에 전문성 개발을 위치시키는 결과를 야기했다. 류혜현, 오헌석(2016)도 의도적 연습이 새로운 영역의 전문성을 획득하기 위한 전문성의 확장 과정에서 전문가의 학습에 대해서는 충분히 설명하기 어려운 것으로 평가한다.

2) 전문성 발달의 연구 동향

발달적 능력에 대한 사람들의 많은 관심은 전문성 발달에 대한 이론을 다채롭게 만드는데 일조했다고 볼 수 있다. 대표적으로 개인의 전문성 발달이 내용(content), 영향 집단(constituency), 환경(environment)으로 구성된 전문성 영역의 변화와 확대로부터 영향을 받는다고 강조한 Grenier & Kehrhahn(2008)은 전문성의 재개발 모형(model of expertise redevelopment)을 제안하였다. 이때 전문성 영역은 내용, 영향 집단, 그리고 환경이라는 세 가지 상호 중첩하는 맥락을 포함하는 것이다. 내용은 주어진 역할 속에서 스킬과 기능을 드러내기 위해 필요한 지식을 의미하고, 영향 집단은 전문가 개인에 의해 영향을 받거나 전문가에게 영향을 미치는 개인 또는 집단을 의미한다. 그리고 환경은 개인이 활동하는 장소나 맥락으로서 조직 구조와 문화를 포함한다. 이들의 모형은 전문 지식의 재개발 순환 프로세스가 시험과 연습을 통해 새로운 학습을 검증하고 이러한 과정들이 현재의 지식과 기술을 향상시킨다고 본다. 전문성 영역의 변화에 따라 전문성은 의존(dependence)-독립(independence)-초월(transcendence)의 상태 사이에서 순환하며 지속적으로 재개발된다. 류혜현, 오헌석(2016)은 전문성 재개발 모형을 기존의 전문성 발달 이론이 소홀히 다룬 맥락적 요소와 맥락적 요소의 전문성 발달에 미치는 영향을 강조한 것으로 평가하였다. Grenier & Kehrhahn(2008)의 재개발 모형은 전문성의 수평적 이동 현상으로써 전문가의 학습과 성장에 주목하는 견해이기도 하다. 전문성의 발달을 수직적 방향으로 상향하는, 다시 말해 초보자부터 전문가까지의 향상 과정으로만 이해할 필요는 없다. 대표적으로 Dreyfus & Dreyfus(1986)의 전문성의 발달 과정은 5단계로 제시되었다. 이는 초보자(novice), 면초보자(advanced eginner), 능숙자(competent), 숙련자(proficient), 전문가(expert)로의 성장 단계를 설정하고 있다. 수직적인 방향에서 전문성의 발달 과정이 개인이 속한 제도적 맥락을 쉽게 변하지 않는 안정적인 것으로 가정하는 것에 비해, 수평적 접근은 상황 변화로 인한 비일상적 과제에 적응하는 과정에서 출현하는 기술의 전이와 일반화에 주목한다. Gegenfurtner(2013)는 전자를 수직적 이행(vertical transition)으로, 후자를 수평적 이행(horizontal transition)으로 구별한다. 다만 수평적 이동에 대한 논의는 전문 영역 내부에서의 변화에 대한 적응 과정에 초점을 두고 있어 자신의 본래 영역을 넘어서서 새로운 영역으로 전문성을 확장시키는 과정을 설명하는 데에는 한계가 있다(류혜현·오헌석, 2016).

수직적 및 상향하는 방향으로 전문성 발달을 이해하는 것은 전문성 발달과정을 선형적으로 인식하는 것이다. 이를 전문성 발달 단계 이론으로 명명하고 대표적인 이론 세 가지를 비교한 배을규, 동미정, 이호진(2011)은 초보자부터 최고 전문가, 또는 초보자부터 장인을 거쳐 대가, 순응-유능-숙달의 단계로 상향하는 전문성 발달 과정의 선형적 특성으로 인해 전문성의 복잡성과 역동성을 이해할 수 있는 기회가 제한적임을 지적한 바 있다. 선형적 전문성 발달 과정의 한계를 인식하면서 이들은 전문성 발달에 영향을 미치는 요인은 개인적 요인과 환경적 요인으로 구별하여 개인적 요인에는 정의적 요인과 경험, 환경적 요인에는 인적 요인, 물적 요인, 그리고 사회문화적 요인을 분류하여 제시하였다.

다. 전문성의 확장: 전문성 영역 간의 융합

상당수의 전문성 연구는 특정한 영역에 속한 전문직종 종사자가 전문성을 숙달시키는 과정에 주목해왔다. 보험 영업 분야 전문가(오헌석, 2006), 과학인재(오헌석 외, 2007), 방송사 PD(김정아·오헌석, 2007), 무용수(홍애령 외, 2011)를 중심으로 전문성(구성요소)의 발달 과정, 특성, 그리고 영향 요인에 대한 탐색이 이루어졌다. 그러나 최근의 전문성 연구는 상이한 영역 간의 융합을 포함하는 전문성으로 확장되는 추세다. 기술 영역에서 경영 영역으로의 전문성 확장 과정을 다룬 기술경영 인재의 전문성 확장 과정 연구(류혜현·오헌석, 2016), 간학문적 융합 연구를 수행하는 과학

기술 분야 연구자에 대한 연구(서동인·오헌석, 2014; 오헌석·배형준·김도연, 2012), 그리고 국내 최초 신기술융합학과 대학원의 교수자를 대상으로 융합인재 역량모델링을 통해 융합인재의 역량을 구명하려는 시도(오헌석·성은모, 2013)도 확인할 수 있다. 이들은 융합인재가 갖추어야 할 핵심역량으로 소통, 관계형성, 협업 등의 관계 역량, 다학문 호기심, 융합 마인드, 차별화 마인드, 위험 감수 등의 태도 역량, 사고 유연성, 시스템 사고, 분야 전문지식, 실용 중심 문제해결력, 인문학 소양 등의 지적 역량을 제안하였다. 이때의 관계 역량은 상이한 지식과 기술을 연결하고 통합하여 아우르는 인적 기반이 되며, 태도 역량은 융합연구라는 실제 행위를 추동하는 동력을 제공하고, 지적 역량은 융합연구를 통해 성과를 창출하게 하는 원천이 된다(오헌석·성은모, 2013).

이러한 전문성의 확장성과 역동성에 주목하는 흐름을 대표하는 것으로 전문성의 전이에 관한 이론을 거론할 수 있다. 전문성에 관해 대체로 수용되어 온 영역 특수성(domain-specific)을 벗어나서 적응적 전문성(adaptive expertise) 개념은 새로운 문제나 상황에서도 전이 가능한 유형의 전문성을 가리킨다. 적응적 전문성은 일상적 전문성(routine expertise)과의 대조를 위해 Hatano & Inagaki(1986)가 주조한 용어이다. 이들은 적응적 전문성과 일상적 전문성 모두 특정한 영역에서 동일한 정도의 지식과 유사한 상황에서 결점 없는 수행 능력으로 이루어져 있다고 보았다. 그러나 친숙하지 않은 상황에 직면했을 때 두 가지 전문성 개념 사이에는 차이가 나타나며, 이때의 친숙하지 않은 상황은 과업, 방법, 또는 기대되는 결과가 사전에 알려지지 않은 상황을 의미한다(Ellström, 2001). 적응적 전문성을 보유한 개인은 '왜'(why) 그리고 어떤 조건 아래에서 특정한 방법이 활용되거나 새로운 방법이 고안되어야 하는지에 대한 지식을 보유함으로써 일상적 전문성이 새로운 요구 사항에 고군분투하는 것과는 차이를 보인다(Carbonell et al., 2014). 그러나 적응적 전문성의 발달에는 축적된 경험이 요구된다는 점에서 결국 영역-의존적이다(Hatano & Inagaki, 1986). 또한 적응적 전문성에서의 전문성이 기존의 전문성 개념과 어떠한 차이가 있는지를 구체적으로 설명하고 못한다는 지적도 있다(Carbonell et al., 2014). 적응적 전문성이 발현되는 맥락과 적응의 판단 기준이 구체적이지 못하다면, 적응적 전문성 개념만으로 전문성 영역 간 경계를 넘어서는 전문성 확장의 과정을 설명하는 데에 한계가 있기 때문이다(류혜현, 오헌석, 2016).

전문성 영역의 교환 가능성에 대한 논의는 오늘날 지식 영역 간의 경계를 넘나드는 융합(convergence)에 대한 관심과 융합과 전문성의 관계 이해에 기여할 수 있다. 융합 학문은 특정 문제를 해결하기 위해 기존 학문이 결합되어 새로운 학문 영역으로 정립되거나 정립 과정 중에 있는 학문을 의미한다. 이때의 융합은 '서로 다른 분야나 특정 학문의 경계를 넘어 두 가지 이상의 영역을 결합하여 새로운 학문을 탄생시키는 과정'(오헌석 외, 2012, p.56)으로 정의된다. 융합과 전문성의 밀월 관계는 지식의 창조 및 공유 방식에 있어서의 패러다임 변화에 기인한다. 특정한 전문성 영역에 한정된 것이 아닌 상이한 전문성과의 융합을 통한 새로운 문제해결 능력이 요구되기 때문이다(오헌석·성은모, 2010). 새로운 지식의 창출을 염두에 둔 융합 학문은 학제 연구의 진화된 형태로서 초기의 학제 연구가 여러 학문의 지식을 동원한 문제해결을 지향하면서도 기존의 각 분과 학문의 전통을 유지하려는 협력 연구 단계에 머무르고 있는 것과는 차이가 있다(오헌석 외, 2012).

전문성과 융합의 관계 또한 전문성의 맥락과 유사하게 융합연구자들의 상호작용과 상호작용의 과정에 주목할 필요가 있다. 이와 관련하여 교역지대(trading zone) 개념은 서로 다른 전문성을 지닌 과학자나 연구팀이 만나서 서로의 언어(아이디어, 관점, 전문용어, 경험 등)를 섞고 소통을 매개하는 교환의 공간을 의미한다(서동인·오헌석, 2014; 홍성욱, 2008). 과학기술분야에서 전문성을 인정받으며 다른 전공 분야의 연구자와 함께 융합연구를 하는 또는 했던 경험이 있는 교수들을 대상으로 교역 지대에서의 교류 경험을 분석한 결과에서는 관계형성, 합의도출, 그리고 전문성 교환으로 교류 경험의 의미를 구체화하고 있다(서동인·오헌석, 2014). 전문성과 융합의 관계는 적응적 전문성과 교역지대라는 두 가지 관점에서 검토되었다. 두 관점의 의의는 기존 전문성이 다른 이질적인 전문성과 연결되어 새로운 문제해결력을 지니는 확장성을 설명하고 있으며, '전문성의 전이'에 대한 통찰을 통해 단순한 전문성 영역 간의 양적 결합이 아닌 진정한 질적 융합 과정에 대한 전문성 연구의 확장 경향을 진단하는데 있다. 변화가 빠르고 불확실성이 상존하고 있는 시대에는 과거의 답이 해결책이 아니며 이러한 전문성의 융합과 새로운 실험이 적절한 대안을 내놓을 수 있는 방안일 수밖에 없다는 점에서 전문성의 확장에 주목할 필요가 있을 것이다.

2. 전문성 개념의 재구조화

앞서 검토한 전문성 개념과 연구의 현재로부터 전문성 개념의 재구조화는 두 가지 방향에서 접근할 수 있다. 전문성 개념 재구조화는 전문성 개념의 내부적 구성요소와 전문성 개념에 영향을 미치는 외부적 영향 요인을 아우르는 비판적 검토, 그리고 비판적 검토로부터 전문성 연구가 어떻게 확장될 것인가의 문제로 귀결된다고 할 수 있다. 그리고 이러한 재구조화 흐름은 결국 전문성 개념의 내포와 외연의 관점으로 기술할 수 있다. 내포의 관점에서 맥락의 중요성은 기존의 전문성 개념이 갖는 내부적 구성요소에 대한 비판적 검토의 부분이다. 내부적 구성요소와 전문성 개념에 영향을 미치는 요인을 함께 고려하면서, 전문성 개념의 재구조화는 행위자인 전문가 개인뿐만 아니라 전문가를 둘러싼 시스템과의 상호작용에 대한 고려를 요구하는 것이다. 그리고 이러한 시스템은 조직 시스템뿐만 아니라 보다 포괄적인 인식론과 존재론의 문제까지 포함한다. 외연 확대 관점에서 전문성 연구의 확장은 미래 사회의 변화를 감안한 전문성의 의미로부터 가치에 기반을 둔 새로움, 창의성, 적응성, 비판적 문제 제기를 포함한 문제발견 역량 등을 포함하는 개념으로의 전환 필요성을 의미한다. 재구조화의 방향을 맥락의 중요성과 전문성 연구의 확장 측면에서 논의하고자 한다.

가. 맥락의 중요성 재확인

1) 시스템 사고

개인에서 시스템으로, 선형적 환원주의에서 전체론(holism)으로 맥락은 주어진 조건이라고 볼 수 있다. 그래서 전문성 연구는 전문성의 발현과 개발 과정에 영향을 미치는 요인들에 관심을 기울여 왔다. 그러나 전문성 개념의 재구조화는 사전(事前)에 설정된, 그리고 정태적인 전문성의 맥락에서 벗어나 보다 역동적으로 변화무쌍한, 그리고 동태적인 맥락의 의미에 주목하고자 한다. 전문성 연구의 맥락에 대한 고민이 개인 중심성에 머무르고 있다는 점에서 이를 사회적 차원으로 확대시키는 방향 전환이 필요하다. 사회적 차원의 맥락은 사회 구조, 그리고 조직 시스템 수준에서의 전문성에 대한 탐구(inquiry)를 요구한다. 인적자원개발의 학문적 정체성 모색 과정에서 일터 조직이라는 맥락이 중요하다고 할 때, 전문성 연구에서는 조직 시스템이 전문성을 어떻게 지원하고 있는지가 보다 구체적으로 탐색 되어야 한다. 이러한 조직 시스템이라는 맥락은 전문가의 학습과 성장 과정에 영향을 미치는 환경적 지원과 도구적 지원 간의 상호작용을 구체화하는 방식으로 접근될 수 있다. 사실 그간의 전문성에 대한 접근이 시스템 맥락을 배제한 것은 문제가 있다. 전문성이 조직의 시스템과 어떻게 접점을 찾을 수 있는지에 대한 함의의 도출이 미진했다는 것이다. 전문성 개념의 재구조화와 연결된 시스템의 의미는 크게 두 가지 함의를 가진다. 첫째, 개인으로 수렴되는 전문성에 대한 접근에서 벗어나는 것을 의미한다. 전문가로서 인정받은 개인이 어떻게 전문성으로 확보하게 되었는지, 전문성을 어떻게 활용하고 있는지, 전문성을 개발하는 과정에 어떤 맥락적 요인이 영향을 미쳤는지가 그동안의 연구를 통해 관심을 받아왔지만 조직 시스템과의 연결 고리에 대한 적극적인 고민은 상대적으로 부족했다. 전문가로서의 성장과 인정은 평범함을 벗어나기 위한 노력의 결실이다. 평범함을 벗어나기까지의 여정은 지겨움, 암흑, 터널, 슬럼프로 비유할 수 있다. 고되고 힘들고 때로는 나락으로 떨어진 것과도 같은 기분이 엄습하는 평범함을 비범함으로 전환시키기까지의 과정, 다시 말해 긴 수련의 기간을 전문가들은 어떻게 통과하는 것인지는 전문성의 개발 과정으로서 줄곧 많은 관심의 대상이 되어왔다. 의도적 연습, 의도적이고 심사숙고하는 실천 개념은 전문성 개발 과정을 평범함에서 비범함으로의 전환으로서 이해하는데 크게 기여한 점을 인정할 수 있다. 그러나 그 복잡 미묘한 과정을 이해하는 과정에서 전문성 연구는 개인으로만 수렴되는 결과를 초래했다. 주변의 도움과 조언, 지지의 영향력에도 관심이 돌아갔지만 결국 고립된(isolated) 개인의 행동 내지 특성을 중심으로 하는 전문성 개념의 경계를 단단히 설정했다. 개인으로의 수렴은 필연적으로 전문성의 결과물 내지 과정으로서의 퍼포먼스 개념도 구별하여 고려하도록 장려한다. 요소, 과정 및 절차, 결과 등 강조점이 어디에 있는지에 집중해 이들을 구별해 내는 방식은 전문성 연구를 기계화된 과업 해결로 만들 수도 있다. 심리적 배경, 가치, 세계관, 개발 과정의 스토리와 의미로부터 멀어져 진단과 측정 위주의 심리적 검사나 행동 특성에 대한 포착으로 전문성 연구가 기울어졌다. 기계화된 행동주의에 근거한 연구를 벗어나 보다 간학문적 연구로의 전환이 고려되어야 할 것이다. 행동주의에만 치우치기 보다는 깊이 있고 풍부한 이야깃거리를 확인할 수 있는 연구로의 전환은 문화기술지(ethnography)와 같이 전문성 연구의 방법론에 대한 전환도 포함시킬 것을 요구한다. 둘째, 선형적 사고에서 벗어나는 것을 의미한다. 인적자원개발에서도 익숙한 환원주의의 방식으로 전체를 부분으로 쪼개어 부분에 대한 이해가 전체에 대한 이해로 나아간다는 입장으로부터 벗어날 필요가 있다. Jayanti(2011)는 선형적 인적자원개발 모형이 구성요소 간의 상호 작용, 그리고 시간, 맥락, 이전의 학습경험, 그리고 인간의 자유 의지 등 전체론(holism)을 간과하는 경향이 있다고 평가한 바 있다. 조직 시스템과 전문성의 연계는 대표적으로 조직적 정렬과 같은 시스템적 사고의 강화를 요구한다. 시스템적 사고가 제공하는 개인성과, 프로세스성과, 조직성과의 유기적 연결과 작은 흠결이 야기할 수 있는 조직 전체에 대한 충격(장환영, 2014)이 전문성 연구에서 충분히 검토될 필요성이 있다. 시스템의 의미는 systemic 접근과 systematic 접근 가운데 전자를 추종하는 것이 바람직하다. 권대봉, 조대연(2013)은 systemic 접근을 인과적 흐름을 갖는 객체로 대상을 바라보는, 결국 대상을 보고 인식하고 구성하는 사고방식으로, 후자는 1단계, 2단계, 3단계 등 순차적 흐름을 갖는 단계를 중심으로 각 단계들 간의 인과 관계의 형성을 포함하는 것으로 구별한다. 그리고 systematic 접근이 문제의 파악과 원인 분석에 유용한 인적자원개발의 도구가 될 수 있다고 보았다.

2) 성과공학과 전문성의 연계

위에서 강조한 바와 같이 시스템적 사고가 전문성 개념에 포함될 필요성이 있다는 점은 성과공학(Human Performance Technology, HPT)과 전문성 연구와의 연관성을 시사한다. 성과공학의 관점을 취한다면 의도적 연습

(deliberate practice) 또한 시스템적 실천, 가치의 증진, 그리고 긍정적 파트너십의 바탕 위에서 이루어져야한다는 점이 강조될 수 있다. 왜냐하면 성과공학의 핵심 4원칙이 결과 중심(focusing on results), 시스템 사고(taking a systems view), 가치 증진(creating value), 파트너십(establishing partnerships)이기 때문이다(Tosti, 2010). 이러한 포괄적 원칙이 전문성 연구에 포함될 때 전문성 연구가 갖는 의미의 확장은 대단히 클 것으로 보인다. 첫째로 시스템적 실천이 강조하는 바는 인간의 실천도 하나의 시스템으로서 상부시스템과 하부시스템의 연결망으로 존재한다는 점이다(Rummler & Brache, 1995). 인간을 하나의 시스템으로 보는 관점의 가장 큰 이점은 인간의 실천에 영향을 주는 다양한 요소들에 대해 상부시스템의 영향력을 포함하여 균형 있게 검토할 수 있다는 점이다. 실제로 Rummler는 인간성과 시스템에 영향을 주는 5가지 요소들을 투입(input), 수행자(performer), 산출(output), 피드백(feedback), 결과(consequences)의 측면에서 제시하기도 하였다. 전문성 개발을 시스템적 실천으로 보는 관점은 개발의 흠결 요소를 단순히 근거리의 직접적인 원인에서만 찾지 않고 멀고도 감추어진 원인을 발견하여 제시하고 또한 개발의 동력이 환경과 유기체의 상호작용 속에서 전개된다는 통찰을 전해준다는 데에 있다. 그럼으로써 전문성 부족을 단순히 개인 노력의 흠결로서 힐난하고 이러한 잘못된 귀책사유 논란(blame game)이 다시 동기 부족과 좌절로 이어지는 악순환을 막을 수가 있다. Ericsson, Nandagopal, & Roring(2009)은 의도적 실천에 있어 피드백의 중요성을 강조하였는데 시스템 사고는 전문성 개발에 있어서 인간 내부와 외부를 모두 포함한 과학적이고도 폭넓은 관점의 피드백을 가능하게 해준다. 둘째로 가치 증진의 측면은 앞서 소개한 시스템적 관점과 연계되어 있다. 조직 변화에 있어서도 조직구조, 일의 과정, 업무분담체계 등 하드웨어 측면의 개편만으로는 한계가 있고 전략, 문화, 가치체계 등 소프트웨어 측면의 변화가 함께 병행되지 않는다면 발전을 성공적으로 이

룰 수가 없다는 것은 자명한 사실이다. 전문성 개발도 마찬가지로 단순히 기술의 개발만이 중요한 것이 아니라 이 기술이 포함하고 있는 내재적 가치, 수행자의 비전과 심리적 동기, 그리고 사회적 의미 등이 고려되지 않는 한 전문성은 균형있게 개발되기가 어렵다. 가치 증진은 수행자의 내부에서 스킬의 숙련, 테크놀로지의 활용 등 하드웨어 시스템의 개선뿐만 아니라 개인가치 및 사회적 의미 등 소프트웨어 시스템의 파트너십이 원만한 관계를 이루고 상승 작용을 통해 지속적인 개발이 가능해야 한다는 관점을 제시해준다. 셋째, 가치증진이 수행자 내부의 파트너십을 강조했다면, 성과공학의 파트너십 강화의 원칙은 그야말로 전문성 개발을 위해 수행자와 환경의 파트너십, 즉 외부적인 파트너십을 강조한 원칙으로 볼 수 있다. 전문성 개발에 있어서 멘토의 존재, 네트워킹, 풍부한 자원, 피드백, 사회적 지원, 촉진의 문화와 보상 등 환경의 중요성은 아무리 강조해도 지나침이 없다. 이러한 외부 환경과의 긍정적 파트너십은 전문성 개발에 상승작용을 일으킬 것이다. 성과공학은 전문성 연구를 단순히 숙련 개발이라는 측면에서 탈피해 탁월한 성과시스템의 구축이라는 관점에서 재조명할 것을 요구한다. 이러한 관점은 인간의 전문성이 갖는 환경 안에서의 위치, 내적 가치와 외적 공헌도, 개발의 효과성, 전문성 활용과 관리의 측면에서 보다 폭넓은 시각을 취해야 한다는 시사점을 남긴다.

3) 전문성의 전이(transfer)

멀티태스킹과 융합적 업무의 증가, 빠른 숙련의 일몰, 새로운 분야에 대한 두려움 없는 빠른 습득, 변화의 불확실성에 대한 대처 등에 비추어 볼 때, 전문성의 전이는 향후에도 중요성을 지닐 것이다. 오랜 전통을 자랑하는 전문성 전이에 관한 이론과 실천의 주제는 도제훈련이다. 이때의 전문성은 모든 전수 가능한 것으로서의 의미를 얻는다. 전문가 1인에 의해 일방적으로 공급되는 방식의 도제훈련은 전문성의 전이를 충분히 설명하기에 어려움이 있다. 실행공동체에서의 학습 또한 학습에서의 자발성과 학습 주체 간의 교환만으로 전문성의 전이 내지 공유를 확인하기는 곤란할 것이다. 전문성의 개발 과정 내지 방법으로 나아간다면, 1만 시간의 법칙, 의도적 연습과 같은 고된, 혹은 혹독할 수도 있는 개인의 숙달 과정으로의 치우침을 벗어나 보다 전체론(holism)적인 관점에서 전문성의 전이에 접근할 필요가 있다. 적응적 전문성 개념과 같은 전문성의 수평적 이동가능성에 관한 현재까지의 이론적 논의에는 잠재적 한계가 존재한다. 이미 선행연구(류혜현·오헌석, 2016)에서도 특정 영역을 넘어서는 전문성 확장의 과정을 설명하는 데에 한계가 있다는 의견이 개진된 바 있다. 적응적 전문성 개념의 연장선상에서, 전문성 개발의 과정이 점진적인가 아니면 단속적인가에 대한 검토도 요구된다. 대부분의 수직적 전문성 개발을 탈피한 보다 새로운 것으로 평가받는 수평적 전문성 개발의 이론적 모형들 또한 점진적인 전문성의 심화를 전제하고 있다. 그러나 사회구조와 조직 시스템에 대한 환기를 통해 어쩌면 전문성 개발이 쿤의 패러다임 전환에 가깝게 갑작스러운 임계점을 갖고 있을 가능성에도 주목해야 할 것이다.

전문성의 전이는 조직 시스템과도 관련되어 있다. 조직 시스템의 어떤 요소가 탁월한 스킬의 전이를 촉진하는지를 밝혀내기 위한 관심이 필요하며, 조직 내에서 시스템 차원의, 혹은 구조적 지원의 필요점이 무엇인지에 대한 관심도 요구된다. 특히 오늘날 기업의 경영 환경이 이전과 비교할 수 없을 만큼 빠른 변화의 속도와 강도를 요구받고 있다고 할 때 전문성 전이를 촉진할 수 있는 시스템에 더욱 주목할 필요가 있다. 결국 전문성의 전이는 앞서의 시스템 사고를 통해 가시화될 수 있을 것이며, 영역 특수적 전문성 토대에서 벗어나기 위한 시스템 지원이 충분할 때 전문성의 수평적 전이가 활성화될 것으로 기대해볼 수 있다. 조직 시스템과 전문성 전이의 연계는 조직에서 전문성을 어떻게 관리할 것인가의 문제에 집중하는 전문성 관리론의 가능성을 함의하는 것이기도 하다. 조직의 관리자나 리더 입장에서 탤런트들을 어떻게 가치 있게 활용하느냐의 문제로도 바라볼 수 있기 때문이다.

4) 전문가 중심 연구의 미시적 관점 극복

전문성 개념은 전문가와 불가분의 관계에 있다. 전문성은 전문가로 불리는 '사람'에게 투영된다. 전문성의 발달 과정에서 많은 관심의 대상이 되고 있는 학습과 성장의 주체는 언제나 사람이다. 그러나 장원섭(2015)은 장인에 대한 연구를 통해 사회물질론적(sociomaterial) 이론화 가능성을 제안하였다. 장인의 전문성을 고려하면서, 장인의 학습에 대한 기존의 설명 방식에 기대었던 안드라고지, 경험학습, 실행공동체는 과도하게 낙관적이거나 단편적이거나 단선적이고 순조로운 배움의 과정에 치우쳤다는 진단이다. 무수히 많은 삶의 다양한 요소가 뒤얽혀 영향을 미치는 전문성의 발달 과정을 고려할 필요가 있다. 전문성의 전이 과정을 학습 중심으로 이해하는 것에서 벗어나야 함을 주문한 전문성의 전이에 대한 언급은 전문성을 이해하기 위한 대안적 렌즈로써 사회물질적 관점의 채택과 연결된다. Fenwick, Edwards, & Sawchunk(2011)은 인간과 대상(objects), 그리고 둘 간의 관계를 엄격하게 구별하는 종전의 학습에 대한 접근에서 탈피해 학습에서 의식, 의도, 의미, 간주관성, 사회적 관계 등과 같은 인간적 요소뿐만 아니라 도구, 기술, 객체, 사물, 담론과 같은 물질적 요소를 동시에 강조하는 사회물질적 관점의 도입을 주장하였다. 전문성의 개념과 발달에서도 인간에게 부여된 우선성에서 벗어나 사람과 사물의 동등성을 인정하며, 일과 관련된 비인간의 모든 요소가 인간에게 영향을 미치는 잠재력을 보유하고 있음에 주목할 필요가 있다(Fenwick, 2010). 그리고 인간과 비인간(물질)을 동시에 고려하는 방식은 수행적 존재론(performative ontologies)에 근거한다. 수행적 존재론은 가령 학습이 무엇이냐(is)뿐만 아니라 학습이 무엇을 하느냐(does)를 함께 고려하는 것이다(Mulcahy, 2012). 따라서 전문성의 재개념화는 사람뿐만 아니라 사람이 아닌 것들까지 망라한 사회물질적 관점을 필요로 한다. 이와 관련하여 유영만, 이상아(2014)는 인적자원개발 담당자의 기술적 전문성의 규명을 시도해 (1) 인공물의 활용 (2) HRD와 다양한 분야의 지식 내재화 (3) 인공물과 지식의 융합을 통한 새로운 제작과 활용 가능한 행위로의 표출을 중심으로 구체화하였다. 비록 Schön의 성찰적 실천가(reflective practitioner) 개념과 이론에 근거한다는 점에서 인간 중심성을 탈피한 것으로 보기는 어렵지만 이러한 시도는 인간과 비인간인 기술이 함께 만들어 나가는 네트워크를 고려하는 전문성의 재개념화와 결코 무관하지 않다. 인적자원개발 실천의 현장에서 기술의 영향력이 증대하고 있다고 전제할 때, 인적자원개발 실무자들의 기술적 전문성은 인간과 비인간인 기술의 네트워크를 동시에 고려하는 방식을 통해서도 심도 있게 이해할 수 있기 때문이다. 사회물질적 관점의 채택과 별개로 네트워크에 대한 관심은 학습 이론으로서 연결주의(connectivism)와 전문성 연구의 결합 가능성을 의미할 수 있다. 연결주의 이론을 주창한 Siemens(2004)는 디지털 시대의 기술 발달로 비형식 교육이 학습 경험의 주류를 이루고, 다양한 방법의 학습이 발현될 것으로 예상하였다. 이때의 학습은 다양한 교점(node)과의 연결이다. 학습자들은 단지 온라인 상에 있는 정보나 지식과 상호 작용하는 것을 넘어서 디지털 기술이 매개가 되어 인간과 인간이 소통하는 측면을 요구한다. 네트워크를 중심에 둔 연결주의 학습은 다른 동료 학습자를 포함한 다양한 사람들과의 소통, 관련 지식과 정보의 연결을 중시한다(이상수 외, 2011).

나. 전문성 연구의 확장

1) 신뢰의 생산성과 새로운 생산성의 통합

조직 내에서 전문성을 강조할 수밖에 없는 이유는 전문성이 생산성을 증진시킬 것이라는 바람 때문일 것이다. 지금까지 인간의 전문성 연구는 전문성 개념화를 위한 구성요소의 탐색, 학습 가능한 특질로서 행동주의적 관점의 발전, 전문성에 영향을 주는 주요 요소들의 발견, 전문성 개발을 위한 효과적인 방법론의 탐구 등으로 많은 진척을 이루어 왔다. 생산성의 관점에서 이러한 전문성 연구를 개괄해 본다면 이는 신뢰의 생산성을 마련하는 토대를 이루었다고 볼 수 있다. 예측가능하고 효율적인 생산시스템을 마련하기 위해 이러한 전문성 연구는 그 효용성이 커 보인다. 전문성이 강화될수록 타 조직에 비해 더 빠르게 더 많은 양을 생산할 수 있는 경쟁력이 확보되는 것이다. 전문성의 개념 자체도 그 전문성을 이루고 있는 세부 구성요소들을 숙련을 통해 자동화(automation)하여 짧은 시간 안에 더 많은 일을 할 수 있는 능력을 키우는 것으로 정의된다. 이러한 전문성을 바탕으로 구축된 생산시스템은 신뢰할 만하다. 왜냐하면 기준으로 할당된 생산량을 더 빨리 더 정확하게 성취할 수 있도록 전문성이 활용되기 때문이다. 하지만 문제는 남는다. 왜냐하면 지금의 4차 산업혁명시대 경쟁의 원천은 이러한 효율적 생산시스템을 넘어서는 것이기 때문이다. 현재 시장경쟁체제에서는 질적관리 체제를 보장하는 효율적 생산시스템은 어떤 조직이라도 구비해야만 하는 필요조건일 뿐이며, 그 외에 또 다른 충분조건이 필요하다. 창조적 파괴와 불연속적 혁신이 일상화되는 시점에서 생산시스템은 기존의 전문성과는 차원이 다른 전문성을 요구한다. 창의, 혁신, 지속가능한 변화 등 새로움의 생산성이 고려된 전문성의 개념이 요청되는 것이다. 지금까지의 전문성 연구가 신뢰의 생산성을 염두에 둔 것이라고 한다면 미래의 전문성 연구는 이를 확장하여 새로움과 혁신의 생산성을 가능하게 할 전문성이 어떻게 구축될 수 있는지 깊이 있게 탐구하여야 할 것이다. 이제 새로운 시대의 전문성 개념은 신뢰와 새로움의 접점을 형성해야 한다. 결국 통합적 질문과 접점을 확인하기 위한 탐구(inquiry)가 필요하다. 인적자원개발의 지배적 관점에서 전문성은 지식, 역량과 함께 인적자본의 요소 중 하나로서 간주되기도 한다(Herling & Provo, 2000). 그러나 expertise라는 용어 자체가 내포하는 기술적-도구적 지향점에서 벗어남으로써 기능적인 전문성 연구에서 벗어나 삶과 일의 가치와 연계하려는 노력이 강화되어야 한다. 전문성과 삶과 일의 가치와의 연계는 심리적 자본을 통해 구체화될 수 있다. 행동주의에 근간을 둔 어떤 문제 해결의 수월함과 효율성은 산업사회에서 유효하고 적합성을 보유한 전문성의 개념화였던 만큼 전문성의 재개념화가 요구된다. 심리적 자본은 전통적 경제 자본, 인적 자본, 사회적 자본 등에 사용된 '자본'의 개념을 확장한 것으로 바라볼 수 있다(Luthans, Luthans, & Luthans, 2004). 이러한 심리적 자본의 주요한 변수로서 꾸준한 관심을 받아온 주제로 자기효능감(self-efficacy), 희망(hope), 낙관주의(optimism), 그리고 복원력(resiliency)이 제시되고 있다(장환영, 2012).

심리적 자본과 함께 기능적인 전문성 연구에서 벗어나기 위한 전문성 개념과 연구의 확장 가능성은 마음챙김(mindfulness) 개념을 통해서도 가시화될 수 있다. 마음챙김은 의식하거나 알아차린다는 뜻을 지닌 고대 인도어인 빨리어 '싸티(sati)'의 번역어로, 의도적으로 주의를 기울임으로써 항상 깨어있도록 하는 어떤 정신적 능력을 의미한다(박미옥, 2014). 마음챙김 개념의 핵심은 현재 진행 중인 경험에 대해 주의를 유지하고 비판단적으로 수용하는 태도에 있다(Baer, Smith, & Allen, 2004). 마음챙김에서 강조하는 '주의'와 '자각(알아차림)'은 인간의 보편적인 능력에 해당하며 마음챙김을 통한 주의와 자각(알아차림)의 개발은 '통찰'과 섬세한 '감수성'에 관한 배움과 교육의 통로가 된다(박미옥·고진호, 2015). 마음챙김은 신체적 건강(예. 스트레스 관리), 행동조절(예. 중독성 또는 부정적 행동에 대한 자기 조절 능력 향상), 사회적 관계 역량(예. 대인관계의 질 향상) 등으로 연결될 수 있다(서성무·이지우·장영혜, 2012). 결국 마음챙김은 전문성 개발과 발달 과정에서 일관되고 안정된 전문가로서의 성장을 가능하게 하는 요인으로서 새롭게 전문성 개념과의 관련성을 탐색할 필요가 있다.

2) 창의성과의 접점

새로운 시대의 전문성은 기술(technology)로는 대체 불가한 것으로 볼 수 있으며 특정한 영역 내에서 다른 사람들이 보지 못하는 '새로운' 시각에서 문제를 해결할 수 있는 능력으로 이해할 수 있다. 이에 따라 새로움의 생산성으로서 전문성은 창의성과 연결된다. 개념적 혼용을 얼마든지 자연스럽게 여길 만큼 서로 밀접한 두 개념은 그러나 각 개념의 연구자와 실천가들 사이의 교통(交通)이 사실상 없을 만큼 단절되고 분리되어 있다고 판단된다. 인적자원개발 분야로 한정해 살펴볼 때, 전문성 관련 연구 문헌이 창의성과의 관계를 본격적으로 검토한 흔적은 찾아보기 어렵다. 전문성 개념의 재구조화에 있어서 창의성과의 연결 고리 확보는 절실하면서 중요한 문제이다. 특정한 영역에서 구조적인 문제를 지속적으로 재혁신하는 과정을 전문성으로 본다면 전문성의 과정은 창의력과 그 맥락을 같이한다(오헌석·김정아, 2007). 21인의 장인을 인터뷰한 장원섭(2015)은 장인의 창의력은 숙련의 최고 수준에서 발현되며, 최고의 숙련 단계에서 자연스럽게 일의 확장과 그에 따른 학습이 이루어지는 과정을 통해 창의력이 발휘된다고 제안한다. 또한 창의력을 개발하기 위해 자신의 일 그 자체에서 해방을 얻었다고 할 정도로 일에 대한 몰입과 보람을 느끼는 경험이 요구된다고 보았다. 이러한 경험은 Maslow(2012)의 절정 경험(peak experience) 개념을 통해 구체화 된다. 절정 경험은 개인이 황홀함, 경이로움, 경외감 같은 신비한 체험을 하는 최고조의 순간을 의미하며 자아실현의 순간이기도 하다. 창의성 개념의 구성 측면에서도 창의성과 전문성은 연결 가능한 것이다. Amabile(1998)은 창의성의 세 가지 구성요소로 전문성, 창의적 사고 기술, 그리고 동기를 제안하였다. 이때의 전문성은 기술적, 절차적, 지적 지식이다. 창의적 사고 기술(creative-thinking skills)은 사람들이 문제에 대해 얼마나 유연하고 풍부한 상상력을 갖고 접근하는지를 좌우한다. '해결책이 현상 유지를 뒤집어놓는가?' 또는 '어려운 시기를 인내심으로 극복하는가?' 등으로 표현된다. 동기의 경우 당면한 문제를 해결하려는 내적 열망이 돈과 같은 외적보상보다 더욱 창의적인 해결안을 도출한다. Weisberg(2006)가 보고한 사례들에 비추어 보면, 영역에 대한 지식이 뛰어날수록 창의성을 발휘할 가능성도 높아진다고 할 수 있다. 창의성 개념의 구성과 전문성의 연결 가능성은 창의성의 다른 두 형태로 창의적 산물, 창의적 문제해결력과 같은 창의적 전문성 수행과 확산적 사고를 고려하는 경우에도 확인 가능하다. 창의적 전문성 수행은 영역 특수적인 창의적 산물을 제작하거나, 특정 영역의 전문성을 이용하여 잘 정의되지 않는 문제를 해결하는 것을 의미한다(안동근, 2015).

3) 문제 해결의 효율성에서 문제 자체의 재구조화

인류 모두를 위한 선물과 같은 극소수의 천재들을 제외한다면 전문성을 개발시키는 과정은 필연적으로 지겨움을 즐기거나 견디거나 지겨움에 몰입할 것을 요구한다. 그러나 현대사회는 이러한 지겨움, 그리고 진지함을 거부한다. 전통적인 대중 매체뿐만 아니라 SNS(Social Networking Service)를 포함해 거의 모든 커뮤니케이션 수단은 자극적인 절정의 순간과 경험만을 강조한다. 특히 지겨움과 진지함을 견뎌내야할 보통 사람들에게는 15초짜리 상업 광고와 같은, 달콤한 설탕과 같은 환상을 꿈꾸게 한다. 탁월한 업적을 성취한 전문가의 전문성을 패스트푸드처럼 유통시키면서 평범함을 벗어나 비범함으로 나아가는 여정은 당위적인 진술로 이루어진 자기계발 담론과 함께 전문성 개발에 왕도(王道)가 있고 지름길, 갓길이 있다는 오해를 만들어낸다. 이 과정에서 지겨움은 더 이상 유지되지 못하고 제거되며 평범한 개인은 특정한 행동만을 취하면 금방 탁월성을 성취할 것 같은 환상에 사로잡힌다. 지겨움을 간과하거나 혹은 달콤한 열매를 과장한 그간의 전문성 담론에는 전문성이 추구하는 문제 해결의 효율성이 자리한다. 그러나 문제 해결의 효율성만을 강조하는 방식으로는 환경과의 관계에 대해 깊이 있게 성찰하거나 어떻게 비판적으로 저항할지에 대해서 문제를 제기하기 어려워진다. 구조적 문제를 도외시 하면서 개인을 탓하기 때문이다. 이 점에서 문제 해결의 효율성으로 점철된 전문성은 자유주의(liberalism)가 아니라 극단적으로 시장 메커니즘과 경쟁 논리를 지향하는 자유지상주의(libertarianism)에 가까운 것일지도 모른다. 그러나 제4차 산업혁명에서 혁신의 중요성이 더욱 증대되고, 스탠다드의 효율적인 성취가 아닌 시간이 걸리더라도 창조적 영향력을 통한 시장 우위를 도모하는 창의적 일터의 중요성이 부각되는 환경 변화는 다수의 전문성을 융합하여 새로운 영역을 개척하는 혜안을 요구한다. 따라서 미시적 전문성 요소가 아닌 전문성 네트워크, 전문성의 활용, 전문성 협업 및 전문성 융합을 통한 새로운 전문성 시스템의 디자인이 강조되는 환경에서 매우 효율적인 문제해결이 아닌 문제 자체를 재구조화하는 능력이나 특성으로써 전문성의 의미를 전환할 필요도 있다. 이미 인적자원개발에 대한 비판적 접근은 효율성만을 강조하는 성과 지향의 접근에서 벗어나 발본적(radical) 문제제기를 지향한다. Bierema(2010)에 따르면 인적자원개발에 배태된 성과지향성은 문제 해결을 위한 향상(improvement)의 추구로 연결된다. 그리고 향상은 근로자, 관리자, 조직, 시스템의 '결함의 기본 입장'(deficiency stance)을 전제하며 결함의 기본 입장은 남성성과 합리성에 의한 경영을 포함한다. 매우 효율적인 문제 해결로서의 전문성이 자칫 단기 성과를 위한 도구화된 전문성으로 전락할 수 있다는 점에서 문제 자체를 새롭게 발견하고 폭넓은 구조적 관심을 통해 문제 자체를 재구조화할 수 있는 전문성 개념이 강화되어야 한다. 이러한 전문성 개념의 전환에는 비판적 접근이 유용할 수 있으며, 비판적 접근은 문제에 대한 재구조화를 필연적으로 요구한다. 비판적 인적자원개발은 권력, 이해관계, 형평성에 대한 비판적 질문을 증대시키는 것과 강압적인 조직 구조와 지식 정당화에 대한 비판적 도전을 정교화하는 것을 지향한다(Bierema & Fenwick, 2005).

3. 결론

복잡성과 불확실성이 증가한 오늘날과 향후의 일터 변화의 흐름 안에서 인적자원개발 이론과 실천가들은 전문성의 개념과 발달 과정을 어떻게 포지셔닝 할 것인지를 새로운 시각으로 검토할 시점이다. 이 논문은 그동안의 인적자원개발 분야 전문성 연구가 간과한 것들을 드러내는 작업의 결과물이 아니라 미래 사회의 변화에 선제적으로 대응 가능한 인적자원개발 전문성 담론을 마련하기 위한 목적을 가진다. 전문성은 우리 모두가 탁월한 실천을 하기 위한 비밀이다. 인간의 숙련은 운명과도 같으며, 숙련의 비밀을 알아내기 위한 노력은 인간을 인간으로서 이해하기 위한 노력이기도 하다. 조직에서 이루어지는 모든 인적자원개발의 실천, 그리고 인적자원개발 담당자의 고민들도 이 노력의 범주에서 벗어날 수 없다. 마지막으로 이러한 노력을 이끌 수 있는 향후의 전문성 연구의 아젠다를 제시하자면 다음과 같다.

첫째, 지금까지 전문성의 세부 행동주의적 구성요소를 탐색하는 미시적 관점에서 나아가 시스템적 측면에서 환경과의 상호작용 그리고 맥락의 역할 등을 포함하는 전문성 개념의 재구조화 노력이 필요하다. 이는 비단 외부 환경만을 강조하는 것이 아니라 수행자 내부의 환경 또한 하위 시스템의 관점에서 상부시스템과의 상호연결성 및 관계를 보다 심층적으로 탐구할 수 있는 여건을 만들어 줄 것이다. 둘째, 전문성 연구의 방법론 측면으로써 지금까지의 연구가 문헌연구, 인물탐구, 서베이 및 요인 분석 등에 머물렀다면 향후에는 양적, 질적으로 보다 다양한 방법론의 활용이 요구된다. 이는 첫 번째 지적과도 연관된 것으로 전문성의 개념이 폭넓게 재구조화 된다면 단순히 전문성의 요소, 과정, 결과의 행동주의적 특질만을 밝혀내는 연구에서 벗어나 요소의 근원, 과정에서의 조건, 맥락 및 스토리, 그리고 결과의 의미 등을 깊이 있게 탐색하는 융합적 연구가 필요할 것으로 보인다. 이러한 연구는 조직 내 생산성 향상의 관점에서 어떠한 영역에 전문성이 부족한지 왜 이러한 흠결이 야기되었는지를 파악하는 데에 보다 통합적인 이유와 설명을 전달할 것이다. 나아가 전문성 부족의 원인 분석에 그치는 것이 아니라 이러한 흠결을 메우기 위해서는 어떠한 개입(intervention)이 보다 효과적인 방법일 수 있는가에 대한 연구가 뒤따라야한다는 점을 시사한다. 전문성이 무엇인가를 파헤치는 기술적(descriptive) 연구에 그치기보다는 조직 내 생산성을 증진시키는 처방적(prescriptive) 조치로서의 전문성 향상을 위한 형성적 연구(formative research) 등도 활발히 이루어질 필요가 있다. 셋째, 전문성 연구에 미래지향적 측면이 강화되어야 한다는 측면이다. 앞서 본문에서 제시한 바와 같이 기존의 전문성 연구에서는 수행자 중심의 행동적 구성요소의 확인, 반복과 자동화에 기반한 전문성 개발, 기 제시된 표준에의 효율적인 성취 등이 강조되어 왔다. 이러한 전문성은 신뢰의 생산성을 보장하며 언제 어디서든 신뢰할 수 있는 결과를 제시하는 반면에, 지금은 존재하지 않지만 세상을 변화시킬 새로운 창의적 제품 또는 서비스를 파격적으로 제기할 수 있는 새로움의 생산성을 보장하지는 않는다. 신뢰의 생산성이 로봇이 갖출 수 있는 전문성으로 점점 대체되어 간다면 미래 인간을 위한 전문성은 새로움의 전문성이 그 가치를 더해 갈 수 밖에 없다. 이러한 측면에서 전문성 연구의 미래지향적 관점은 더더욱 강조되어야 하며, 특히 전문성과 창의성의 관계 탐색, 전문성 향상을 위한 심리적 자본 및 마음챙김 등의 분야와의 융합 등 앞으로의 과제가 산적한 것으로 보인다. 넷째, 전문성의 활용과 관리 측면이 강조되어야 한다. 지금까지 전문성 연구는 전문성 개념 자체에 대한 탐색에서 머물러 있어서 전문성이 갖는 조직 맥락 내에서의 위치, 성과향상을 위한 전문성의 활용과 효과적인 관리의 측면은 많이 논의되지 않았다. 이는 전문성 연구의 의미와 가치를 매우 축소시키는 것으로 그 간의 연구가 전문성을 행동 특성으로만 파악하는 미시적 관점에만 머물러 있었기 때문으로 보인다. 전문성을 탁월한 성과시스템으로 간주한다면 이야기는 달라진다. 한 분야의 전문성과 다른 분야의 전문성과의 융합 및 연계체제, 그리고 그러한 전문성 네트워크 구조가 갖는 효과적인 성과시스템의 구축, 불확실한 시장 변화에 견딜 수 있는 견고한 내부 인적 및 심리적 자본의 구축으로써 전문성 연구가 폭넓게 탐색될 수 있을 것이다. 이 논문에서 취한 비판적 고찰은 전문성 개념이 인적자원개발의 핵심 개념임에도 불구하고 다가올 4차 산업혁명시대에도 적합한 부가가치를 창출할 수 있는 중요한 개념으로서 위치하고 있는가에 대한 검토에서 시작되었다. 그리고 기술 변화에 따른 인간 변화의 중요성, 그 핵심에 적응성, 창의성, 내적 심리 자본 등이 포함된 전문성 개념의 재구조화 및 확장이 필요하다는 점을 강조하였다. 이를 위해 절차 측면에서 과거 전문성 연구의 비판적 고찰과 현재 연구의 경향성 등을 검토하고 인적자원개발 전문성 연구를 위한 미래 방향을 탐색하고 제시하는 데에 의의를 두었다. 지금까지의 전문성 연구는 개념의 구체화와 개발 방법에 대한 과학적인 분석 등 뛰어난 결과들을 내놓았다. 본 연구는 과거의 전문성 연구를 비판하기 보다는 이러한 업적에서 나아가 향후 전문성 연구가 더 발전되기 위한 방향성을 모색하는 데에 의미를 둔다. 앞으로 전문성에 대한 논의가 더 활발히 이루어져 인적자원개발 분야의 미래지향적 발전에 큰 공헌을 할 수 있기를 기대한다. 이를 위해 본 논문에서 제안한 전문성 연구의 아젠다를 고려하면서 향후 연구에서는 전문성 연구의 재구조화 방향에 부합하는 구체적 사례가 제시되고 동시에 그러한 사례로부터 전문성 연구에 제공하는 의미가 확인되어야 할 것이다.

PART
03

교육서비스과학

교육서비스과학은 교육 분야에 서비스과학을 접목하여 교육서비스시스템이 어떻게 혁신될 수 있는지에 대한 방안들을 탐색하는 분야이다. 본서에서 이 분야를 포함하는 이유는 인재개발을 위해 지원되는 교육활동은 제품이 아닌 서비스 관점에서 접근되어야 그 부가가치가 효과적으로 증진될 수 있다는 가정이 있기 때문이다. 또한 서비스과학과의 융합은 인적자원개발에서는 볼 수 없는 관점이며, 개발을 위한 방법론들이 혁신적으로 개선되지 않으면 인적가치개발은 불가능할 것이라는 전제를 피력하기 위함도 있다. 다음과 같은 순서로 상술한다.

제1장 | 교육서비스과학의 개요
제2장 | 교육서비스디자인

CHAPTER 1 | 교육서비스과학의 개요[2]

　교육서비스과학이라는 용어는 일반인뿐만 아니라 교육 전문가들에게도 아마 생소하게 들릴 것이다. 교육을 서비스라는 말과 함께 쓰는 데에도 엄청난 거부감이 존재할 뿐만 아니라 거기에 과학이라는 용어가 더해지니 어렵다는 느낌이 드는 것이 사실이다. 그럼에도 불구하고 우리 교육 분야를 개선하기 위해서 기댈 수 있는 가장 좋은 방법 중의 하나는 교육서비스과학을 진흥시키는 것이라고 볼 수 있다. 지금까지 교육개혁을 위해 상당히 많은 대안들이 나왔지만 교육서비스과학을 언급한 적은 없다는 측면에서 매우 무모한 주장인 것처럼 들린다. 본 섹션에서는 왜 그러한 주장을 펼칠 수밖에 없는가에 대한 이유를 밝히고자 하는 목적에서 서술되었고, 교육서비스과학의 '왜'의 문제와 '무엇'의 문제를 다루어 보고자 한다.

　교육서비스과학을 해석할 때 두 가지 측면에서 바라볼 수가 있다. 하나는 '교육서비스'에 대한 과학적 접근이라는 측면이고 또 다른 하나는 교육 영역에 '서비스과학'의 관점을 접목한다는 측면이다. 이 두 가지 측면

---

[2] 제1장은 저자가 백평구, 김성완, 홍정순과 공동저술한 '교육서비스과학의 정립을 위한 이론적 탐색 (기업교육과 인재연구, 제20권 4호)'의 논문을 수정·보완한 내용임.

은 상당히 다른 것 같지만 깊이 들어가 보면 서로 같은 얘기라고 볼 수 있다. 서비스에 대한 과학적 접근이 서비스과학이므로 이를 교육 영역에 특화하여 연구와 실천을 검토한다는 의미로 수렴될 수 있다. 서비스과학은 제조업 경제에서 서비스 경제로의 전환에 발맞추어 제품혁신 보다 서비스혁신이 훨씬 더 많은 부가가치를 창조하는 경제 환경에 대한 대응으로 발전되었다. 보다 구체적으로는 IBM이 컴퓨터 제조업 비즈니스에서 서비스비즈니스 회사로 비즈니스모델을 완전히 전환함에 따라 UC Berkeley 대학과 손을 잡고 이론적 기반을 확충하기 위한 노력을 시작하면서 비롯되었다고 볼 수 있다. 2000년대 초반에 태동한 짧은 역사에도 불구하고 서비스과학은 영국의 Financial Times에서 향후 20년간을 주도할 새로운 학문 분야로 선정되었고, 미국의 Harvard Business Review에서는 서비스과학을 Breakthrough Ideas for 2005의 하나로 선정하였다(김광재 외, 2011). 서비스를 '고객을 위해 무형의 가치를 창출하는 모든 활동'이라고 정의할 때, 교육 영역과의 접점은 분명해 보인다. 교육 또한 무형의 가치를 창출하기 위한 노력이라고 볼 수 있으며 보다 구체적으로 그 무형의 가치는 '인간의 성장과 발달'에 초점이 맞추어져 있다. 서비스 영역을 과학적으로 연구하고자 하는 노력이 점점 커지면서 당연히 최고의 서비스라고 볼 수 있는 교육 분야에 서비스과학을 접목하고자 하는 시도는 무엇보다도 의미 있다고 판단된다.

하지만 이러한 주장이 그렇게 간단한 것만은 아니다. 교육에 가장 밀접하게 관여하고 있는 교사들에게 한 번 질문을 던진다고 가정해 보자. '당신의 교육서비스는 고객을 만족시키나요?' 질문을 받은 교사는 금방 무시당하는 느낌을 받을 것이다. '내가 수행하는 거룩한 활동이 한낱 서비스에 불과하다니 무슨 얘기를 하고 있는 거지?'라는 질문이 되돌아 올 지도 모른다. 이러한 오해는 서비스의 개념이 산업화 시대에 제품 중심의 사고 속에서 거래 활동에서 핵심가치를 전달하는 중심이라기보다는 변방의 부가적인 활동이며 비본질적인 활동으로 인식되어 왔던 것과 무관하지 않다. 또한 서비스의 어원 자체도 라틴어의 'servitium'에서 기인하는데, 이는 영어의 'slavery'를 의미하는 말이다. 따라서 servant와 service는 같은 어원을 갖는 말로써 서비스를 제공하는 사람에겐 노예의 입장을 강요하는 것 같은 느낌을 줄 수도 있을 것이다. 하지만 이것은 고대의 어원에 관한 얘기일 뿐이고 현대에 와서는 서비스의 의미가 상당히 많이 변화되었다. 1930년대에 미국 상무국이 미국 경제의 표준산업분류를 농업, 제조업, 서비스업 이렇게 세 분류로 나누자 이때부터 서비스업에 대한 인식과 관점이 많이 달라지기 시작했으며, 서비스업 비중이 점차 넓어지고 부가가치 창출의 핵심동력이 1차, 2차 산업보다는 서비스업인 3차 산업에서 대부분 나오기 시작했다. 이러한 서비스 개념은 마케팅 분야 대가인 Rathmell(1966)이 13가지로 진술한 것이 가장 권위 있겠지만, 간단히 표현하기 위해 김진우(2017), 대한산업공학회(2016), 서비스디자인코리아(2011) 등을 토대로 정리해보면, 첫째, 무형성 또는 비유형성(intangibility)은 서비스가 기본적으로 눈에 보이지 않으며 형태가 없음을 말한다. 둘째, 이질성(heterogeneity)이라는 특성에 따라 누가 언제 어디서 어떻게 서비스를 제공하고 사용하느냐에 따라 같은 서비스라도 품질이 일정하지 않다. 셋째, 비분리성 또는 불가분성(inseparability)은 생산과 사용의 분리가 가능한 제품과 서비스의 차이이다. 넷째, 소멸성(perishability)은 사용하지 않으면 사라지고 재고와 저장이 불가능하다는 특성이다.

각 개인 또는 조직이 타인과 함께 무형의 가치를 창출하는 활동은 현대 사회의 핵심적인 성장 동력이면서도 가장 유의미한 인간 활동이라고 볼 수 있다. 이는 인간의 성장이란 최고의 가치를 추구하는 교육 영역에서도 예외는 아니다. 기실 교육서비스는 인류가 수행해 온 가장 오래된 서비스 중의 하나이며, 최근에는 서비스 개념의 특성에 근거해 교육서비스의 본질을 제안하는 시도도 확인할 수 있다(김현수, 2018a). 또한 4차 산업혁명으로 대변되는 환경의 변화 속에서 교육에 대한 시스템 사고와 교육 디자인의 가능성 탐색(박수홍 외, 2017) 또한 교육서비스 과학의 정립과 연결될 수밖에 없다. 그럼에도 불구하고 교육활동은 서비스의 측면에서 연구되거나 서비스과학의 도움을 받아 개선을 하고자 하는 노력이 부족했다고 볼 수 있다. 교육 분야에 교육서비스과학이 응용되어야하는 이유를 조금 더 미시적으로 살펴보고자 한다.

1. 교육과 교육서비스

우리가 교육 영역에서 미래와 개선에 더 초점을 맞추고자 한다면 교육이라는 말보다 교육서비스라는 말을 더 자주 사용해야할 것이다. 그 이유를 다음의 네 가지 관점에서 살펴보고자 한다.

1) 구체성과 명확성

의사소통에서 언어의 명확성이 갖는 중요성은 매우 크다. 만약 어떤 이가 교육혁신의 추진을 주장한다면 대다수의 사람들은 막연하고 추상적인 변화를 예상할 뿐이다. 교육혁신이 방법의 혁신인지 교육 조직의 혁신인지 정책의 혁신인지 아니면 어떤 프로그램을 구성할 것인지 어떤 구체적인 정보도 주지 못한다. 수많은 설명이 부연된 후에야 추진하고자 하는 혁신이 무엇인지 조금 감을 잡을 수 있을 지도 모른다. 또한 교육개혁이라는 용어 자체에 대한 이념상의 입장 차이가 너무 커서 당초에 추구하던 개혁이 초반에 무너질 가능성도 농후하다. 우리나라의 경우 보수진영과 진보진영의 화합할 수 없는 이데올로기적 갈등이 너무 커서 개혁이라는 말 자체가 주는 방향성이 그 두 진영 사이에는 서로 너무나도 다른 그림으로 머릿속에 안착된다. 교육개혁을 얘기하면 보수주의자는 수월성교육을, 진보주의자는 평등교육 및 평준화 교육을 강화하는 활동을 떠올릴 것이다. 따라서 우리나라에서는 많은 사람이 교육을 얘기하고 개혁을 얘기하지만 같은 단어일지라도 그 어떤 명확성이나 일치점을 찾아보기가 힘들다.

여기에는 언어 사용의 문제도 있다고 보여 진다. 교육개혁이 아니라 교육서비스개혁이라는 용어로 바꿔 쓴다면 어떨까? 보다 더 구체적으로 교육이 전달되는 활동을 개선해 나간다는 의미에서 공통 지대를 발견할 수 있을 것이다. 왜냐하면 서비스라는 용어 속에는 구체적인 활동이 전제되어 있으므로 추상적인 이데올로기 갈등을 배제하고 실천적인 활동에 초점을 맞출 수 있는 장점이 있기 때문이다. 교육서비스라는 용어를 사용함으로써 교육이 이루어지고 있는 현장에 대한 관심을 촉구할 수 있다는 말이다. 이는 교육개혁에서 가장 중요한 핵심 이슈인데도 단순히 우리가 교육개혁이라는 말을 쓸 때는 교육이라는 말 자체에 암묵적으로 스며있는 이념적 편향을 추상적으로 강화할 뿐, 정작 중요하다고 할 수 있는 교육현장에서의 불편을 구체적으로 개선하고자 하는 실질적 프레임워크는 실종되곤 한다. 교육서비스는 이러한 모순을 조금이나마 상쇄할 수 있는 길을 열어줄 수 있다.

2) 초점과 집중

교육서비스라는 용어를 씀으로써 가져올 수 있는 또 하나의 이점은 교육활동의 초점을 분명히 하고 이에 집중할 수 있다는 점이다. 서비스에는 구체적인 서비스 대상이 있고 서비스가 이루고자 하는 목표가 있으며 이에 따른 서비스 결과를 명확히 명시할 수가 있다. 서비스과학은 경험의 과학이며 고객이 느끼는 경험을 디자인하고자 하는 명확한 목표가 있다.

따라서 교육서비스 또한 학습자에게 초점을 두고 학습자의 학습 경험이 얼마나 깊고 의미 있게 전개될 수 있는지에 집중한다. 이는 교육서비스라는 용어를 사용함으로써 얻는 대단히 의미 있는 변화라고 할 수 있다. 지금까지 교육개혁이라고 할 때 입시 제도를 변화시키거나 교육 과정을 고치고 사교육을 잡기 위해 학원을 규제하는 등의 제도적 측면에 집중해 왔다. 이러한 제도적 변화가 과연 개혁과 개선의 가장 최종적 결과라고 할 수 있는 학생의 유의미한 학습 경험에 얼마나한 공헌을 하였는지는 미지수이다. 정작 가장 중요한 학습자의 학습 경험을 도외시한 셈이다. 교육이라는 모호하고 추상적인 용어 대신에 교육서비스에 초점을 맞춘다면 학습자의 경험을 가치있고 유의미하게 디자인하기 위한 온갖 방법론을 구상하는 데에 집중하게 될 것이다.

3) 고객중심

앞서 언급한대로 교육서비스는 학습자 중심이다. 서비스는 공급자와 수요자의 경계를 허물고 그 상호작용과 관계를 중요시한다. 무작정 교육활동이라고 할 때는 공급자의 계획과 그 계획에 따른 실행만이 중요한 위치를 차지한다. 공급자가 정한 목표에 학습자가 제대로 따라왔는지를 평가하고 점수를 전달하면서 끝이 난다. 학습자는 공급자가 정한 규칙을 얼마나 정확히 따르고 순종했는지에 따라서 평가받는다. 우리가 교육활동을 연상할 때 군대에서의 집체훈련을 연상하는 것도 그러한 이유이다. 보통 일상 조직에서도 관리자들이 저성과자를 만났을 때 부하에게 하는 지시가 대부분 '교육시켜라'는 얘기일 것이다. 이럴 경우 교육이 갖는 암묵적 의미는 그 수요자에게는 매우 폭력적으로 들린다. 자신의 정체성, 존재감 또는 존중감을 교육 현장에서는 깊숙이 감추어야하는 것이다. 이러한 현장에서 과연 교육이 갖는 의미나 긍정적 영향력을 논할 수 있을까?

교육의 효과성이란 단지 공급자의 의도가 갖는 진척도에 불과하고 수요자 또는 고객은 주인이 아닌 대상에 불과하다. 더욱 안타까운 것은 이러한 교육 현상이 일반 조직뿐만 아니라 교육을 최우선의 활동으로 하고 있는 일선 학교에서도 나타날 수 있다는 것이다. 학생은 수업시간에 최대한 자신의 흥미 대신 주어진 수업의 형식에 꼭 맞추려는 적응훈련을 매시간 해야만 한다.

교육활동이라고 할 때 우리가 부정적 감정을 먼저 느끼고 성장과 발전보다는 적응과 순종이라는 말이 더 많이 떠오르게 되는 것은 교육활동에 서비스 개념이 빠져있기 때문이다. 교육 공급자들은 교육은 제공할지 모르지만 교육서비스는 제공하고 있지 않다. 그들은 고객과 유리된 채 그저 자신의 일을 하고 있을 뿐이다. 공급자에게 서비스 정신이 없을 때 고객인 학습자는 교육 현장에서 매우 외롭다. 현재 서비스의 고객중심 방향은 표적(target)으로 삼는 다수를 지향하는 것이 아니라 개별화된 개인의 만족을 추구하고 있으며, 이러한 서비스 방향성은 교육이 지향하고 있는 맞춤형 개별화 수업의 진가를 드러낼 수 있게 할 것이다.

4) 가치제공

서비스의 정의 자체가 '고객을 위한 무형의 가치를 창출하는 모든 활동'을 의미한다. 따라서 교육서비스는 '학습자를 위해 무형의 가치를 창출하고자 하는 모든 노력'이라고 정의될 수 있다. 여기서 중요한 것은 바로 학습자를 위한 가치라는 점이다. 학습자의 존재를 훼손할 수 있는 가치는 배격되어야 한다.

교육서비스는 교육활동이 가치창출 활동이라는 것을 강조한다. 가치가 창출되지 않는 활동은 무의미하다. 가치가 창출되려면 현재 진행되고 있는 현상을 재해석하고 새롭게 재구성하려는 노력을 병행해야만 한다. 가치 창출이라는 것은 변화를 전제로 하기 때문에 항상 새롭게 변화하려는 노력을 한다는 의미와도 일맥상통한다. 하지만 교육서비스가 아닌 작금의 교육활동은 변화, 개선, 혁신보다는 전달, 유지, 관리의 의미가 더 큰 것으로 보인다. 대부분의 사람들이 군대와 교육계를 가장 보수적이고 변화하기 어려운 조직으로 여긴다. 하지만 지금과 같이 변화무쌍한 초연결 사회에서 가치를 창출하여 사회에 공헌하지 못하는 조직은 썩은 암적 조직이 되어 사람들의 지탄을 받게 될 것이다. 교육 조직들이 교육활동이 아닌 교육서비스활동으로 빨리 전환되어야하는 이유이다.

2. 서비스과학과의 융합

앞서 검토한 교육과 교육서비스의 대비에 이어, 본장에서는 본격적으로 서비스과학이 교육 분야에 어떻게 적용될 수 있는지를 검토한다. 이를 위해 크게 두 단계에 걸쳐 교육서비스과학의 정립을 위한 이론적 탐색을 구체화하였다. 먼저 서비스과학의 전개 과정을 살펴보면서 서비스과학의 네 가지 원칙을 제시하였다. 서비스중심논리, 가치의 공동창조, 서비스시스템, 그리고 서비스혁신이라는 서비스과학의 원칙은 교육과 서비스과학의 접점을 마련하기 위한 출발점으로서의 의의를 가진다. 다음으로 교육과 서비스과학의 융합 단계에서 교육서비스과학의 독립된 분과 학문으로서의 성립 가능성을 검토한다. 본 연구에서는 교육서비스과학의 핵심적인 이론적 기반을 시스템 관점, 데이터 증거기반, 혁신, 해결책 테크놀로지를 중심으로 제시하였다.

1) 서비스과학의 발전

(1) 서비스과학의 배경과 흐름

　서비스과학은 서비스혁신에 대한 사회적 요구가 높아짐과 동시에 정보통신기술의 발전으로 서비스혁신을 이루기 위한 기술적 환경이 성숙하면서 등장한 것으로 볼 수 있다. 보다 구체적으로 살펴보면 제품과 서비스의 통합화가 서비스과학의 부상에 영향을 미쳤다. 제품과 서비스의 통합화는 제품의 서비스화와 서비스의 제품화로 제품과 서비스의 경계가 허물어지고 제품-서비스 통합 시스템이 등장한 것과 관련된다. 제품-서비스 통합 시스템의 예로 우리는 스마트폰과 어플리케이션, 자동차 업계의 텔레매틱스를 생각해볼 수 있다. 또한 글로벌화와 이에 따른 글로벌 가치사슬의 대두 또한 서비스과학에 영향을 미쳤다고 할 수 있다. 가령 미국의 한 대학병원에서 컴퓨터 단층촬영(Computed Tomography, CT촬영)이 이루어지면 이에 대한 판독은 인도의 업체에서 이뤄지고 다시 미국 의사가 그 판독 결과에 근거해 환자에게 적절한 처방을 내리는 것이다. 이러한 영향 요인들을 토대로 기업 조직의 기능별 가치 구조에도 변화가 일어나고 있다. 알파벳 U와 비슷한 형태로 조직의 각 기능별 부가가치를 그래프로 도식화한 스마일 커브에서 제품을 생산하는 제조 기능의 가치는 제품 콘셉트를 포함한 연구개발 기능, 판매 및 사후 서비스, 마케팅, 유통, 브랜딩 등 여타의 기능과 비교할 때 부가가치가 0에 가까울 만큼 가장 낮았다(대학산업공학회, 2016). 중국산 휴대전화 제품도 휴대전화로서 손색이 없다고 할지라도 상당수의 휴대폰 사용자들이 훨씬 더 고가의 아이폰이나 갤럭시를 선호하는 것과도 비슷하다. 이러한 서비스과학 개념이 다양하게 정의되고 있지만, 서비스과학이 기존의 분과 학문 단독으로는 성취할 수 없는 융복합의 토대 위에서 성립될 수 있다는 점을 특별히 강조하고 있다.

(2) 서비스과학의 원칙

① 서비스중심논리

서비스중심논리는 제품중심논리(goods dominant logic)에서 벗어나 서비스과학을 성립시키는 서비스 사고를 대변한다(김광재 외, 2011). 따라서 서비스중심논리는 제품과는 명백히 구별되는 서비스 개념을 성립시키며, 서비스과학의 철학적 토대로 간주될 수 있다. 제품중심논리와 서비스중심논리를 비교해 정리한 내용을 제시하면 〈표 3-1〉과 같다(Lusch & Vargo, 2006; Lusch, Vargo, & Wessels, 2008).

서비스중심논리를 이해하기 위한 내용들 가운데 큰 의미를 부여할 수 있는 것이 자원이다. 제품중심논리에서 자원은 사전적 의미에서 컴퓨터의 피연산자를 말하는 'operand'이다. 그러나 서비스에서의 자원은 이러한 수동적이고 정적인 자원으로서의 operand뿐만 아니라 operand를 작동시키는 힘을 의미하는 operant를 포함하며 operant의 활동이 서비스가 된다. 심리학에서 자발적인 움직임을 의미하는 이 단어는 제품을 만들어 내는 신뢰로운 생산을 넘어서서 함께 가치를 만들어내는 상호관계를 구축한다.

제품중심논리 그리고 서비스중심논리의 차이는 가치의 관점에서도 드러난다. 제품중심논리에는 교환 가치(value in exchange)만 존재한다. 그러나 서비스중심논리는 사용 가치(value in use)를 가진다. 이때의 사용은 고객의 경험을 통해서 실현되는 것(realized)을 의미하며 오늘날의 경제 시스템 자체는 교환가치가 아닌 활용가치의 관점에서 온전히 이해될 수 있다. 무엇보다 서비스중심논리는 교환 가치의 사용 가치로의 전환 그 자체에 그치는 것이 아니라 맥락에서의 가치(value in context)로도 전환된다는 점에서 교육에서 교육서비스로의 전환을 가능하게 하고 교육서비스 개념을 획기적으로 변화시킬 수 있다.

<표 3-1> 제품중심논리와 서비스중심논리 비교

제품중심논리	서비스중심논리
정태적 자원(operand resources)	동태적 자원(operant resources)
자원 획득(resource acquisition)	자원화(resourcing) : 창조, 통합 및 저항 제거 (creating & integrating resources & removing resistances)
제품과 서비스(goods & service)	서비스와 경험(servicing & experiencing)
가격(price)	가치제안(value proposing)
촉진(promotion)	대화(dialog)
공급사슬(supply chain)	가치창출 네트워크(value-creation network)
행동 극대화(maximizing behavior)	교환을 통한 학습(learning via exchange)
시장·고객에 대한 마케팅('marketing to')	시장·고객과 함께하는 마케팅 (collaborative marketing 'marketing with')

지금까지의 경제 활동은 공급자와 고객의 상호작용만으로 종결되었는데, 가치 실현을 핵심으로 하는 사용 가치의 본질적 의미는 공급자에 의해서만 가능한 것이 아니라 무수히 많은 맥락적 요인이 작용할 때 달성될 수 있다. 정부가 제공하는 물, 전기, 인프라스트럭처, 그리고 문화, 사무 환경 등 모든 것들이 가용할 때에만 가치가 실현될 수 있고 사용 가치의 의미도 달성되는 것이다. 서비스를 통해 이루어지는 상호작용 자체가 공급자와 고객의 단순한 관계가 아니라 그 관계와 연결된 모든 이해관계자들의 맥락과 조화를 이룰 때, 그러한 맥락적 관계가 뒷받침될 때 가치가 생성되고 실현되는 것이기 때문이다.

맥락에서의 가치를 고려한다면 교육서비스 개념은 획기적으로 변화할 수 있다. 여전히 교육서비스의 핵심이 교육이 이루어지는 과정에 있다고 볼 수 있지만, 가치의 실현이라는 관점에서 맥락에서의 가치로 교육서비스가 전환될 수 있다면 교육서비스의 본질 또한 전환될 수 있다. 맥락에서의 가치를 고려하는 것이 요구되기 때문에 고객으로서 학습자의 경험이 중심이 되는 교육 체제 아래에서는 교사가 단순히 설명하고 전달하는 것이 아니라 학습의 진정한 실현과 활용가치가 어떤 맥락에서 실현되는지를 고민할 수 있게 된다.

더욱이 이때 학습자의 경험은 집합적인 것이 아닌 학습자 개개인의 독특한 경험이다. 학습자 30명 전체의 표준화된 경험이 아니라 제각각의 개별화된 경험인 것이다. 제품중심논리에서는 차 한 대를 판매하는 것으로 끝나지만 서비스중심논리에서는 같은 벤츠 한 대를 사더라도 교환의 의미가 변화한다. I-Pod과 함께 음악을 경험하는 플랫폼을 제공함으로써 각각의 고객마다 개별화된 경험을 하게 된다. 그 제품 가격만큼의 경험을 제공하는데 그치는 것이 아니라 그것을 넘어서는 개별화된 경험을 제공하는 것이 바로 가치의 공동 창조와도 연결된다. 이것이 서비스를 혁신할 수 있는 잠재력이 된다. 교육서비스 뿐만 아니라 서비스 산업 전반으로 확장하여 생각하더라도 서비스중심논리로 비즈니스를 한다면 이것은 종전과는 획기적으로 다른 방식의 서비스시스템과 비즈니스 수행을 가능하게 한다.

② 가치의 공동 창조

서비스과학은 가치의 공동 창조(value co-creation)를 핵심으로 한다. 둘 또는 그 이상의 서비스시스템 실체(entity)가 상호작용하여 제안하고, 동의하고, 실현시키는 상호 이익이 되는 성과를 만들어내는 인간이 만드는 가치의 공동 창조 현상(human-made value-cocreation phenomena)을 서비스로 본다(김광재 외, 2011). 서비스시스템의 흐름은 가치제안(proposition)-동의(agreement)-실현(realization)으로 이어진다(Maglio, Vargo, Caswell, & Spohrer, 2009). 그래서 서비스 공급자의 가치제안에 대한 동의가 고객에 의해 이루어질 때에만 서비스가 실현되는 것이 서비스시스템의 운영 방식이다. 이때의 서비스시스템 실체는 사람, 비즈니스 조직, 국가 등 어떤 형태의 경제적 실체라도 포함하며 소유권이나 계약 등을 체결할 수 있는 법적 권리를 보유한다. 공동의 가치 창조는 협력과 경쟁 둘 모두의 형식으로도 둘 중 하나의 형식으로도 가능하다.

가치의 공동 창조를 핵심으로 삼기에 서비스시스템은 고객이 투입으로 참여하는 시스템이다. 만약 유치원이나 어린이집이면 학습자 본인을 고객으로 보기 어려울 수 있으나 이때는 학부모 등 다른 이해관계자가 고객으로서 참여하는 시스템이다. 학생과 학부모 모두가 고객이다. 기업에서의 교육훈련, 인적자원개발 실천이라면 고용주가 고객일 수도 있다. 그리고 바로 공동의 가치 창조이기 때문에 서비스시스템에서의 교육활동이 진정 자기주도적으로 경험되는 것이라면 이때의 관계 시스템은 종전과는 전혀 다른 개념화를 요구받는다.

현재 우리가 실천하고 있는 교육에 대해 좋은 교육 혹은 교육을 잘한다는 평가는 피상적으로 강사의 언변이나 프로그램의 구성과 활용 등에 그치는 것이라고 할 수 있다. 이런 방식으로 시스템을 배제한 채 이루어지는 교육의 실천이라면 제품중심논리에 해당한다. 그런데 관계 시스템으로서 교육서비스시스템을 본다면 어디서 가치가 공동으로 만들어지고(제안되고) 동의가 이루어지며 실현되는가의 문제에 보다 집중하고 효과적으로 대처한다. 우리나라 아이리버 MP3 플레이어 제품의 실패 사례를 떠올려 보자. 제조의 산물로서의 제품 그 자체만 놓고 보면 대한민국의 아이리버 MP3는 실제 중국 등에서 제조된 I-Pod보다 훌륭하다고 할 수 있다. 그러나 I-Pod은 실제로는 제품만을 판매한 것이 아니라 음악을 유통하는 서비스시스템이 함께 움직였기 때문에 제품 자체로는 열위에 있음에도 시장을 지배할 수 있었다. 이러한 서비스시스템에서의 관계망을 가치창출 네트워크라고 할 수 있다. 그리고 무엇보다 가치를 공동으로 창출하는 네트워크로서 서비스시스템을 바라볼 수 있음에 주목할 필요가 있다. Vargo, Maglio, & Akaka(2008)는 이러한 서비스시스템 내에서의 가치를 교환, 활용, 맥락으로 구분하여 바라보고 있다.

③ 서비스시스템

앞서 언급한 서비스중심논리가 서비스 관점에 따른 패러다임 변화를 대변하는 개념적 기반이라고 한다면, 서비스시스템은 결국 서비스를 구체적으로 기술하고 분석할 수 있는 분석 체계로서의 의미를 가진다. 가치를 창출하는 통합체로서 서비스시스템은 유기적으로 존재하는 다양한 사람, 관계, 조직, 기술로 구성된 집합체이다(Janner, Schroth, & Schmid, 2008). 이러한 집합체로서의 의미는 서비스시스템을 올바르게 이해하기 위해, 다시 말해 서비스가 어떻게 가치를 창출하고 전달되는지를 이해하기 위해 서비스에 관여하는 사람, 서비스 공급자와 사용자 간의 상호작용, 상호작용 과정에서 창출되고 교환되는 지식, 경험, 역량, 그리고 이들의 관계를 파악하는 것이 요구됨을 시사한다(Basole & Rouse, 2008).

서비스시스템은 사람(people), 기술(technology), 내·외부 시스템을 연결하는 가치명제(value proposition connecting internal and external systems), 공유된 정보(shared information) 등으로 공동으로 가치를 창출하는 통합체이다(김광재 외, 2011). 간단히 말하면 서비스 자원들의 총합이 서비스시스템이다. 이러한 서비스시스템의 4대 요소이자 자원을 사람, 기술, 내·외부 시스템(가치제안), 공유된 정보(법, 재무 등)라고 하며 이때의 사람은 서비스 제공자, 서비스 사용자, 내부 고객, 외부 고객 등으로 분류할 수 있다. 서비스 자원으로 보면 사람은 operant로, 나머지 자원들은 operand로 볼 수 있다. 서비스시스템의 상호작용이라는 서비스 네트워크와 서비스 네트워크를 구성하는 가치명제 측면에서 서비스시스템은 각각 자원, 이해관계자, 측정 방법, 접근 권한의 네 가지 요소로 구성(configure)된다. 자원은 사람, 기술, 정보, 조직으로, 이해관계자는 고객, 공급자, 관계당국(authorities), 경쟁자로, 측정 방법은 품질, 생산성, 준법(compliance), 지속가능한 혁신으로, 마지막 접근권한은 소유(own), 임대(lease), 공유(shared), 기밀(privileged)로 구분할 수 있다(http://www.ibm.com/think).

④ 서비스혁신

서비스혁신은 공급자 중심의 서비스 산업이 1990년대 고객지향 개념으로 확장되면서 주목받기 시작했다. 서비스혁신은 서비스시스템의 혁신이며, 서비스의 전환(transformation)을 의미한다. 이를 반영한 서비스혁신 전환 모델은 일반 시스템에 대한 투입-과정-산출 접근에 토대를 두고 제안된 바 있다(Schwarz, Durst, & Bodendorf, 2012). 먼저 서비스혁신을 위한 투입은 조직 외부의 시장 지향 관점과 조직 내부의 자원 지향 관점을 아우르는 것이다. 이에 따라 투입에는 인적 자원, 새로운 기술, 고객 요구, 비즈니스 요구, 환경 변화 등이 포함된다. 다음으로 산출은 서비스혁신에 관한 4개 차원 모델에 근거하며 새로운 서비스 개념, 새로운 고객 접점, 새로운 서비스 전달 시스템, 기술 적용의 새로운 영역으로 구별된다. 마지막으로 과정은 그 자체로 하나의 전환 시스템이며 이때의 전환 시스템은 서비스혁신 기업과 파트너들과의 상호작용으로 구성된다.

고객 활동 관점에서 서비스혁신을 설명하는 서비스 성장을 위한 프레임워크(Sawhney, Balasubramanian, & Krishnan, 2004)는 서비스 성장의 초점과 유형이라는 두 가지 차원에 따라 서비스 성장 방안을 설명한다. 이때 성장의 초점은 고객의 주요 활동과 인접 활동으로 구별되며, 성장의 유형은 새로운 활동의 추가와 기존의 활동 재구성으로 구별된다. 성장 방안의 첫 번째로 일시적 확장(temporal expansion)은 서비스 사용자의 주요 활동에 새로운 활동을 추가해 서비스 유형을 확장하며, 두 번째 공간적 확장(spatial expansion)은 주요 활동은 아니지만 인접 활동에 새롭고 부가적인 활동을 추가하는 서비스 성장 방안이다. 둘 모두 새로운 활동을 추가한 유형이며, 다만 그 초점을 전자는 주요 활동에, 후자는 인접 활동에 둔다는 차이가 있다. 세 번째 일시적 재구성(temporal reconfiguration)은 서비스 사용자의 기존 주요 활동 내부에서 각 행위들의 구조 및 통제 방법을 변화시킨 서비스를 통한 성장이며, 네 번째 공간적 재구성(spatial reconfiguration)은 기존 인접 활동 내부의 구조와 통제 방법을 변화시킨 서비스를 통한 성장이다. 둘 모두 그 초점에 있어 전자는 주요 활동, 후자는 인접 활동이라는 차이를 유지하고 있으나 첫 번째와 두 번째와 달리 성장 유형에 있어서 모두 새로운 활동의 추가가 아닌 기존 활동을 재구성하고 있다.

한편 Hertog(2000)는 내부 역량에 초점을 둔 서비스혁신 모델을 제시한 바 있다. 이때의 서비스혁신 개념은 서비스 개념(service concept), 사용자 인터페이스(user interface), 생산·전달(production/delivery), 그리고 기술옵션(technological options)의 네 가지 내부 구성요소로 이루어진다. 먼저 서비스 개념은 서비스 제공 프로세스에서의 서비스디자인에 해당되는 의미를 가지며, 서비스의 가시적 특성과 연결된다. 서비스 개념은 서비스가 무엇이며, 어떠한 구조를 갖는지(다시 말해 구성요소), 고객과 경쟁자의 식별, 수익과 비용의 구조를 정의한다. 다음으로 사용자 인터페이스는 서비스 제공자와 고객 사이의 커뮤니케이션을 위한 인터페이스를 의미한다. 이때의 인터페이스는 서비스의 거래에 초점을 맞춘 서비스혁신으로 설명한다. 그 다음으로 서비스 생산·전달은 서비스 공급자의 내부 자원 할당, 배치, 운영의 문제를 정의한다. 특히 이러한 생산·전달은 사용자 인터페이스와 함께 서비스 네트워크에 참여하는 이해관계자들을 연결시켜주는 핵심 프로세스라고 할 수 있다. 마지막으로 기술 옵션은 서비스를 지원하는 기술개발 능력을 얼마만큼 자체적으로 보유하고 있는지를 정의한다. 물론 예외도 있을 수 있으나, 서비스혁신과 새로운 서비스의 구현은 서비스 기업이 보유한 기술역량의 영향을 받는다는 점이 고려되어야 할 것이다. 다만 이러한 모델은 서비스혁신을 위한 전통적 방법론으로 평가되기도 하는데, 이는 지식기반 경제에서 서비스 제공을 위해 필수적인 고객에 대한 이해 및 유지·운영(maintenance/operation)을 간과한 것에서 비롯된다 (남기찬 외, 2008).

Ostrom 등(2010)은 서비스혁신을 위한 연구 영역을 서비스 전략, 서비스 개발, 서비스 실행의 3개 영역으로 구별하고 서비스 전략에서는 (1) 서비스 성장 및 수용의 확산 (2) 전환 서비스를 통한 웰빙 기여 (3) 서비스 문화의 창조 및 유지, 서비스 개발에서는 (4) 서비스혁신의 유도 (5) 서비스 설계 방법 (6) 서비스 네트워크와 가치체인 최적화, 서비스 실행에서는 (7) 서비스 브랜딩 및 판매 (8) 공동창조를 통한 서비스 경험 향상 (9) 서비스 가치의 측정 및 최적화라는 아홉 가지 연구주제를 제시하고 전체 영역에 걸쳐 있는 하나의 주제로 (10) 서비스 확산을 위한 기술 적용을 포함한 열 개의 연구 주제를 제안하였다.

3. 교육과 서비스과학

위에서는 왜 교육에서 교육서비스라는 개념으로 초점이 옮겨져야 하는지를 논의하였다면 본 섹션에서는 교육서비스에서 교육서비스과학으로 한 걸음 더 나아가야 한다는 점을 강조하고자 한다. 마찬가지로 다음과 같은 네 가지 측면을 검토해 본다. 이 네 가지 관점은 서비스가 단순히 활동과 집행 수준에서 머무르지 않고 개선과 혁신을 향한 활동, 즉 부가가치 있는 활동으로의 전환을 꾀하고자 할 때 결국 과학적 분석과 이론이 필요함을 설명하고 있다.

1) 시스템 관점

교육 분야에서 교육서비스라는 용어를 사용하는 것만 하더라도 굉장한 변화라고 볼 수 있지만 단순히 용어와 인식의 전환만으로는 활동을 구체적으로 개선해 나가기에 불충분하다. '관점의 전환'이 '활동의 개선'이라는 결과를 잉태하기 위해선 과학의 힘을 빌려야만 한다. 서비스과학은 시스템적 관점을 취하고 있는데, 이는 복잡다기한 서비스를 쉽게 파악하고 이해할 수 있도록 도움을 준다. 투입-과정-산출-피드백의 순환 과정으로 서비스를 파악함으로써 활동의 역동성을 놓치지 않을 수 있으며 하부시스템과 상부시스템과의 관계를 같은 프레임을 통한 복잡성의 정도로서 인식할 수 있게 도와줌으로써 숲과 나무를 동시에 고려할 수 있도록 해준다. 또한 시스템 관점은 부분과 부분의 관계성을 강조하여 미세한 초기의 변화가 시스템적으로는 엄청난 영향을 미칠 수도 있는 가능성을 지니고 있다는 점을 고려한다. 따라서 시스템 관점은 우리가 가치 창출과 같은 서비스의 변화를 고려할 때 매우 유용한 지적 모델이 된다.

최근 경영학 분야 내에서 서비스경제 시대에 부합하는 교육서비스의 본질을 서비스 개념의 특성에 근거해 관계성, 쌍방향성, 수평성, 조화성으로 제시하고 각각이 교육이라는 맥락에서 어떻게 구체화되는지를 제안한 시도를 살펴볼 수 있다. 관계성은 문제해결 역량개발, 서비스러닝의 체계적 적용, 쌍방향성은 학습자와 교수자가 완전한 쌍방향으로 집중 학습이 이루어지는 교육, 수평성은 각 학습자의 개별 수준에 맞는 교육 제공, 그리고 조화성은 선한 도덕적 가치관에 기반한 교육으로 제시되었다(김현수, 2018a, 2018b). 그러나 교육서비스 본질에 대한 접근이라는 의의에도 불구하고 이러한 열거는 시스템 관점을 결여하는 아쉬움을 드러내고 있다.

지금까지 시도되어 왔던 우리나라의 교육개혁 노력이 물론 사회적 파장과 공헌이 컸던 것도 있지만 전체적으로 그다지 성공적이지 못했던 이유는 시스템적 변화를 염두에 두기 보다는 개별 사안의 지엽적 개선에 머물렀기 때문이기도 하다. 단지 컴퓨터를 수업 활동에 도입한다고 해서 또는 대학입학시험제도를 바꾼다고 해서 해묵은 교육 문제가 근절되는 것은 아니다. 이러한 개입이 연관 맺고 있는 교육 과정, 교사 역량, 학교 문화, 교육 방법, 관련 교육정책, 학급당 학생 수, 평가 방법 등등 이 모든 것이 모두 연계되어 있는 것이다. 따라서 기계적으로 부품을 갈아 끼우듯 문제가 발생한 것 같은 부분에만 응급처치를 하는 것이 근본 해결책이 되는 것은 아니다. 시스템 사고는 큰 그림을 보고 전체의 변화를 일관성 있게 추진해 나가는 데에 있어서 없어서는 안 될 귀중한 안내자가 된다.

2) 데이터 증거기반

과학은 문제와 관련된 적절한 자료들을 수집하여 논리적으로 분석함으로써 합리적이고 타당한 귀납적 결론을 내리도록 도와준다. 단순히 아이디어와 주장만으로써 문제를 해결하지 않는다. 증거기반의 객관적 분석을 중시해야하는 이유는 교육 문제와 같이 복잡한 사안들이 얽혀있는 경우 하나의 객관적이거나 합리적이지 못한 결정이 전체의 큰 틀을 엉뚱한 곳으로 데려다 줄 수 있기 때문이다. 해결책을 제시함에 있어서 한 개인이 선호하는 의견이나 우연적인 선택에 의해 예상치 못한 결과를 맞이하는 경우를 우리는 수없이 보아왔다. 이렇게 되면 애초에 약간의 튜닝만으로도 미연에 방지할 수 있었던 사안도 걷잡을 수 없는 복잡한 문제가 되어 미궁으로 빠지게 되고 엄청난 비용을 지불해야 할 수도 있다.

과학적으로 데이터를 수집하고 축적한다는 것은 합리적인 의사결정을 가능하게 한다는 장점도 있지만 더 중요한 것은 그 간의 실패했던 의사결정들도 모두 모아 시계열적인 분석을 통해 실패를 방지할 수 있는 중요한 교훈들을 만들어갈 수 있다는 점이다. 과거의 데이터가 종합되고 분석되지 않는다면 이렇게 낭비를 줄일 수 있는 의사결정이 이루어질 수 없을 것이다. 서비스과학은 증거기반의 시스템 분석을 통하여 보다 합리적이고 맥락에 적합한 의사결정을 지원한다.

3) 혁신

앞서 서비스과학이 시스템적 관점을 취한다는 점을 지적하였는데 시스템 분석을 하는 이유는 바로 혁신을 위해서다. 변화와 개선이 전제되지 않는 한 분석은 의미가 없다. 전체를 바라보면서도 부분의 중요성과 그 관계의 미묘한 중요성을 놓치지 않게 하는 관점이 바로 시스템적 관점이다. 서비스과학은 교육활동을 시스템의 개념적 틀 안에서 검토하고 여기서 나오는 문제점들을 해결하여 더 나은 방향을 모색하기 위한 학문이다. 이는 혁신을 전제로 하고 있다는 뜻이며 문제해결 뿐만 아니라 지금까지 보지 못했던 새로운 서비스를 도입할 수 있는 지적 기반을 제공한다.

혁신을 새로운 아이디어의 생성과 실천이라고 정의할 때 사람들은 이러한 새로움이 사람의 머릿속에서 갑자기 나타나는 것처럼 오해하는 경우가 있다. 결과적으로 그렇다고 하더라도 그러한 갑작스런 아이디어는 그 이전에 풍부한 지식기반과 농익은 고민과 검토의 결과라는 것을 종종 간과한다. 따라서 혁신은 바로 앞에 언급한 데이터와 증거기반의 분석 체제가 갖추어졌을 때 가능한 것이다. 풍부한 지적 기반이 지원되지 않는 혁신은 사상누각에 불과하다.

분석과 통찰이 공존하고 목적 지향적으로 생산성 있는 과정을 만들어내는 것은 과학의 힘이다. 교육서비스가 교육서비스과학으로 전환되어야 하는 가장 중요한 이유이다.

4) 해결책 테크놀로지

여기서 말하는 해결책 테크놀로지는 컴퓨터, 설비, 기계 등이 아닌 '과정, 도구, 방법'을 의미하는 연성테크놀로지(soft technology)를 의미한다. 혁신이라는 목표 아래 데이터와 분석틀이 존재하여 문제가 규명되었다면 이 문제를 해결할 수 있는 구체적인 방법론이 제공되어야 할 것이다. 우리는 지금까지 문제 따로, 분석 따로, 해결 방법 따로 등으로 제각기 정렬되지 않는 활동을 해 와서 문제는 문제대로 더 복잡해지고 의도치 않은 중복과 낭비를 남발해 온 것이 사실이다. 지금까지 입시 정책, 고교다양화 정책, 사교육 정책, 특성화고 정책 등등 그 어떤 것도 일관되게 꾸준히 추진된 것이 없다. 다시 한 번 정렬(alignment)의 중요성을 실감하게 되는데 목표와 문제의 소재 그리고 해결책의 제공이라는 삼박자가 잘 어울려야 진정 문제를 해결하고 낭비를 줄일 수 있는 것이다. 중요한 것은 해결책이 있느냐라는 질문보다 문제의 원인과 해결책이 제대로 맞게 연결되어 있느냐의 문제이다. 이러한 측면에서 과학은 그에 대한 논의가 투명하게 드러날 수 있도록 도와주며 논리적 구조에 맞는 해결책을 고안하고자 하는 노력을 경주한다.

교육서비스과학은 교육문제에 대한 과학적 분석과 해결책을 제시하고자 하는 학문이다. 해결책은 다음의 네 가지 영역이 고려될 수 있다.

- 디자인 방법론(Design methodology)
- 시스템 방법론(System methodology)
- 변화 방법론(Change methodology)
- 테크놀로지 방법론(Technology methodology)

이러한 방법론들은 다른 학문 영역에서도 많이 활용되는 것으로, 다만 서비스과학에서는 서비스의 개선과 혁신을 위한 도구들을 선별하여 구성될 수 있다. 교육서비스과학이 정립된다면 이러한 영역의 연구가 교육혁신과 관련하여 충분히 탐색될 수 있어야할 것이다.

4. 교육서비스과학의 연구 분야

복잡성과 교육서비스과학은 각 학문 영역에 기반하여 교육서비스를 제공해 오던 기존 산업화시대의 교육서비스시스템을 파괴하고 학문 영역 사이의 벽을 허무는 '통섭'의 접근을 허용한다. 교육서비스과학은 교육서비스디자인, 교육서비스컨설팅, 교육서비스표준 및 질 관리, 교육서비스마케팅, 교육서비스공학 등의 영역을 지식기반(또는 이론적 기반)으로 한다. 이러한 영역들은 그 동안 지엽적으로 연구가 되긴 했지만 교육 결과의 수준을 기대이상으로 향상시키고자할 때 과학적인 기반을 통합적으로 제공하는 데에는 미흡했기 때문에, 많은 교육 담당자들의 관심이 필요한 분야라고 생각된다. 각 영역을 간단히 기술하면 다음과 같다.

1) 교육서비스디자인

서비스디자인은 기본적으로 사용자의 경험을 기반으로 하는 혁신을 지향하고 보다 직관적인 디자인의 접근과 방법으로 창의적 대안을 찾는 것을 강조한다(윤성원, 2010). 이에 따라 교육서비스디자인은 고객의 최적화된 경험을 위해 학습 경험을 창조하는 영역이다. 이 영역은 아무런 현실적인 제약이나 조건 없이 지향해야 할 교육서비스의 전체 모습을 표상화(visualization, picturing) 한다. 교육서비스를 혁신하는 과정에서 디자인 접근을 하면 기존의 여타 방법론을 통해 현재의 문제를 창의적으로 극복하도록 도움을 준다. 특히, 공급자와 수요자 간 가치의 공동창출을 위한 구체적인 방법론이 없는 현 상황에서 교육을 디자인 관점으로 바라보는 것은 미래지향적인 접근이라고 할 수 있다.

교육서비스디자인은 서비스디자인 내에서 시스템 관점을 반영한다. 즉, 국가, 지역, 학교, 수업, 개인 학습 등 다양한 시스템 수준에서 발생하는 문제점들을 해결하기 위해 서비스디자인의 방법론을 활용한다.

교육서비스과학은 교육서비스디자인이 제시하는 교육서비스디자인방법론(페르소나 등)과 교육시스템디자인방법론(창의적 시스템방법론, 시스템다이내믹스 등)을 통해 그 유용성을 구체적으로 보여줄 수 있다. 교육서비스디자인은 교육서비스혁신을 위한 서비스를 디자인하고, 교육시스템디자인은 교육서비스혁신을 위한 서비스시스템(참가자수준, 프로그램 수준, 조직수준, 조직환경 수준 등)을 디자인한다. 즉, 교육서비스디자인은 미시적 수준에서는 교수설계(ID-수업설계, ISD-교육훈련프로그램 설계 또는 개발 등), 거시적 수준에서의 시스템디자인(수업설계, 프로그램 설계, 관리설계, 환경설계 등)으로 구현된다.

2) 교육서비스컨설팅

교육서비스컨설팅은 교육서비스디자인에 의해 창조된 학습 경험을 성취하기 위한 문제해결 과정을 제시하는 영역이다. 교육서비스컨설팅은 교육서비스시스템(참여적 서비스, 프로그램서비스, 조직서비스, 조직환경서비스 등)의 혁신과 변화를 통해 교육혁신을 달성하고자 하는데 근본 목적이 있다. 이것은 기존의 전통적인 컨설팅과는 달리 고객과의 공동 가치창출(co-creation of value)과 선제적 컨설팅을 지향함으로써, 교육서비스의 지속적인 개선과 혁신에 기여할 수 있다. 또한 이 컨설팅은 교환가치(value of exchange)보다는 사용가치(value in use) 관점을 지향하기 때문에 제품중심논리(goods dominant logic)를 넘어선 서비스중심논리(service dominant logic)를 지향한다. 교육서비스컨설팅은 교육서비스혁신을 위해 근본 문제점 진단, 진단 결과에 따른 개입 (intervention), 변화관리 등을 주요 단계로 한다.

3) 교육서비스표준 및 질 관리

교육서비스표준 및 질 관리는 교육서비스 제공자와 이용자 사이에 협의한 목표를 달성하기 위하여 다양한 솔루션을 통합하고, 이용자에게 고품질 서비스를 제공하기 위해 서비스를 지속적으로 측정하고 개선하고자 하는 분야이다. 다양한 교육서비스 대상 고객을 만족시킬 목적으로 도달하려고 선택한 탁월성 정도이자 척도 내지 표준인 교육서비스 품질을 제고하기 위한 노력은 고객의 성공적인 학습 경험에 있어서 중요하다.

교육서비스 질과 관련된 대상은 참여자(교수자, 학습자 등), 프로그램(교육프로그램, 훈련프로그램 등), 조직(초중등학교, 대학교, 기업, 군대 등), 조직환경(교육부, 국방부, 시도교육청, 교육지원청, 지역사회) 등이다. 각 시스템 수준에 맞는 교육서비스를 제공하고 그 성과를 올바로 측정하고 환류 및 개선함으로써, 교육혁신을 이룰 수 있다. 즉, 교육서비스 질 관리에 있어서 관련자 모두가 참여하고 협력하는 종합적 질 관리(Total Quality Control, TQC)가 요구된다. 또한 질 관리는 교육서비스의 투입(input), 과정(process), 산출(output) 전 단계에 걸쳐 이루어지는 시스템적 접근을 시도해야 한다. 원인이 없는 결과는 없기 때문이다.

교육서비스표준 및 질 관리를 위해서는 계획(plan), 실행(do), 검토(check), 개선활동(action) 등 체제적 관리절차를 밟아야 한다. 따라서 교육서비스의 표준과 질 목표를 달성하기 위해서는 각 관리절차를 총괄하는 질 관리 시스템(제도, 전담조직, 기술시스템 등)이 요구된다.

교육서비스의 표준 및 질 관리의 내용에 관해서는 대표적으로 다음과 같은 항목들이 제시된 바 있다(Juran & De Feo, 2010).

- 사용자에게는 보이지 않는 내부의 품질(internal qualities) (예. 제도, 리더십)
- 사용자의 눈에 보이는 하드웨어 품질(hardware qualities) (예. 학교 건물)
- 사용자의 눈에 보이는 소프트웨어 품질(software qualities) (예. LMS)
- 서비스 시간(신속성) 품질(time promptness) (예. 수업시간)
- 심리적 품질(psychological qualities) (예. 고객의 학습동기)

교육서비스표준 및 질 개선을 위한 프로젝트의 성공을 위해 태도의 혁신(프로젝트의 필요성 및 임무확인), 파레토 분석(문제 원인진단), 지식의 확인(대책수립 및 효과확인), 분위기 혁신(변화에 대한 저항의 극복), 수행의 혁신(효과유지를 통한 통제실시) 등과 같은 혁신절차가 요청된다.

교육서비스의 성과를 측정하기 위해서는 측정 전담조직을 통해 측정도구를 개발할 필요가 있다. 전통적으로 서비스품질의 평가요소로는 유형성, 신뢰성, 반응성, 확신성, 공감성 등을 들 수 있다(원유석·이준재, 2016). 간단히 측정 영역으로 크게 효율성과 효과성으로 구분해 본다면, 효율성 측면에서는 투입 대비 산출 수익률, 상대비용 등, 효과성 측면에서는 신뢰성, 반응도, 혁신, 창의성 등을 들 수 있겠다.

4) 교육서비스 마케팅

교육서비스마케팅은 교육서비스를 통해 사용자의 필요와 욕구를 충족시킴으로써, 조직의 목표를 달성하려는 활동에 관한 영역이다. 따라서 사용자가 근본적으로 원하는 가치가 무엇인지를 파악하는 것이 가치생성과 교육서비스마케팅의 출발점이 된다. 이 영역에서 교육서비스의 특징에 맞는 마케팅전략 개발에 초점을 둔다. 또한 교육서비스유통(운영) 관리는 사용자에게 교육서비스를 제공함으로써 그들이 바라던 학습 경험과 성과를 얻게 하는 활동이다.

더욱이 서비스 마케팅에서는 전통적인 마케팅 믹스의 제품, 유통, 촉진, 가격에 프로세스, 물리적 환경, 사람을 더하여 확장된 서비스 마케팅 믹스(7Ps)가 강조되어 왔으며(Wirtz & Lovelock, 2016), 사람에 대해서는 서비스 종사자와 서비스 구매자를 구별하여 서비스 마케팅에서의 마케팅 믹스에 접근하고 있다(Hoffman & Bateson, 2010). 따라서 교육혁신을 가져오는 교육서비스마케팅과 유통 시스템을 구축하기 위해서는 지식이 사용자들 간에 자연스럽게 흘러넘치도록 사용자 중심의 플랫폼(pull platform) (Hagel, Brown, & Davison, 2012)을 제공할 필요가 있다. 특히, 기술혁신을 활용하여 새로운 가치창조의 공간을 제공해 줄 수 있다.

5) 교육서비스 공학과 혁신

교육서비스혁신은 학습자가 최적의 학습 경험을 할 수 있도록 교육서비스시스템을 어떻게 재구성할 것인지를 연구하는 분야이다. 즉, 학습 경험을 어떻게 혁신적으로 재창조할 것인가를 중요시 한다. 교육서비스를 제공받는 고객(또는 학생)의 교육에 대한 능동적 참여도와 학습량, 학교몰입 등을 증진시킬 방안 등을 통해 기존 교육서비스시스템을 개선하고자 한다.

교육서비스혁신은 교육서비스 개발, 운영, 개선 등 3단계로 구성된다. 개발 단계에서는 새로운 교육서비스의 개념을 확립하고 그 개념의 전달 과정을 개발한다. 운영단계에서는 개발된 교육서비스를 전달하기 위해 고객과의 접점을 관리한다. 서비스의 전달에 문제가 발생할 수 있는데 단순한 문제는 단기 조치로서 해결이 가능하지만 그것으로 불충분하다면 근본적인 원인을 찾아 해결하는 개선 활동이 필요하므로 서비스 개선 단계로 넘어가게 된다. 서비스 개선 단계에서는 문제를 제대로 정확히 정의하고, 근본 원인에 대한 개선책을 실행한다. 그 결과는 서비스 운영 또는 서비스 개발 단계로 피드백 될 수 있다.

특히 교육서비스공학은 교육서비스혁신을 견인하는데 있어서 중요한 역할을 수행한다. 이것은 교육서비스를 공학의 주제이자 대상으로 보는 시각이다. 공학(engineering)의 근본적인 의미가 문제에 대한 기술적 해결책을 제공하는 학문이라고 볼 때, 교육서비스공학은 교육서비스에서 발생하는 문제를 체계적으로 해결할 수 있는 기술적 도구를 제공하는 영역이라고 할 수 있다. 또한 이것은 교육서비스활동이 저장된 기존 지식의 전달(transfer of knowledge)을 효율적으로 수행할 수 있도록 도울 뿐만 아니라 학습생태계에 새로운 지식이 창출될 수 있는 환경을 구성하는 데에도 유용한 도구를 제공한다.

5. 교육서비스과학을 통한 교육혁신

지금까지 교육서비스과학의 정립을 위한 기초적인 논의를 전개하였다. 교육 분야가 서비스과학과 융합하여 보다 구체적이고 생산적인 활동으로 재탄생하기 위한 노력이라고 볼 수 있다. 현 시점은 이러한 논의가 보다 깊이 있고 창의적으로 발전되기를 기대하는 것으로 보인다. 왜냐하면 학교교육, 기업교육, 평생교육 모든 부분에서 변화와 혁신을 요구하고 있기 때문이다. 환경 측면에서도 요동치는 시장경제의 불확실성 증가로 인해 기존의 교육과 노동시장 연계의 분열, 매우 빠른 기술의 발전으로 테크놀로지와 융합된 다양한 교육 형태에 대한 요구, 정보화의 영향으로 밀레니얼과 그 후속 세대들의 학습 스타일의 변화 등 기존의 교육시스템으로 이러한 환경 변화를 제대로 대응해 나갈 것으로 기대하는 이는 드물어 보인다. 이러한 환경적인 요인에 더해서 우리나라만의 특수성을 가진 교육 분야에 위협적인 요소들 또한 존재한다. 현재 학교교육에서는 여전히 학생들의 진솔한 삶과 연결된 학습을 촉진하기 보다는 시험 잘 치는 기술과 암기가 더 중요할 수 있고, 평생교육 분야에서도 죽음교육, 금융경제교육, 경력교육, 직업기술교육 등 시민들에게 매우 필요한 교육들이 질 관리가 안 되거나 교육 접근에 있어서 제한점이 있는 것이 사실이다. 특히 우리 기업교육 분야에서는 정부에서 주 52시간 근무제를 실시하면서 기존의 집합교육이 크게 제약받아 참여가 줄어들 수 있는 가능성이 커졌다. 집합교육을 근무시간 이내의 활동으로 인정한다면 고용주가 가뜩이나 줄어든 시간으로 직원을 교육활동에 참여하지 않게 할 것이고, 근무시간 이외의 활동으로 한다고 하더라도 이것은 또한 직원들이 적극적으로 참여할 동기를 갖지 못할 것이다. 이래저래 기업에서의 형식적 집합교육은 위기상황을 맞이할 것으로 보이며 특별히 이러한 이유로 인해 HRDer들은 기존의 형식적 집합교육의 프레임에서 벗어나 직접 일터에서 학습 효과를 높일 수 있는 다양한 교육서비스의 혁신을 강구해야할 것이다. 근무시간이 줄어들어도 기존의 생산성을 유지하고 나아가서 능가하기 위해서는 고도의 농축된 학습이 지속적으로 포함되어야만 한다. 테크놀로지 기반의 학습, 비형식적 학습, 그리고 일과 학습의 통합 등이 시스템적으로 구축될 필요가 있으며 이는 바로 기업 내 교육서비스의 혁신이 반드시 필요함을 의미하는 것이기도 하다. 이러한 측면에서 교육서비스과학은 기업교육 영역에서 깊이 있게 탐구되어야 하며 교육서비스과학의 정립과 발전을 위해 다음의 네 가지 사항을 제시하고자 한다. 이러한 네 가지 사항은 교육서비스과학의 정립을 위해 향후 논의가 필요한 사항이기도 하며 또한 후속 연구의 방향이라고도 할 수 있다.

첫째는 교육서비스 관점의 확립이 필요하다는 점이다. 교육서비스 관점은 교육활동 역시 서비스기반논리(service dominant logic)의 측면에서 고려할 수 있으며 교육적 가치가 어떤 메커니즘에 의해서 창출될 수 있는가에 대한 구조화된 시각을 갖는다는 것을 의미한다. 지금까지 HRDer들은 교육 공급 측면에서 계획된 스케줄에 의해 집합교육 시간을 흥미롭게 채우기 위해 노력해 왔을 뿐, 교육적 가치가 공급자와 수요자 사이에 공동 창조될 수 있다는 점을 간과해 왔다. 교육서비스 관점을 지닌다면 교육적 가치 창출을 위해서 보다 폭넓은 서비스의 대안들이 검토될 수 있을 것이다.

둘째로 교육서비스시스템에 대한 연구가 필요하다. 서비스과학은 서비스에 대한 체계적인 연구를 위해 그 분석 단위를 서비스시스템으로 보고 있다. 교육활동 역시 조직의 다른 전략적 활동과 유리된 개별 활동이라고 볼 수 없으며 조직의 맥락 속에서 체제적으로 전개되는 관계적 활동이다. 교육활동을 서비스시스템으로 간주할 때 우리는 교육과 생산성, 결과에 대한 책임, 과정의 혁신, 그리고 풍부한 자원의 활용과 피드백 등을 통해서 보다 창의적인 교육 지원 활동을 전개해 나갈 수 있을 것이다.

셋째, 교육혁신 테크놀로지의 개발(방법, 과정, 툴의 개발)이 필요하다. 조직 상황에 적합한 다양한 형태의 교육서비스의 제공을 위해서는 교육서비스 방법의 혁신이 긴요하다. 기존의 방법들을 융합한 복합적인 방법뿐만 아니라 교육서비스혁신의 측면에서 새로운 방법들이 개발되어야 현재와 같은 학습 환경, 학습자 등의 변화에 적절히 대응할 수 있을 것이다.

마지막으로 당연한 제안이기는 하지만 교육서비스과학에 대한 기업교육 관련 연구공동체의 폭넓은 관심과 지속적인 연구가 요청된다. 작금의 상황은 치열한 시장경쟁 환경뿐만 아니라 주 52시간 근무제 및 최저임금 상승 등의 여파로 그 어느 때 보다도 기업의 생산성 유지와 향상을 위한 노력이 요구되고 있으며, 이에 따른 HRD 활동의 혁신이 필요한 시점이다. 본 연구는 교육 및 훈련 분야에 서비스과학이 접목되어야할 필요성에 대해 강조하였다. 교육서비스과학은 HRD 혁신을 교육서비스시스템의 혁신이라는 관점에서 체계적인 분석과 해결책을 고안하고자 하는 이론적 기반을 제공할 것이며 이에 따른 책임 있는 대응전략으로서의 대안을 제공할 것으로 기대된다.

CHAPTER 2 | 교육서비스디자인[3]

2016년 1월 스위스 다보스에서 열렸던 세계경제포럼(WEF)을 기점으로, 제4차 산업혁명이라는 용어는 전 세계적으로나 국내에서도 주요 화두로 등장하게 되었다. 초연결(hyper-connectivity)과 초지능(super-intelligence)을 특징으로 하는 제4차 산업혁명은 전례 없이 빠른 속도(velocity), 범위(breadth)와 깊이(depth)로 사회 전체 시스템 변화라는 막대한 영향력을 나타내고 있으며, 이러한 변화의 움직임들은 사회곳곳에서 나타나고 있다(송경진 역, 2016). 경제 분야에 있어 그 중심이 제조에서 서비스 산업으로 이동하고, 서비스 산업의 발전을 통해 국가의 신성장 동력을 키우고자 하는 노력은 서비스 산업의 혁신으로 이어지고 있다(대한산업공학회, 2016). 이러한 서비스 산업의 혁신 결과로 현재 우리는 질 높고 다양한 서비스들을 사용하고 있다. 사물 인터넷(Internet of things: IoT)과 모바일 기술은 언제 어디서나 사용할 수 있는 서비스의 폭을 넓혀주었고, 특히 스마트폰은 애플리케이션을 통해 우리의 일상과 서비스를 더욱 밀접하게 연결시켜주었으며, 결국 우리는 거대한 서비스 생태계(service ecology) 속에서 수십·수백 개의 연결된 서비스를 사용하게 되었다(김진우, 2017).

---

[3] 제2장은 저자가 홍정순과 공동저술한 '교육활동 개선을 위한 교육서비스와 디자인의 만남 : 교육서비스디자인의 방법론 탐색 (기업교육과 인재연구, 제21권 3호)'의 논문을 수정·보완한 내용임.

서비스사이언스의 핵심 원칙인 서비스중심논리(Service-dominant-logic)의 대표적 연구자인 Vargo & Lusch(2004)는 서비스란 '한 주체가 다른 주체의 이익을 위해 행동, 과정, 성과(performance)를 통해 전문적 능력을 적용하는 것'(p.2)이라고 하였다. 이때 가치는 상호작용하는 배열(configurations) 속에서 협력적으로 창조되며, 이러한 가치창조 배열을 서비스시스템이라고 하였다(Vargo, Maglio, & Akaka, 2008). 인간중심디자인의 창시자로 알려진 Norman(2011)은 서비스란 '누군가에게 도움이 되는 행위나 일'(p.144)로 전자에 비해 상대적으로 폭 넓게 정의하였다. 그에 따르면 제품과 서비스의 차이는 단지 관점(point of view)의 차이이며, 자동차는 제품이지만 동시에 사람들이 빠르게 이동할 수 있도록 도와준다는 면에서 서비스이기도 하다는 것이다. 이러한 Norman의 관점은 Vargo & Lusch의 서비스중심논리와 그 맥이 통하며 2, 3차 산업의 경계가 무너지고, 제품과 서비스의 구분이 모호해지는 현 상황 속에서의 서비스를 설명하기에 충분해 보인다. 이 둘을 종합해 보면 서비스란 결국 누군가에게 어떤 행위나 일을 함으로써 이익(도움)이라는 가치를 창조하는 것이다. 앞서 언급했듯이 현재 서비스의 범위는 도소매, 운수, 통신, 금융, 방송, 문화뿐만 아니라 교육, 보건, 행정, 국방에 이르기까지 매우 넓고 그 종류가 다양하며, 각 서비스 분야마다 창출하는 가치는 실로 다양할 것이다.

과거 오래전부터 시작된 교육서비스는 농경시대, 산업시대를 거치며 각 시대적 요구에 부합하는 서비스 제공을 통해 변화하며 발전하고 있다(김현수, 2018). 하루가 다르게 발전해가는 지금의 교육서비스는 어떠한가? 미네르바 스쿨 또는 칸 아카데미와 같이 학습자와 교육서비스 제공자의 상호작용을 통해 교육 가치를 창출하는 혁신적인 교육기관도 일부 생겨나기 시작하였지만, 초연결, 초지능화된 4차 산업혁명시대의 새로운 요구에 부합할 수 있는 교육서비스가 현재 충분히 준비되어 있고 언제든 서비스 가능하다고 이야기 하기에는 아마도 어려운 상황일 것이다. 이에 본 연구는 교육활동을 서비스과학의 측면에서 접근하는 교육서비스 사이언스(장환영 외, 2018)를 출발점으로 삼고, 교육서비스와 디자인의 만남이 교육활동 개선에 어떠한 방법론을 제공해줄 수 있는지에 대한 가능성 탐색의 목적으로 시작되었다.

이를 위해 먼저 혁신촉진자로서 디자인의 의미와 가치를 살펴보고, 서비스혁신을 목적으로 태동한 서비스사이언스와 디자인과의 만남을 통해 서비스디자인의 가치와 역할을 짚어본다. 이를 바탕으로 교육서비스와 디자인과의 만남인 교육서비스디자인을 통해 교육활동 개선을 위한 방법을 제시하고자 한다.

1. 서비스과학과 디자인

1) 혁신촉진자로서의 디자인

디자인은 종종 계획, 문제해결, 개선, 재구성과 같은 유사용어와 혼용되어 사용되기도 한다(Banathy, 1996). 〈그림 3-1〉을 보면 디자인과 다른 조직적 연구 방식(계획하기, 문제해결, 개선, 재구조화)들과의 가장 큰 차이점은 디자이너의 관심이 현존하는 시스템에 있는 것이 아니라 이상적인 새로운 시스템의 창조에 있으며, 그 과정은 역동적(dynamic)이고 시스템의 구성요소들을 동시에 전체적으로 접근하는 방식이라는 점이다.

많은 사람들이 '디자인'이라는 말을 들을 때 일반적으로 패션, 인테리어와 같이 눈에 보이는 시각적 개념으로 받아들이고 있는데, 실제로 '디자인'이라는 용어는 다양한 영역에서 사용되면서 일원화된 정의는 존재하지 않는다(이석형, 2015). 특히 1990년대 이전에는 디자인의 시각적 개념을 중시하였지만, 2000년 이후에는 이에 더하여 보이지 않는 개념과 창

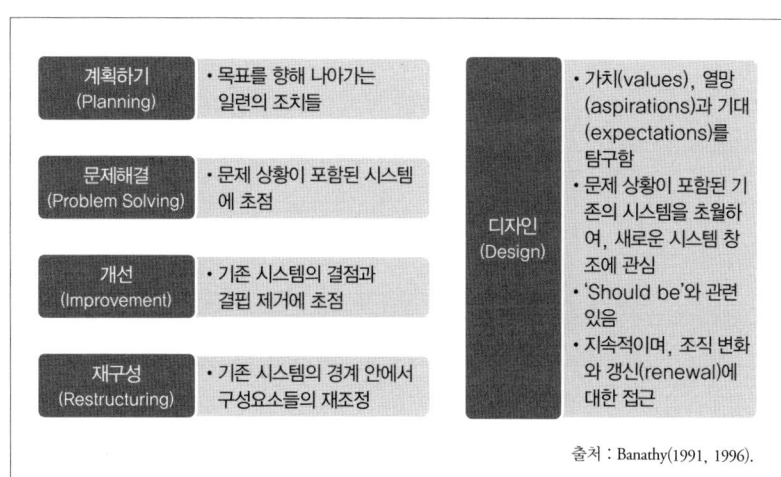

<그림 3-1> 디자인과 유사 개념

조정신을 바탕으로 일어나는 모든 행위까지 디자인에 포함하여 보고 있다. 현재 '디자인'이라는 말은 다양한 의미로 사용되고 있으며, 시간의 흐름에 따라 계속적으로 그 의미가 확장되어 간다고 할 수 있다(표현명, 이원식, 최미경, 2008).

디자인은 문제와 그 문제 해결에 대한 다른 접근법을 가지고 있다. 데미언 뉴먼(Damien Newman)은 디자인 과정을 고객에게 간단히 설명하기 위해 스퀴글(Squiggle)을 사용하였다. 이는 뒤엉킨 많은 자료들 속에서 어떤 것이 우리가 찾는 것인지 불확실한 가운데 다양한 접근 방법과 사고를 통해 개념을 잡아가고 결국에는 명료한 하나의 포인트에 초점을 맞추어 가는 디자인 과정을 구불구불한 선으로 표현한 것이다. 이처럼 디자인은 불확실성에서 확실성을 창조해 내고, 무에서 유를 창조하며, 혼란에서 질서를 만들어 내고 그와 반대로 정형화된 것에서 혼란을 만들어 창조적 파괴를 가능하게 한다.

노키아, 후지필름과 같은 과거의 잘 나가던 기업들도 급격히 몰락하며,

절대강자라는 것이 없는 '불확실성의 시대'에 실리콘밸리의 '에어비앤비'와 '인스타그램'과 같은 스타트업 기업은 디자인을 통해 창의와 혁신에 집중하여 큰 성공을 거두고 있다(배성환, 2017). 그리고 해마다 '비즈니스 위크'지에서 선정한 '세계에서 가장 혁신적인 기업'의 상위에 오른 애플, 구글, 도요타, 마이크로소프트웨어, 닌텐도, IBM, 휴렛팩커드 등은 모두 디자인과 관련이 깊다(노경아 역, 2015). 이와 같은 사실은 혁신촉진자로서 디자인의 가치를 설명해주는 사례이기도 하다. 이러한 흐름은 경제 분야에만 국한되지 않고 사회 전체 분야로까지 확대되어 가고 있는 추세이다.

2) 서비스과학과 서비스디자인

서비스란 간략히 정의하면 어떤 행위나 일을 통해 가치를 창출하는 것을 말한다. 서비스는 형태가 없고(무형성, intangibility), 제공하는 사람에 따라 다르게 느껴질 수 있으며(이질성, heterogeneity), 고객과 접촉을 통하여 발생하고(불가분성, inseparability), 서비스 전달과 동시에 사라지는(소멸성, perishability) 고유의 특성으로 인해 좋은 서비스를 지속적으로 만들어내는 것은 하나의 도전이 되었다. 이러한 도전을 극복하는 것이 바로 서비스혁신인 것이다. 서비스사이언스는 바로 서비스혁신을 목적으로 탄생하였으며, 이를 이루기 위해 서비스와 비즈니스, 사회과학, 공학 등의 다양한 학문 분야를 종합하고 과학적으로 접근하는 방법을 취한다(대한산업공학회, 2016). 이러한 움직임의 일환으로 서비스혁신의 필요성과 혁신 도구로써 디자인이 만나 고객에게 만족의 경험을 극대화 시켜주고자 하는 서비스디자인에 주목할 필요가 있다. 예를 들어 서비스의 무형성, 이질성, 불가분성, 소멸성이라는 특성에 디자인을 접목시킬 경우 '가시화', '시스템적 접근', '사용자와의 접점 관리', '기억에 남는 경험 만들기'(김진우, 2017, p.42)로 이 네 가지 특성은 극복될 수 있다. 특히 서비스 분야에서 디자인

〈표 3-2〉 디자인의 역할

가치의 발견	소비자의 기대에 영향을 미치는 다양한 신호와 유행을 한발 앞서 발견
가치의 창출	주어진 생산과정 내에서 효과적이고 창의적인 해결책 마련
가치의 의사소통	적절한 네트워킹을 통해 디자인 과정에 포함된 모든 사람들에게 제품을 효과적으로 전달하는 방법을 알려줌

이 잘 관리 될 때 〈표 3-2〉과 같이 가치의 발견, 가치의 창출 및 의사소통이라는 역할을 하게 된다(Xenia Viladas, 2011; 이원재 역, 2011).

서비스디자인에 대한 정의는 학계와 전문기관, 컨설팅 업체에 따라 다양하지만 고객과 서비스 제공자 모두에게 도움을 줄 수 있는 서비스 제공을 목표로 한다(최정일 외, 2016). Stefan Moritz(2005)는 서비스디자인을 "고객에게는 더 큰 만족을 주고, 서비스를 제공하는 조직에게는 더 큰 수익을 제공해 줄 수 있는 서비스를 만들기 위해 기존의 서비스를 개선하거나 새롭게 창조하도록 돕는 것"(p.6)이라고 정의하였다. 이러한 정의를 바탕으로 볼 때 결국 서비스디자인은 서비스혁신을 위해 기존의 서비스를 개선하거나 새롭게 창조하도록 돕기 위해 디자인의 방법론을 활용한다고 할 수 있다. 서비스사이언스가 서비스혁신을 위해 다학제 간 광범위한 융합을 시도하는 과정에서 태동하였다는 것과, 또 서비스사이언스가 서비스에 관한 제반 학문(김광재 외, 2011)이라는 폭 넓은 정의에 비추어볼 때 서비스디자인은 서비스과학의 한 분야라고 할 수 있다. 따라서 서비스디자인에 대한 연구가 서비스과학의 ①서비스중심논리(Service dominant logic) ②가치의 공동 창조 (Value co-creation) ③ 서비스시스템 ④ 서비스혁신(장환영 외, 2018)이라고 하는 핵심 개념들을 적극적으로 포함한다면 향후 더욱 더 이론적 기반을 발전시켜 나갈 수 있을 것으로 보인다.

2. 교육서비스디자인과 방법론

1) 교육서비스의 독특성

교육서비스는 일반 서비스와는 차별되는 몇 가지 특성을 지니고 있는데 이로 인해 여타의 서비스보다 시스템디자인적 접근이 더욱 필요하다. 첫째, 교육서비스는 다른 서비스와는 달리 공동창조(Co-creation)의 이슈가 더 강조된다. 성인교육에 있어서 공동창조의 대상은 성인으로 특정되지만, 아동교육에 있어서 공동창조의 대상은 학부모, 만약 공공의 경우라면 국가의 요구까지 포함되어야 한다. 이처럼 교육서비스는 이해관계자(Stake-holders)가 많으므로 이들의 요구들을 균형 있게 고려할 수 있는 디자인이 요청된다. 더 나아가서 이해관계자 개개인의 요구뿐만 아니라 관계자 상호간의 관련성 속에서 도출되고 서서히 진화되는 다양한 이슈들도 적절히 고려되어야 한다. 이러한 고려가 충실히 반영되는 디자인을 위해서는 디자이너 자신이 서비스 요구에 대한 특성, 그리고 그 특성 간의 관계가 전체적인 관점에서 어떻게 연결되고 변화되어 가는 지에 대한 충분한 식견이 필요하다. 이는 교육서비스디자인에 있어서 디자이너가 시스템적 관점을 충분히 반영하는 것이 필요함을 드러내는 것이다. 또 하나의 필요성은 다음과 같이 시스템 수준에 대한 검토가 교육서비스디자인에서는 핵심적인 사항이라는 점 때문이다. 교육서비스에서는 그 서비스의 초점이 학습자 개인에게 있는 것인지, 학습자들의 학습시스템과 관련된 것인지, 아니면 학습 지원을 위한 학습 환경의 디자인에 있는 것인지 그 수준(level)을 구분하는 것이 중요하다. 수준에 따른 초점을 명확히 하지 않은 상태에서 개선 또는 혁신을 추진할 경우 그 결과와 성과는 기대에서 벗어나는 경우가 많을 것이다. 따라서 교육서비스를 디자인할 때에는 논의의 초점과 각 수준들의 정렬(alignment)을 고려하여 서비스디자인 방법론의 활용과 함께 시스템디자인적 접근을 취할 수밖에 없다. 시스템디자인이란 이해관계자들이 시스템에 대한 나름의 이상적인(ideal) 그림(Picturing)을 합의해 가는 과정이라고 할 수 있는데, 교육서비스디자인에서는 많은 이해관계자들이 존재하는 특성으로 인해, 그 이해관계자들이 어떻게 합의(Consensus)를 이루어 가는지의 과정이 여타의 서비스디자인보다 더욱 중요하게 여겨질 수 있다.

둘째, 교육서비스는 관광서비스, 금융서비스, 식음료서비스 등 여타 서비스와는 달리 공(Public)과 사(Private)의 바로 중간적인 곳에 위치한다는 것이다. 많은 사람들이 공교육 서비스와 사교육 서비스가 완전히 구분될 수 있는 것으로 생각할 수도 있지만 사교육이라고 해서 교육정책의 영역을 무시하면서 서비스를 절대 제공할 수 없으며 교육정책이라고 하더라도 전체적인 교육서비스산업의 진흥을 무시하면서 공교육의 확대만을 추진할 수는 없다. 교육서비스는 공공적 성격과 교육비즈니스의 성격을 함께 고려할 필요가 있으며, 교육서비스디자인 측면에서도 어느 한 쪽에 치우치지 않고 전체를 조망할 수 있는 접근이 필요하다. 이러한 접근은 언제, 누가, 어떤 입장에서 이야기 하는지에 대한 전체 맥락을 파악하게 하여 소모적인 논쟁에 휩싸이지 않고 고객과 함께 교육가치 공동창출이라는 교육에 대한 구체적인 목표를 향할 수 있도록 논의의 초점을 모아준다.

셋째, 교육서비스는 단기적 관점과 장기적인 관점을 모두 필요로 한다는 점이다. 관광, 식품, 금융, 법률 서비스 등 여타 서비스들은 고객에게 단기적이고 즉각적인 해결 또는 만족을 주는 것으로 역할을 다한 다고 치부할 수 있지만 교육서비스는 이러한 즉각적인 매력에 더해서 장기적인 결과를 가져오는 데에도 충분한 관심을 기울여야한다는 점에서 차이가 있다. 왜냐하면 교육서비스는 인간의 변화와 성장을 위한 서비스이므로 변화에 대한 장기적인 효과를 충실히 반영할 필요가 있다. 이를 위해서는 변화가 이루어지는 과정에 대한 다이내믹스를 철저히 탐색해 나갈 필요가 있으며 단기적인 서비스디자인을 넘어서 체제적 즉, 시스템적 변화 패턴에 대한 디자인이 필요하다는 점이 강조되어야 한다.

위에서 언급한 교육서비스의 특징은 교육서비스를 디자인할 때 타 서비스와 같이 단순히 서비스디자인적 접근만을 가지고 디자인을 한다면 필요조건이 충족될지는 모르지만 충분조건까지 충족될 수는 없다는 점을 나타내고 있다. 그렇다면 충분조건이란 무엇인가? 그것은 요소 간의 관계성, 상하 시스템 간의 연결망, 변화 과정의 역동성을 전체적인 관점에서 조망할 수 있도록 도와주는 시스템적 관점이라고 볼 수 있다. 시스템적 관점은 교육서비스과학에서 보다 잘 드러나고 있으며 디자인과 교육서비스과학의 관계에 대해서 다음에 설명하고자 한다.

2) 교육서비스과학과 디자인

교육서비스과학은 서비스과학과의 융합을 통해 교육 분야가 보다 구체적이면서도 생산적인 활동으로 새롭게 태어날 수 있도록 하기 위한 노력의 일환이라 할 수 있는데, 교육서비스과학의 정립으로 시스템 관점, 데이터 증거기반, 혁신, 해결책 테크놀로지의 네 가지 이점을 얻을 수 있다(장환영 외, 2018). 교육서비스과학도 다른 서비스과학과 마찬가지로 서비스혁신이 목적이며, 이를 위해서는 교육서비스를 서비스시스템 관점에서 바라보는 것이 필요하다. 이는 교육서비스과학의 목적이 교육서비스혁신이며 이를 위해 교육서비스시스템 혁신이 궁극의 지향점이 됨을 의미한다. 교육서비스과학은 교육서비스컨설팅, 교육서비스마케팅, 교육서비스디자인 등의 영역을 지적기반으로 한다(장환영, 2018). 특히 교육서비스디자인은 고객과 함께 교육가치를 공동창조하기 위한 서비스시스템을 디자인 하는 것(홍정순, 2018)으로, 새로운 독자적 학문 연구라기 보다는, 새로운 사고방식(a new way of thinking)이며, 다양한 연구에서 사용하는 다른 방법과 도구를 결합하는 학제적 접근법(interdisciplinary approach)이다. 교육서비스과학과 디자인의 만남인 교육서비스디자인은 교육활동의 개선을 위해 시스템디자인과 서비스디자인의 방법을 제시하고 있다(장환영 외, 2018). 각 접근법의 개략적 의미 및 방법을 살펴보면 다음과 같다.

(1) 시스템디자인

교육서비스디자인은 고객과 함께 교육가치를 공동창조하기 위하여 서비스시스템을 디자인 하는 것으로, 교육서비스시스템을 디자인하기 위해서는 교육서비스의 특수성으로 인해 서비스디자인적 접근 외에도 시스템디자인적 접근이 필요하다는 점은 앞에서 이미 강조한 바 있다. 시스템이란 단순히 오래된 것들의 수집물이나 덩어리 뭉치와는 다르며, 시스템이 되기 위해서는 반드시 "요소(elements), 상호연결(interconnections), 기능 또는 목적(function or purpose)이라는 세 가지 요소"(Meadows, 2008, p.11)를 갖추어야 한다. 교육 영역에서도 이러한 시스템적 이해에 대한 움직임들이 20세기 후반부터 많이 나타나기 시작했으며 그러한 움직임의 대표적인 학자 중의 한 사람이 바로 Bela A. Banathy이다. Banathy(1992)는 교육에 대한 체제론적 이해(system view)를 바탕으로 폐쇄적 시스템(closed system)에 기반을 둔 교수체제디자인(instructional systems design)의 무의미함에 주목하고, 이를 탈피하여 교육시스템을 사회시스템(social system)으로서의 개방적 시스템(open systems)으로 정의하였다. 시스템은 독립체(entity)이지만, 하나의 시스템은 더 작은 여러 개의 하위시스템(subsystem)으로 구성될 수도 있고, 그 반대로 시스템들이 모여 더 큰 상위의 시스템을 형성할 수도 있다(안재현 외 공역, 2016). 이러한 이해를 바탕으로 시스템적 접근을 취할 때, 우리는 문제상황을 상호연결되고(interconnected), 상호의존적이며(interdependent), 상호작용하는(interacting) 이슈들의 집합으로써 이해하게 되고, 이를 바탕으로 그 집합의 모든 부분은 상호작용적으로(interactively),

따라서 동시에(simultaneously) 조정(coordination)의 과정을 통해 디자인되어야 한다는 점을 파악할 수 있다. 또한 시스템디자인 관점은 각 시스템 수준(level)들 간의 상호의존성(interdependence)을 부각하여 그 의존성이 통합(integration)의 과정을 통해 내적으로 일관된 솔루션이나 아이디어를 줄 수 있도록 디자인되는 것이 중요하다는 점을 강조한다(Banathy, 1996). 시스템디자인을 간략히 정의하면 앞서 언급한 시스템적 접근을 통한 디자인이라 할 수 있다.

(2) 서비스디자인

서비스디자인은 서비스가 이루어지는 과정을 디자인하는 것이라고 볼 수 있다. 제품중심의 산업에서 마케팅이 가격(price), 판매 촉진(promotion), 제품(product), 유통경로(place)의 네 가지 요소를 중심으로 시장을 이해하여 왔다면(Kotler & Armstrong, 2016), 서비스는 엔진그룹의 CEO 올리버 킹(2011)의 의견을 따를 때 시스템(systems), 가치(value), 제안(propositions), 사람(people), 여정(journeys)의 다섯 가지를 주요 요소로 제시할 수 있다(표현명·이원식, 2012 재인용). 이것은 디자인되는 과정에서 사람(people), 자원(resources), 프로세스(process)등의 동적이고 복잡한 하부시스템들 간의 상호작용을 통해서 생성되는 복잡성으로 인해 서비스디자인을 연구 및 활용할 수 있는 틀이 필요한데 이에 대한 하나의 모델을 제시해 준 것이라고 볼 수 있다. 서비스디자인에서는 이러한 서비스 구성요소를 고객의 만족을 최대화하기 위해 그 프로세스에 따라 디자인한다. 프로세스는 서비스 맥락(context)에 따라 다양하게 기술될 수 있지만, 프로세스는 반복적(iterative)이며 비선형적(nonlinear)인 공통적인 특징(Viladas, 2011: Stickdorn et al., 2011)을 가지고 있다. 가장 대표적인 서비스디자인 프로세스 중 하나는 영국 디자인카운슬(Design council)의 더블다이아몬드 모델(4D 모델)이다. 이 모델의 특징은 확산적 사고와 수렴적 사고를 반복하여 거친다는 것이다. 그 과정을 간략히 살펴보면 문제가 무엇인지를 이해하고(Discover), 모든 가능성을 생각하며 고객의 숨겨진 니즈를 찾아 서비스 전략 및 컨셉을 정한다(Define). 도출된 서비스 전략 및 컨셉과 실제 환경에서의 실현가능성을 탐색해보며 실행을 준비한다. 준비한 컨셉을 전달하고 고객의 피드백을 받는다. 디자인 프로세스는 반복적이고 비선형적이므로, 4단계를 차례로 거칠 필요는 없다. 문제점이 발생할 경우 그 앞으로 돌아가거나 처음부터 다시 시작할 수도 있고, 세부적인 디자인 작업을 하면서도 그것이 전체 디자인에 있어서 어떤 의미를 지니는지를 생각하며 딜레마와 모순 상황에 항상 대처해야 한다(Stickdorn et al., 2011).

서비스디자인 프로젝트를 진행하는데 디자이너들이 즐겨 쓰는 방법과 도구들이 존재한다. 수많은 서비스디자인의 방법과 도구들 가운데 본 연구에서는 지면관계상 교육서비스디자인에 적용될 수 있는 페르소나, 서비스 블루프린트, 고객여정지도, 스토리보드 등의 대표적인 도구들만 〈표 3-3〉과 같이 간략히 제시하고자 한다.

3) 교육서비스디자인 프레임워크

(1) 교육서비스시스템의 3수준과 교육서비스디자인

교육가치 공동창출을 목적으로 하는 교육서비스디자인을 위해서는 시스템디자인적 접근과 서비스디자인적 접근 두 가지 모두 필요하다. 앞서 강조한 바와 같이 시스템디자인적 접근은 이해관계자가 많고, 공적 영역과 사적 영역의 절충적인 곳에 위치한 교육서비스의 독특성으로 인해 강조되는 디자인 방법이다.

본 연구자들은 교육서비스시스템을 시스템디자인적 관점에서 접근하여 〈그림 3-2〉와 같이 '학습자시스템(Learner system), 학습시스템(Learning system), 학습환경시스템(Learning environment system)의 3수준(Level)'(장환영,

<표 3-3> 서비스디자인 Tool

페르소나 (personas)	프로젝트에서 활용할 가상의 인물이지만, 이해관계자지도, 인터뷰 등과 같은 관찰 단계에서 얻은 통찰을 바탕으로 작성함. 페르소나를 통해 타켓 시장에서의 서비스에 대한 다양한 관점을 확보할 수 있음
서비스블루프린트 (service blueprint)	서비스의 개별 장면을 상세하게 명시하는 방법으로, 서비스 안에 포함된 모든 요소들의 개략적 설명을 통해 가장 결정적으로 중요한 부분과 중복되는 부분의 영역을 확인할 수 있게 해줌
고객여정지도 (customer journey maps)	서비스 사용자의 경험에 대한 생생하지만 체계적인 시각화를 제공하는 방법으로, 사용자 관점에서 사용자의 경험에 영향을 미치는 요인들에 대한 하위 수준의 개관을 제공해줄 수 있는 기능을 지님
이해관계자지도 (stakeholder maps)	특정한 서비스와 관계된 다양한 그룹들을 시각적 또는 물리적으로 표현한 지도로, 이 지도를 통해 각각의 이해관계자 그룹들의 이슈를 한눈에 알아볼 수 있도록 하는데 작성의 이유가 있음
5 Whys	근본적인 원인이 되는 동기를 밝혀내기 위해 일련의 연속된 질문을 사용하는 것으로, 근본적 원인과 표면적 문제 사이의 연결고리를 만들기 위한 가장 간단하고 쉬운 방법
스토리보드 (storyboards)	어떤 사건의 특정한 장면을 시각화한 그림이나 사진으로, 디자인 과정에서 사용자 경험을 이야기로 나타내는 것. 이 과정을 통해 디자이너들은 서비스 사용자의 입장에 서보고 다시 피드백을 할 수 있음

출처 : Stickdorn et al.(2011: 150-205에서 발췌하여 저자가 다시 정리 함)

2018)으로 나누어 살펴보고자 한다. 세 수준은 교육시스템의 핵심적인 요소가 학습자의 경험, 교수-학습활동, 그리고 교육지원 체제라는 점을 고려한 것이다. 효과적인 교육시스템은 학습자가 유의미하게 자신의 역량과 성장을 경험할 수 있도록 적극적인 교수-학습활동이 이루어져야하며 이러한 적극적 활동은 교육 환경으로서의 지원 체제가 잘 갖추어져 있을 때 가능하다.

보다 구체적으로 구성요소를 살펴보면 첫째, 학습자시스템은 학습자의 생각, 느낌, 행동이 포함될 수 있다. 둘째, 학습시스템은 교수-학습과정, LMS(학습관리체제) 등이 포함될 수 있다. 셋째, 학습환경시스템은 교실, 학습지원네트워크, HRD부서, 조직 등이 포함될 수 있다. 이처럼 교육활동의 전체를 조망할 수 있는 시스템디자인적 접근은 디자인하고자 하는

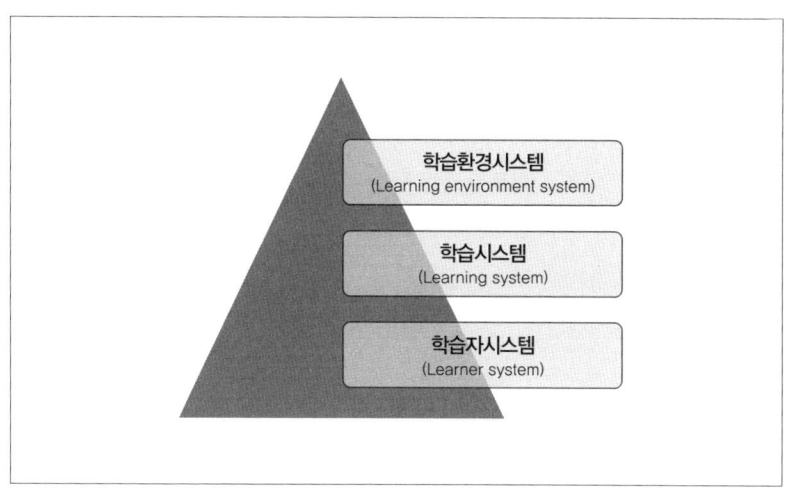

<그림 3-2> 교육서비스시스템의 3수준(Level)

교육서비스 실현을 위해 학습환경시스템, 학습시스템, 학습자시스템의 역할과 기능을 정의함과 동시에 각 시스템 수준들 간의 상호의존성을 고려하고 이를 통합하는 과정을 명확하게 해준다.

시스템디자인을 통해 각 교육서비스시스템 수준별로 제공해야 할 서비스가 명확해지면, 이제는 각 시스템 수준에서 창출하는 서비스를 어떻게 디자인해야 할 것인가 하는 서비스디자인에 들어가게 된다. 먼저 교육서비스를 제공할 핵심 대상을 설정해야 하는데, 이때는 서비스디자인 툴인 페르소나(personas)를 사용할 수 있고, 이러한 가상의 인물에 보다 생생함을 불어넣기 위해 이해관계자지도(stakeholder maps), 인터뷰 등과 같은 관찰 방법을 적용하여 인물의 성격, 행동 특징, 주변 환경, 하는 일, 목표, 그들의 세부 특징들을 기술한다. 서비스를 제공받을 전형적인 사용자인 '페르소나'가 만들어지면, 다음으로는 이들이 현재 받는 서비스의 어느 접점(touch point)에서 고충점(pain point)과 이점(gain point)이 발생하는지 공감지도(empathy maps) 및 고객여정지도(customer journey map)의 도구들을 통해 살펴볼 수 있다. 이 외에 서비스 블루프린트(service blueprint)는 고객에게 제공되는 서비스의 전-중-후 및 서비스 제공을 위해 전방과 후방에서 어떠한 움직임들이 있는지에 대한 정보를 제공해주는 역할을 한다. 이처럼 서비스디자인은 다양한 툴을 적용하여 고객의 만족 경험을 극대화하고 고객과 함께 가치를 창조하는 공동창작(co-creation)을 보다 수월하게 해준다. 현재 서비스 사용자들의 진짜 요구(needs)가 무엇인지를 알아보기 위해 5whys, AEIOU, 페르소나, 고객여정지도, 프로토 타입 등의 다양한 서비스디자인 툴이 사용되어 각 시스템 수준별 서비스를 디자인하게 된다.

결국 교육서비스를 디자인함에 있어 시스템디자인과 서비스디자인은 모두 필요하며, 이 둘의 관계는 새로운 시대가 요구하는 교육서비스디자인을 위해 상호 보완적인 관계에 있다고 할 수 있다. 즉, 상부시스템과 하부시스템의 구성은 시스템디자인적 접근을 통해 서비스시스템의 요소들을 배열하고 기능을 정의함과 동시에, 서비스디자인적 접근을 통해 서비스 제공자 입장에서는 제공하기 편리하며 고객의 입장에서는 더 큰 만족을 경험하게 되는 서비스를 창출하는 서비스시스템을 디자인하게 된다. 이러한 시스템디자인과 서비스디자인의 반복적 실행 과정을 통해 전체와 부분을 줌인(zoom-in), 줌아웃(zoom-out)하면서 상부시스템과 하부시스템의 구조와 상호작용이 고려된 교육서비스디자인이 완성되게 된다.

(2) 수준별 교육서비스디자인

교육혁신을 위해 고객과 함께 교육가치를 창출하는 서비스시스템을 디자인하고자 하는 교육서비스디자인에서는 각 수준별 초점이 〈그림 3-3〉과 같이 설정될 수 있다.

학습자시스템은 교육서비스에서 가장 기본이 되는 시스템으로, 교육서비스가 존재하는 이유이며 궁극의 목표 대상이 되는 것으로 최적의 학습

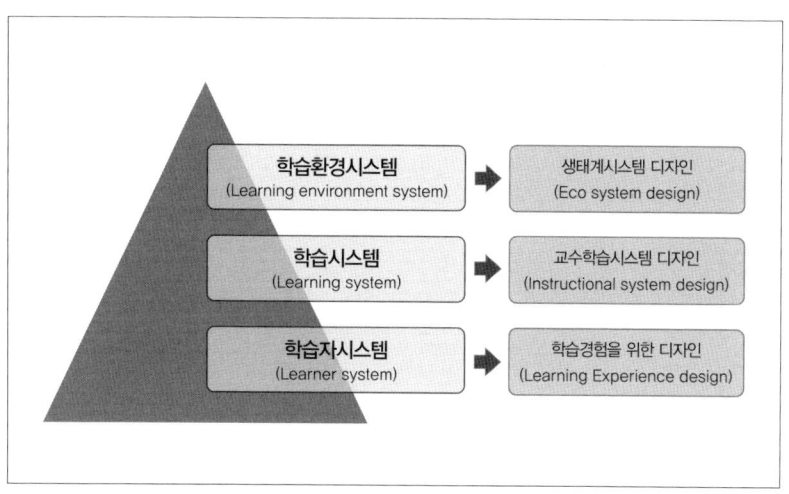

<그림 3-3> 교육혁신을 위한 교육서비스디자인의 시스템 수준별 초점

경험을 위한 디자인(learning experience design)에 그 초점이 있다. 학습시스템은 기존의 교수-학습 과정과 그 의미가 비슷하다고 할 수 있는데, 교육서비스에서에서 추구하는 학습자 중심(learner-centered)의 관점에 따라 학습자의 참여를 기반으로 하는 교수학습시스템 디자인(instructional system design)에 그 초점이 있다. 마지막으로 학습환경시스템은 학습자의 최적화된 학습 경험과 학습자 참여기반의 교수학습 과정을 지원해줄 수 있는 환경을 마련하여 지속가능한 발전이 이루어질 수 있는 생태계시스템 디자인(eco system design)에 그 초점이 있다.

이제 앞에서 논의한 시스템디자인과 서비스디자인을 통한 각 수준별 시스템이 어떻게 디자인되는지에 대하여 세계에서 가장 혁신적인 대학 중 하나로 일컬어지는 '미네르바스쿨'의 예를 통해 간단히 살펴보고자 한다. '미네르바스쿨'에서는 학생들이 다양한 문화·윤리적 가치경험을 갖도록 하는 교육서비스를 제공하고자 한다(Kosslyn & Nelson, 2018). 먼저 시스템 수준별 정렬을 위해 각 시스템 수준별 목표(결과)를 정한다. 학습자

	투입(Input)	과정(Process)	산출(Output)
학습환경시스템 (Learning environment system)			
학습시스템 (Learning system)			
학습자시스템 (Learner system)			

<그림 3-4> 교육서비스디자인의 시스템적 조망

시스템에서는 학생들이 그러한 가치 경험을 갖도록 시스템을 디자인하고, 학습시스템에서는 Location-based Assignment(LBA: 지역현장체험과제)를 교육 과정에 편성하여 운영하도록 시스템을 디자인하고 있다. 학습환경시스템에서는 7개국 7개 도시의 순환식 기숙사를 운영하고 다양한 국적의 학생들을 선발한다. 이와 같이 학습자시스템, 학습시스템, 학습환경시스템이 학생의 다양한 문화윤리적 가치경험이라는 결과물 산출을 목표로 각각의 수준에 맞게 서비스시스템을 디자인하는 시스템디자인 접근은 〈그림 3-4〉에서 보여지는 전체 매트릭스의 형태와 셀에 무엇이 들어가야 하는지에 대한 원칙을 제공해주는 역할을 한다. 서비스디자인은 각 셀들을 방법론, 서비스 품질, 고객의 경험, 가치창조 관점과 같은 요소를 적용하여 그려내는 역할을 한다.

미네르바스쿨이 학생들에게 다양한 문화·윤리적 가치경험을 갖도록 하는 교육서비스를 제공하고자 할 때의 학습시스템수준에서 교육서비스디자인을 투입, 과정, 산출의 요소들을 중심으로 살펴본다면, 학생의 다양한 문화·윤리적 가치경험을 갖게 한다는 교육 목표, 학습자 및 교수자의 요구와 기대, 전체 교육 과정 계획, 물적 자원 등을 투입하여 프로그램을 설계 및 개발한다. 이때 학습자를 비롯한 인적자원들의 기대와 요구를 발견하기 위해 공감지도, 5Whys, 섀도잉 등의 서비스디자인 방법론을 사용하게 되며, 각 인적자원들의 관계를 규명하기 위하여 이해관계자지도와 같은 방법도 사용될 수 있다. 개발된 프로그램은 학습자들이 온라인 세미나를 통해 학습한 내용을 기숙사가 위치한 도시에서 현장 프로젝트로 적용해볼 수 있는 형태로 디자인해 운영되는 과정을 거치는데, 서비스 전달이 잘 되는지, 문제가 있는지 여부를 확인하기 위해 서비스 블루프린트, 고객여정지도 등의 서비스디자인방법을 사용해볼 수 있다. 결국 이러한 교육서비스는 기존의 학습 범위를 온라인에서 오프라인의 7개국 도시로 확장 및 다양화 시켜, 배운 지식을 다양한 실제 맥락과 연계하여 학습할 기회를 제공해주며, 학습자는 이러한 교육서비스디자인을 통해 학습자가 주제를 정하고 교수 및 지역 사회 인사들의 도움을 받아 학생 주도적으로 프로젝트를 진행해 가는 공동의 가치 창출 경험을 가능하게 해준다.

결국 교육서비스디자인이란 시스템디자인과 서비스디자인의 계속적인 반복 과정을 통해 함께 교육가치를 창출하는 서비스시스템을 디자인하는 것으로, 시스템 수준은 학습자·학습·학습환경시스템의 세 수준으로 나누어볼 수 있으며, 각 시스템 수준별 초점은 학습 경험, 교수학습 과정, 생태계시스템 디자인에 있다.

3. 마무리

변화의 속도와 폭을 가늠할 수 없는 그리고 불확실성이 커질 것으로 예측되는 시대에 기업을 비롯한 많은 조직들은 변화와 혁신을 위한 노력으로 고군분투하고 있다. 특히 제품의 경제에서 서비스 경제로 그 중심이 옮겨지면서, 변화와 혁신의 초점 또한 서비스에 집중되고 있다. 이러한 변화와 혁신의 노력은 교육을 담당하는 조직 또한 예외일 수 없으며, 새로운 시대가 요구하는 교육적 니즈를 충족시킬 수 있는 새로운 교육서비스시스템 창출에 대한 요구에 직면하고 있는 상태이다. 이에 본 연구는 교육서비스디자인을 교육혁신을 위한 하나의 방법론으로 제시하고자 하며, 지금까지의 전개된 논의를 바탕으로 교육활동 개선을 위한 디자인으로 교육서비스디자인이 지니는 그 가능성을 다음과 같이 세 가지로 정리하였다.

첫째, 교육서비스디자인은 교육에 대한 시스템디자인적 관점을 제공한다. 교육서비스디자인의 시스템디자인적 관점은 현재 교수자 중심의 교수학습시스템에만 집중되고 있는 교육계의 현실에 학습자시스템과 학습지원시스템에 대한 고려가 부족하였음을 일깨워줌과 동시에 학습자·학습·학습지원 시스템의 조화롭고 균형적인 관계를 통한 전체시스템(whole system)으로서의 교육서비스를 조망할 수 있는 균형적이고 구체적인 툴을 제공해준다. 즉, 본 연구에서의 시스템디자인적 관점은 학습자 수준에서의 학습 경험 디자인, 학습 수준에서의 교수학습 디자인, 학습환경 수준에서는 생태환경 디자인에 초점을 두고, 각 시스템 수준별 디자인이 전체 교육서비스시스템의 목적 달성에 기여하는 방향으로 상호연결 되도록 전체를 조망할 수 있는 관점을 제공해준다는 것이다.

둘째, 교육서비스디자인은 교육에 대한 서비스디자인적 관점을 제공한다. 현재 교육계는 지금까지의 공급자 중심의 교육에서 수요자 중심의 교육시스템으로 관점을 전환하고 있지만 전환을 위한 구체적인 방법의 제시는 다소 부족한 실정이다. 또한 수요자 중심의 교육시스템 전환이라고는 하지만, 열린교육과 같이 공급자가 시혜적으로 실시하거나 공급자의 주도 하에 학습자가 참여하는 push model에 더 가깝다고 할 수 있다. 이에 본 연구자들은 교육서비스시스템을 디자인함에 있어 고객중심의 서비스디자인적 관점을 통해 기존의 push model에서 pull model로의 전환을 시도하고자 한다. 즉, 서비스디자인적 관점을 통해 교육서비스시스템에서 제공하는 교육서비스가 어떻게 디자인되어야 하는지에 대한 서비스품질, 방법론, 고객경험 및 가치창조의 요소를 고려하여 구체화될 수 있다.

셋째, 교육서비스디자인은 혁신의 단초를 제공한다. 교육서비스디자인에서는 교육서비스를 시스템 측면에서 접근한다. 이러한 관점에서의 디자인은 단편적인 변화(piecemeal change)를 취하는 문제 중심의 접근이 아닌, 거시적으로 전체 시스템 관점에서 하나의 정합성 있는 미래의 청사진을 한 번에 담아낼 수 있는 도구로써 기능하게 된다. 교육서비스를 단순한 서비스디자인적 관점으로 접근할 경우에는 제품과 서비스의 경쟁을 넘어 생태계 경쟁 즉, 서비스시스템 경쟁으로까지 넓혀진 서비스 시장에서 그 우위를 점하기는 어려운 상황이 되고 있다. 〈그림 3-5〉와 같은 교육서비스디자인의 서비스시스템 디자인 틀이 없다면 최근 서비스시스템 혁신 모델로 각광 받고 있는 플랫폼(platform) 시스템과 플랫폼 생태계 시스템의 디자인은 아마도 교육서비스 영역에서 불가능할지도 모른다.

교육서비스디자인 방법론의 가능성이 위와 같이 확인된다고 하더라도 그 가능성이 실현되기 위해서는 방법론의 한계와 조건에 대한 고려가 필요하다. 먼저 디자인 방법론은 그 활용에 있어서 환경과 맥락에 맞게 사용되어야 한다. 이는 서비스 디자이너의 전문적 식견에 많이 좌우되는데 어떠한 맥락에서 어떠한 방법론이 더 효과적으로 응용될 수 있는지에 대한 판단은 교육서비스 전문가의 고차원적인 역량에 해당한다. 당연히 이러한 역량은 쉽게 얻어질 수 있는 전문성이 아니며, 교육서비스 과학이 앞으로 교육서비스 실천가들의 전문 역량 증진을 위해 노력해 나가야 할 분야라고 판단된다. 또 하나 강조되어야할 한계에 대한 고려는 교육서비스디자인 과정이 체계적이라고 하더라도 디자인의 단계별 진행이 기계적인 순서의 진행은 아니라는 점이다. 이는 교육서비스의 특징과도 맞닿아 있는 주의점으로서 교육서비스는 많은 이해관계자의 참여가 절대적이며 다양한 사람들의 다양한 요구들을 절차적으로 잘 수렴하여 디자인 과정을 실현해 나가야 한다는 점이다. 그렇기 때문에 교육서비스 디자이너의 의사소통 역량과 관계적 민감성이 다른 어떤 디자인 영역보다도 훨씬 더 많이 요구된다. 이러한 조건들이 충분히 고려되지 않는다면 교육서비스 디자인 과정이 효율적으로 이루어졌다고 하더라도 결과적으로는 의도한 목표를 달성할 수 없는 결과를 초래할 수도 있다.

본 연구는 교육서비스과학에 기반하여 교육혁신의 디자인으로 교육서비스디자인이 제공하는 시스템디자인과 서비스디자인의 두 관점에 의해서 교육시스템과 교육서비스를 동시에 고려할 수 있으며 이를 표상화할 수 있는 툴을 제공하였다는 점에서 그 의의가 있다. 교육서비스디자인은 교육학, 서비스과학, 시스템 이론, 디자인 과학 등의 제 학문 영역을 융합한 새로운 창조적 영역이며, 교육서비스시스템에 대한 과학적 분석과 이를 통한 혁신의 방법론 및 실천전략을 제공하는 미래지향적 연구 분야로 성장할 잠재성을 지니고 있다. 향후, 본 연구에서 제시한 디자인 툴에서 각 셀들에 어떤 디자인적 요소가 들어가야 할 것인지에 대한 연구가 이루어져야할 것이며 이를 바탕으로 기업, 공공기관 등 각 조직의 환경(context)에 맞는 교육서비스디자인에 대한 사례 연구도 필요할 것으로 보인다.

PART 04

성과공학
(HUMAN PERFORMANCE TECHNOLOGY)

본 챕터에서는 성과공학(Human Performance Technology: HPT)을 탐색한다. 우리나라에서는 수행공학이라는 이름으로 알려졌지만, 이는 부적절한 번역으로서 HPT의 본질을 반영한 명칭으로 볼 수 없다. 따라서 이번 장에서는 이 명칭에 대한 혼란을 정리하고 인적가치개발의 입장에서 HPT의 중요성을 탐색한다. 다음과 같은 순서로 상술한다.

제1장 | HPT 용어의 정리
제2장 | 성과공학의 ISPI 모델
제3장 | 인적가치개발을 위한 성과공학의 역할

CHAPTER 1 | HPT 용어의 정리[4]

　HPT(Human performance Technology)가 미국에서 1950년대 이래 지금까지 60년 넘게 생명력을 지속하는 동안 많은 모델과 응용이 진행되어 왔다. 우리나라에서도 1990년대 말에 소개된 이후로 기업교육 연구 및 HRD 연구와 같은 HRD 분야 논문지에 관련 논문들이 게재되었다. HPT관련 우리나라의 논문들은 HPT를 활용한 수업모델 및 모형개발 연구(김민정, 2007; 장선애·송해덕, 2009; 이상수, 2010, 김도연, 2013), 사례연구(이상수, 2000; 정재삼, 2002; 오은주·박수홍, 2007; 정재삼·이진구, 2007), HPT 전문가의 역할 및 역량 연구(송해덕·강정범, 2009; 이진구, 2011)가 주종을 이루고 있다. 우리나라에서는 HPT가 '수행공학'이라는 제목으로 소개되어 다소 생소한 느낌을 주고 있다. Human Performance를 '수행'이라는 명칭으로 번역을 한 것인데 왜 이러한 번역으로 전달되어야 하는지 분명치 않다. '수행'은 다분히 행동 및 과정을 의미하며, 때에 따라서는 종교적 의미에서 깊은 깨달음을 위해 자신을 조절하는 행위를 의미할 때도 있기 때문이다. HPT에서의 Human Performance는 이러한 의미와는 상당한 거리가 있으며 오히려 인간 행위의 결과와 성취(achievement)를 강조하고 있기

---

[4] 제1장은 저자가 저술한 '수행공학인가? 성과공학인가? (기업교육연구, 제16권 2호)'의 논문을 수정·보완한 내용임.

에 우리나라에서의 수행이라는 번역은 상당히 오역된 것으로 판단된다. 위에 제시된 우리나라 HPT관련 논문들도 대부분 HPT 분석 또는 과정을 기술하는 연구에 치중되어 있고, 조직 결과의 변화도 내지는 HPT의 효과성을 제시하는 성과 중심의 논문은 극히 미미한 것으로 보인다.

HPT는 그 기원 자체가 훈련에 대한 반성에서 시작되었다(Rosenberg, et al., 1999). 그 반성의 주요 내용은 다음 두 가지에 대한 성찰을 의미하는데, 첫째, 훈련이 모든 성과문제에 대한 만병통치약은 아니라는 것과 둘째, 성과문제에 대한 근본 원인을 살펴보아야 한다는 점이었다. 이 두 가지 반성은 성과문제가 훈련 이외의 다른 개입을 통해서 더 효과적으로 해결될 수도 있다는 깨달음에서 기인한다. 기실 지식과 기술의 부족에서 나타나는 성과문제만이 교육훈련에 의해 치료될 수 있는 것이지 그렇지 않고 조직 환경적 요소나 작업 과정에서 비롯되는 성과문제는 아무리 교육 훈련을 비싸게 그리고 오랫동안 실시한다고 한들 성과향상의 결과는 이끌어내지 못할 것이다. 망치의 눈에는 못만 보인다는 속담이 있듯이 훈련가들은 모든 성과의 문제가 훈련의 개입으로 해결될 수 있다는 믿음을 가질 수 있다. 하지만 그러한 시도는 지식과 기술의 흠결이 성과문제의 원인이 아닌 경우 많은 비용을 초래할 수 있고 기업의 입장에서 이러한 불필요한 비용의 발생은 가장 금기시 해야할 일의 하나가 될 것이다. 위 두 가지의 반성을 통해 HRD 담당자들은 다른 두 가지 방향성을 제시하게 되었는데, 첫째는 훈련 이외에 진정 성과를 증진시킬 수 있는 확장된 방법들에 대한 제고이며, 둘째는 성과문제의 근본 원인을 찾기 위해 분석을 강화하자는 것이었다. 이러한 방향성은 Gilbert(1996)의 가치 있는 성과(Worthy performance)의 개념과 Harless(1973, 1975, 1988)의 전단분석(Front-end analysis) 실시의 강조와 맞닿아 있다. Gilbert의 가치 있는 성과(W)는;

$W = A/B$

W: Worthy Performance (훌륭한 성과)

A: Valuable Accomplishment (가치 있는 성취)
B: Costly Behavior (비용이 드는 행동)

위와 같은 공식(Gilbert, 1996, p. 18)으로 표현될 수 있는데, 결국 아무리 성과 업적의 변화가 있었다고 하더라도 그 변화를 위해 투입된 개입의 비용이 더 크다면 이는 가치 있는 성과라고 볼 수 없다는 점이 강조되었다. Gilbert의 가치 있는 성과의 개념은 HPT 발전에 두 가지 중요한 메시지를 전달하고 있는 데, 하나는 성과향상은 단순히 증상(symptom)에 대한 변화를 의미하는 것이 아니라 의미 있는 결과물(valuable accomplishment)을 이루어내어야 한다는 점이 강조되었고, 또 하나는 그러한 의미 있는 결과물이 도출되기 위해서는 가장 효과적인 개입(interventions)이 이루어져야 비용을 줄일 수 있다는 점이다. 그렇다면 가장 효과적인 개입을 위해서는 무엇이 선행되어야 할까? 이에 대해 Harless(1975)는 무조건 훈련이라는 해결책에만 의존할 것이 아니라 성과문제에 대해 훈련 이외의 개입이 필요한 지 먼저 알아볼 수 있는 전단분석(front-end analysis)의 중요성을 강조하였다. 전단분석은 성과문제 해결을 위해 훈련 이외의 개입 방법에 대한 확장을 가져왔을 뿐만 아니라 표피적인 변화만이 아닌 성과문제의 근본 원인을 찾아 가장 적절한 해결책을 분석에 맞게 잘 연계시켜야 한다는 점을 상기시켜주었다는 점에서 HPT의 발전에 큰 역할을 하였다.

이렇듯 HPT의 태동은 기실 훈련을 통한 단순한 행동의 변화만을 추구했다기보다는 오히려 이에 대한 반론으로 결과 중심, 근본 원인의 파악, 조직차원 개입 요소의 확장 등 직접적으로 성과에 영향을 줄 수 있는 요소에 대한 강조로부터 시작되었다고 볼 수 있다. 따라서 행동 변화의 의미를 지니는 수행이라는 개념보다는 결과 중심의 성과 자체를 향상시킬 수 있는 변인들에 대한 공학(technology)이라는 측면에서 성과공학이라는 번역이 훨씬 타당한 의미를 지닌다고 볼 수 있다.

본 글에서는 한국에서 HPT분야가 잘 이해되고 확산·발전할 수 있기 위해서는 한국식 명칭을 바로잡음으로써 HPT의 핵심 내용과 정체성이 활용자들에게 잘 전달될 필요가 있다는 점을 피력하고자 한다. 위와 같은 관점에서 본 연구는 HPT가 한국에 소개되면서 갖게 된 명칭의 혼란을 파악해 보고 이러한 혼란이 가져다 준 결과들을 분석하여 성과공학으로의 명칭 변경에 대한 근거들을 제시한다. 근거 제시를 위해 지금까지 HPT를 주제로 편찬된 핸드북, 이론과 모델에 대한 연구 논문 등의 문헌 등을 검토하였다. 이러한 필자의 논지는 물론 많은 이슈와 논의가 수반될 수밖에 없으며 추후 논의의 확장을 위해 명칭 변경에 따른 분야(field)가 제시하는 이슈들과 제한점들을 결론으로 서술하고자 한다.

1. 수행공학 명칭에 대한 오해

수행공학이라는 명칭은 뜻하지 않게 HPT의 본질과는 무관한 개념상의 오해를 불러일으킬 수 있다. 우리나라에서 HPT가 점차 확대되어가고 있는 상황에서 이러한 불필요한 오해는 HPT 분야의 성장에 큰 걸림돌이 될 수 있다. 이러한 오해를 연구자는 다섯 가지 이슈로 정리해 보고자 한다. 첫째, 수행공학 명칭은 행동 변화에 초점을 두게 한다는 점이고, 둘째, 상황적 요인에 대한 고려가 미흡하다는 것, 셋째, 조직 차원의 성과를 무시할 수 있다는 점, 넷째, 조직적 정렬(alignment) 등 시스템적 사고가 미흡하다는 것, 그리고 마지막으로 다섯째, 수행공학은 훈련에 대한 강조와 무차별하다는 점이다. 차례로 각 이슈의 논의점들을 서술해 보고자 한다.

1) 행동 변화에 초점

우리나라에서 출간된 동아국어사전(2014), 민중서림 에센스 국어사전(2014), 국립국어원 표준국어대사전(2014) 등은 수행(遂行)의 의미에 대해 "생각하거나 계획한 대로 일을 해냄"이라고 공통적으로 정의하고 있다. 반면 성과(成果)에 대해서는 "이루어낸 결실"이라고 정의하여 사전적 의미로는 수행의 결과가 곧 성과임을 나타내고 있다. 또한 한국기업교육학회에서 출간한 HRD용어사전(2010)에서 수행은 "학습자들이 그들이 학습한 것을 증명해 보이기 위해 무엇인가 해 보이는 것을 말하며 이러한 활동은 관찰 가능하고 측정 가능한 행동목표로 기술되어야 한다"(p.149) 라고 기술되어 있다. 위 정의에서 두드러진 표현은 "무엇인가 해 보이는 것"이라는 용어이며 이는 행동의 표출을 의미한다. 수행이 이러한 의미로서 전달될 때, HPT의 정의는 "무엇인가 잘 해 보이는 행동의 변화를 위한 적절한 개입(intervention) 활동"이라는 의미가 될 것 이다. 하지만 이러한 의미는 두 가지 측면에서 HPT의 본래 취지와 크게 괴리되는 데, 첫째, HPT는 행동의 변화만이 아닌 결과(results)의 변화를 목적으로 한다는 점이고, 둘째, HPT는 증상(symptoms)의 치유가 아닌 근본 원인(root causes)을 분석하여 성과문제의 근원을 과학적으로 해결하고자 하는 노력이라는 측면이다. 행동의 변화는 업무성과에 영향을 미칠 수는 있지만 결과의 변화를 보장하지는 못한다. 수행의 의미가 인간행동의 변화로 한정되어질 때 결국 효과적인 개입은 교육과 훈련이 될 수밖에 없다. HPT 분야를 태동시킨 구루들은 이러한 점을 가장 경계했고 훈련 이외의 성과개입에 대한 포용성을 강조해 왔다(Brethower, 1997; Gilbert, 1996; Langdon, 1999; Rummler & Brache, 1995; Tosti, 2005; Stolovitch, 2000). HPT의 홍보에 가장 영향을 미친 문구는 "훈련에서 성과로(From Training to Performance)"라는 표현이며 이는 퍼포먼스가 단순히 행동만을 의미하는 것이 아닌 행동과 결과(performance = behavior x results)의 종합이라는 것을 나타낸다.

퍼포먼스가 행동과 결과 모두를 의미하는 것이라고 하더라도 HPT는 분명 행동보다는 결과의 변화에 더 초점을 맞춘다. Stolovitch & Keeps(1999)는 "HPT가 업무환경 내에서 사람의 가치로운 성취(achievements)를 극대화하는 것에 초점이 있다"(p.4)고 밝히고 있으며 Gilbert(1996)는 퍼포먼스를 우리가 가치 있게 보는 업적(accomplishments)이라고 정의하였다. Nickols(1977, p.14) 또한 퍼포먼스는 "행동의 결과물(the outcomes of behavior)이며, 행동이 개인의 활동인 것에 비해 행동의 결과물은 개인의 환경이 행동의 결과로서 어느 정도 달라진 방식"이라고 설파하고 있다. 결국 HPT의 궁극적 관심은 행동의 결과로서 나타난 성취물의 변화에 있으며, 이는 인간행동의 변화로 촉발될 수도 있지만 조직구조의 변화, 과정의 변화, 정책의 변화, 기술의 변화 등 조직시스템의 전반적인 변인들의 변화에 의해서도 촉발될 가능성이 있다는 점을 포함하고 있는 것이다. 따라서 수행의 개념이 결과물이라는 의미보다 행위, 행동, 활동이라는 의미로 더 크게 다가올 때는 HPT가 강조하고 있는 중요한 가치들을 놓칠 수밖에 없다.

2) 상황적 요인에 대한 고려 미흡

우리가 수행한다고 할 때 이는 일정한 목적성을 가진 활동을 의미한다. 즉 방향성을 가진 행위를 수행이라고 볼 수 있다. 따라서 수행의 개념요소는 목표, 과정, 절차, 행위, 활동 등을 포함한다. 그렇다면 수행의 효과성은 무엇으로 측정될 수 있을까? 그것은 목표에 일치된 행동의 정도에 따라서 판가름 날 것이다. 하지만 조직 내 개인의 행동이 설정한 목표와 일치되었다고 해서 조직에 바람직한 결과물이 자동적으로 따라올 수 있을까? 그럴 가능성은 있겠지만 항상 그렇지는 못할 것이다. 왜냐하면 그

설정한 목표 자체가 잘못되어서 바람직한 성과의 큰 걸림돌이 될 수도 있기 때문이다. HPT는 이러한 관점에서 행위와 결과 사이의 상황적 요소에 주목한다. HPT의 강점은 바로 개인의 활동이 목표와 일치되도록 교정하는 것에만 있는 것이 아니라 오히려 바람직한 결과로 인도하는 행위의 변화에 초점을 맞추는 데에 있다(Binder, 1998). 목표와 행동의 관계보다는 행동과 결과 사이의 관계가 더 중요하다는 뜻이다. 목표와 행동의 일치 정도가 수행의 질을 결정한다면 행동과 결과의 관계가 성과의 질을 결정한다. HPT 분야가 관심을 집중하는 영역은 성과 즉, 결과의 가치로움(valuable accomplishment)에 관한 것이며, 이는 행동과 결과 또는 조직 환경과 결과에 대한 상호작용 및 관계성에 대한 영역이다(Sanders, 2002). 이렇듯 성과문제에 관한 한 상황 및 환경적 요소를 배제할 수 없으며 우리가 수행공학이라는 명칭을 활용할 경우에는 이러한 상황적 요소가 결과에 미치는 영향을 적절히 고려하지 못함에도 성과의 문제를 논할 수 있다는 오해를 살 수 있다.

3) 조직 차원의 성과를 무시

개인 차원의 성과가 개인의 역량뿐만 아니라 상황적 요인에 의해서도 영향을 받는 다면 과정 차원의 성과 및 조직 차원 나아가서 비즈니스 차원의 성과는 더더욱 조직 내외의 환경변수에 영향을 많이 받을 것이다. 이러한 이유로 많은 HPT의 선구자들은 성과수준(levels of performance)이라는 변수를 고려하여 성과문제의 진단을 탐색하는 데에 활용하여 왔다. Rummler & Brache(1995)는 그들의 9 performance variables 모델에서 〈표 4-1〉과 같이 개인·업무 차원, 프로세스 차원, 조직 차원의 성과수준을 목표, 디자인, 관리의 성과요구(performance needs)에 맞추어 각 성과수준이 3개의 성과요구에 얼마나 적합하게 운영되고 있는지를 검토하여 전체 조

<표 4-1> Rummler & Brache의 9개의 성과변인(9 performance variables) 모델

성과 요구

성과수준		목표	디자인	관리
	조직수준	조직목표	조직디자인	조직관리
	과정수준	과정목표	과정디자인	과정관리
	일·개인 수준	일·개인목표	일·개인디자인	일·개인관리

직시스템 성과의 효과성을 판단하는 준거로서 모델을 제시하고 있다.

이와 비슷하게 Swanson(1994) 또한 〈표 4-2〉에서 보는 바와 같이 개인 차원, 프로세스 차원, 조직 차원의 성과수준을 정하고 목표, 시스템 디자인, 역량, 동기, 전문성 등을 성과변인으로 하여 성과진단 메트릭스를 소개하고 있다.

위의 두 가지 모델은 예시에 불과하며 이 외에도 Langdon(1999), Tosti(2005), Brethowr(1997), Kaufman(2005) 등 HPT 분석 전문가들은 모두 예외 없이 성과수준에 대한 고찰을 강조하고 있다. 이와 같이 대부분의 성과진단모델에서 개인 차원뿐만 아니라 조직 차원의 성과수준을 고려하고 있다는 것은 단지 개인 수행에 의한 결과만이 HPT의 관심사가 아니고 과정, 그룹, 조직, 비즈니스 등 다차원의 성과에 대해서도 그 흠결을 개선하려는 노력이 HPT에는 포함되어 있다는 점을 반증하는 것이다. 그럼에도 불구하고 우리가 수행공학이라는 명칭만을 고집하는 경우 자칫 개인차원 인간수행의 결과에만 초점을 맞춘다는 오해를 불러일으킬 수 있다. 지금과 같이 시장의 경쟁적 환경이 더욱 악화되고 있고 빠른 변화와 혁신을 이루지 못하면 조직의 생존이 불가한 상황 하에서 과정 차원, 조직 차원, 비즈니스 차원의 성과는 더더욱 그 중요성을 더해가고 있다. 특히 다른 어떤 것보다도 기업의 게임의 법칙이 제품혁신, 과정혁신을 넘어서 지금은

<표 4-2> Swanson 성과진단모델

성과 변인	성과수준		
	조직수준	과정수준	개인수준
목표 (Goal)	목표가 현재의 사회경제 상황에 맞추어 적절하게 설정되어 있는가?	과정의 목표는 조직이 조직 및 개인의 목표를 달성 가능할 수 있도록 적절한가?	개인의 목표가 조직의 목표와 일치되어 있는가?
시스템 디자인 (system design)	바람직한 성과 창출에 맞도록 조직구조와 정책이 설계되어 있는가?	업무는 시스템의 개념에 맞게 설계되어 있는가?	개인은 업무성과에 걸림돌이 될 수 있는 장벽을 지니고 있는가?
능력 (capacity)	조직은 목표를 성취할 수 있도록 리더십, 자본, 하부 구조를 지니고 있는가?	업무 과정은 양, 질, 적시성의 기준에 잘 맞추어져 있는가?	각 개인은 정신적, 육체적, 감정적으로 성과를 이룰 수 있는 능력을 지니고 있는가?
동기 (Motiva-tion)	정책, 문화, 보상 시스템이 바람직한 성과를 창출할 수 있도록 지원하는가?	업무 과정은 유지에 필요한 정보와 인적요소를 적절히 제공하고 있는가?	어려운 상황에도 불구하고 개인은 업무를 달성하고자 하는가?
전문성 (Expertise)	조직은 인재의 선발과 육성 정책을 구축하고 있는가?	변화의 새로운 수요에 맞는 전문성 개발의 과정이 존재하고 있는가?	각 개인은 성과 달성을 위한 지식, 기술, 경험을 지니고 있는가?

비즈니스모델 혁신(Johnson, 2010)으로 재편되어가고 있는 환경에서 조직 및 비즈니스성과에 대한 관심은 그 어느 때보다도 절실하다고 볼 수 있다. HPT는 이러한 조직 환경의 변화에 발맞추어 기존 훈련중심의 HRD에 대한 반성으로부터 시작되었으며 조직성과 및 비즈니스성과의 개선을 위한 다차원적인 테크놀로지의 제공을 목적으로 하고 있다. 여기서 테크놀로지란 단순히 컴퓨터와 같은 하드웨어적인 기술을 의미하는 것이 아니라 개선에 동원될 수 있는 모든 절충적인(eclectic) 방법(methods), 도구(tools), 과정(process)을 총칭하는 것이다. 수행공학이라는 명칭보다 성과공학이라는 명칭을 써야한다는 주장은 다차원적인 성과수준을 고려한 성과개선 노력을 포함해야한다는 측면에서 적절하며, 수행이라는 의미에 기

인하여 개인성과에만 초점을 맞출 경우 효과적인 개선 테크놀로지의 범위를 의도하지 않게 줄이게 되는 우를 범하게 된다. 이는 최초 HPT가 지향한 비즈니스 전략에 충실하고 조직 전반의 성과향상을 위한 절충적 테크놀로지로서의 성격을 외면하는 일이 된다.

4) 조직적 정렬(alignment) 등 시스템적 사고 미흡

조직적 정렬에 대한 이슈는 위의 조직성과 이슈와 맞닿아 있다. 왜냐하면 성과수준에 대한 고찰이 있어야 각 수준별 정렬이 되었는지에 대한 판단이 가능하기 때문이다. 개인성과, 프로세스성과, 조직성과는 각각 따로 존재하는 것이 아니라 유기적으로 연결되어 있으며 한 부분의 조그마한 흠결이 조직 전체에 상당한 충격을 줄 수도 있다는 것이 시스템적 사고가 주는 교훈이다. 따라서 성과문제는 수행에 의한 성과만을 고찰할 수 없으며 각 성과수준별 유기적 관계성에 대한 통찰이 성과문제 해결 및 성과기회 포착을 위한 핵심적 HPT 활동이 될 것이다. Tosti & Jackson(1994)은 〈그림 4-1〉과 같이 그의 성과정렬 모델(performance alignment model)을 통하여 복잡계 시스템에서 정렬의 문제는 효과적인 성과창출을 위해 긴요함을 강조하고 있다.

Tosti & Jackson의 모델은 전략 요소(strategy factor)와 문화 요소(culture factor)로 나누어 설명을 하고 있는 데, 전략 요소는 과정의 정렬(process alignment)로서 과정의 이행(execution)이 얼마나 각 성과수준별 수직적으로 정렬되어 있는 지를 파악하기 위한 활동으로 볼 수 있으며, 문화 요소는 실천의 정렬(practice alignment)로써 조직이 간직한 가치가 개인에서 조직 차원까지 일관되게 실천되고 있는가하는 점을 파악하기 위한 활동이라고 볼 수 있다. 각 요소가 전략과 문화로 나누어져 있다고 해서 관계가 없다는 것은 아니며 조직의 비전과 미션이 전략과 문화 측면에서 적절하게 통

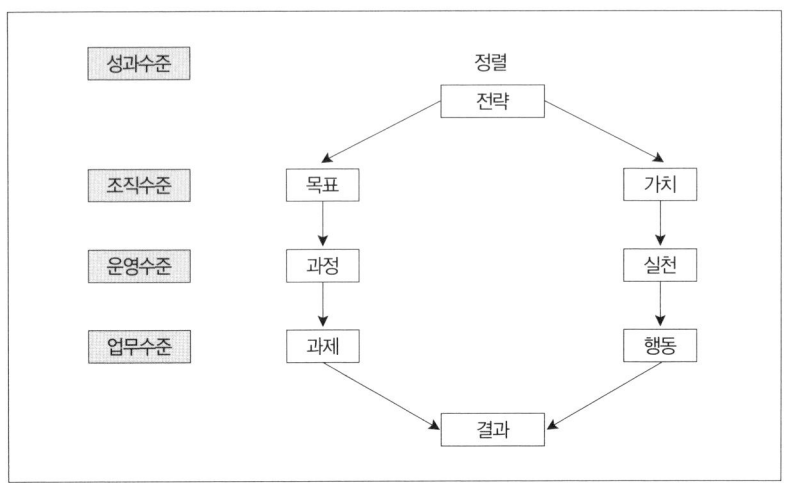

<그림 4-1> Tosti & Jackson 조직 정렬 모델

합되고 성과수준별로 정렬되어야만 효과적인 성과창출활동이 가능하다는 점을 강조하고 있는 것이다. 이러한 측면에서 수행의 개념은 인간의 활동 측면을 강조한 용어로서 다차원적인 성과수준의 관계와 이러한 관계에서 파생되는 시스템적인 통합 및 비즈니스 방향성에 대한 전반적인 성과문제를 설명하기에는 무리가 있는 개념이라고 볼 수 있다. 이에 비해 성과공학의 개념은 조직 전반의 성과문제와 연결되어 있어 각 성과수준별 성과향상의 기회를 포착한다는 측면뿐만 아니라 성과수준 간의 관계에서 발생할 수 있는 시스템적인 정렬의 문제까지 포괄한다는 의미가 함축되어 있다.

5) 훈련과의 무차별

HPT가 수행공학의 이름으로 인간의 활동 과정을 개선하는 것에만 초점을 맞출 때 결국은 다른 어떤 개입(intervention) 방법보다도 교육·훈련의 개입이 많은 부분을 차지할 수밖에 없다. 이러한 관점은 초기 HPT 학자나 실천가들의 논지에서도 드러나는데, 대부분 성과 개입 방법들에 대한 범주를 딱 두 가지-교육훈련 방법들(instructional methods)과 교육훈련이 아닌 방법들(non-instructional methods)-로 나누는 점에서도 찾아 볼 수 있다. 하지만 이러한 구분은 참으로 어설픈 범주화라고 볼 수 있는데 교육훈련 이외의 개입 방법들은 교육훈련과는 비교도 할 수 없이 넓은 영역이기 때문이다. 이는 마치 Brethower(2004)가 지적했듯이 "성과의 세계를 훈련과 훈련 이외의 캠프로 나누는 일은 미국을 보스톤과 보스톤 이외의 지역으로 구분하는 것, 또는 저널리즘의 영역을 뉴욕타임즈와 그 이외의 모든 저널리즘, 정치판(political landscape)을 깨우친 자들과 바보들로 나누는 일과 같다"(p.7). 여기에서 조금 더 나아갔다고 해도 개입의 범주를 지식, 동기, 환경으로 나누는 방식이다. 이는 성과문제에 있어 지식 영역이면 훈련을, 동기의 영역이면 인센티브를, 환경의 영역이면 그 이외의 모든 개입 방법을 생각해 보라고 조언하는 식이다. 만약 성과문제가 환경의 영역에서 80% 이상의 빈도가 있다면 과연 그러한 조언이 적절한 것일까 의문이 드는 사항이다. Wile(1996)은 그의 모델에서 개입 범주를 조직 시스템, 인센티브, 인지적 지원, 도구, 물리적 환경, 지식 및 기술, 내적 능력 등 7개로 나누고 각각의 개입 방법들을 나열하고 있는 데, 이 또한 조직시스템을 제외한 나머지 6개의 범주가 과연 조직시스템 하나의 범주보다 더 넓은 영역을 포괄하고 있다고 보이지는 않는다. 이렇듯 초기 HPT 학자 및 실천가들조차도 성과문제에 대한 개입 방법으로 훈련에 대한 집착을 벗어나지 못한 것으로 보인다. 이러한 초기 HPT의 발전 형태라면 수행공학이라는 명칭이 적절할 수도 있다. 하지만 변화와 혁신의 시대에 있어서 조직 생존의 문제는 인간 수행의 변화뿐만 아니라 조직구조, 업무과정, 전략, 비즈니스모델 등 전반적인 시스템의 변화를 요구하고 있어서 훈련 이외의 조직성과향상 노력에 대한 구체적인 대안들이 제시되지 않는다면 HPT의 미래도 그다지 밝지는 않아 보인다. 따라서 수행공학이 과거의 용어라면 조직 전반의 성과문제를 직접적으로 다루고 해결하려는 취지의 성과공학은 HPT가 나아가야할 미래를 위한 용어라고 볼 수 있다.

2. 성과공학으로의 명칭 변경에 대한 근거

위에서와 같이 수행공학이라는 명칭이 HPT 본질과는 다르게 오해를 불러일으킬 수 있는 단점들이 있다면 그 대안이 제시될 필요가 있다. 본 연구는 수행공학 대신 성과공학이라는 명칭을 쓰는 것이 우리나라 HPT 영역의 발전을 위해 이로울 수 있다는 점을 강조하고자 한다. 그 근거로서는 첫째, 성과공학이라는 용어가 HPT 원칙에 충실하다는 점, 둘째, 조직성과에 대한 관심을 촉구한다는 점, 셋째, 분야의 확장성과 질적 성장을 도모할 수 있다는 점, 넷째, 성과공학이라는 명칭이 융합적 해결책을 제시하는 데에 더 적합한 용어라는 점 등을 지적하고자 한다.

1) HPT 원칙에 충실

성과공학이라는 명칭이 수행공학이라는 명칭에 비해 훨씬 더 HPT 원칙에 충실하다. HPT의 확산과 학문적 발전을 위해 조직된 국제적 학회인 ISPI(International Society for Performance Improvement)는 다음과 같은 HPT의 네 가지 원칙을 제시하고 있다.[5]

---

5 www.ispi.org 홈페이지 (http://www.ispi.org/content.aspx?id=1704, 2014.10.20. 발췌)

첫째, 결과 중심 (Focus on results) 원칙으로서;
- 원하는 결과를 정의하고 이를 측정할 수 있는 형태로 전환한다.
- 기존 가정에 도전하며 비용 및 위험의 측면에서 문제의 가치를 분석한다.

둘째, 시스템 사고 (Take a systemic view)로서;
- 단순한 증상과 근본 원인, 목표와 실천 간 불일치의 영향, 그리고 기능 간 상호의존성을 인식한다.
- 내부 실천과 시장의 관계 및 의사결정과 정렬의 문제가 경쟁력에 어떻게 영향을 주는지 분석한다.

셋째, 부가가치의 창출 (Add value) 원칙으로서;
- 행동을 취하기 전에 관련된 위험 및 시사점과 함께 디자인, 개발, 실행과 유지 등에 드는 비용을 포함하여 해결책 및 측정 준거 등의 적절한 범위를 고려한다.
- 새로운 행동의 습득, 바람직한 목표의 성취 가능성, 이해관계자들에게 미칠 수 있는 영향, 조직이 해결책을 관리할 수 있는 능력 등을 이해한다.

넷째, 파트너십 (Establish partnerships) 원칙으로서;
- 모든 관련된 이해당사자들의 목소리를 듣고 해결책을 디자인하는 데에 통합한다.
- 필요시 전문가를 참여시키고 프로젝트에 공헌하는 모든 이들에게 신뢰를 주며 그룹 내와 그룹간의 개방된 의사소통을 촉진한다.

위와 같은 네 가지 원칙은 HPT 실천가들이 현장에 성과향상활동을 전개할 때 지키고자 하는 기준들로써 그 활동이 HPT 영역의 활동인지 아닌지를 판단해볼 수 있는 핵심 가치들이라고 볼 수 있다. 성과공학 명칭이 수행공학이라는 명칭보다 더 HPT 원칙에 충실하다는 근거는 첫째, 결과 중심이라는 원칙에서 성과라는 용어가 결과에 대한 초점을 잘 드러내고 있으며, 둘째, 시스템 관점은 성과라는 용어를 쓸 때만이 조직 내 성과수준간의 관계와 정렬의 문제를 탐색할 수 있고, 셋째, 부가가치 창출의 측면은 단순한 표피적 해결책이 아닌 근본 원인을 제거함으로써 창조될 수 있는 가치로운 업적물이 진정한 성과향상활동이라는 점을 강조하고 있으며, 넷째, 파트너십 원칙은 성과문제 해결에 관련된 모든 조직구성원들의 참여와 협력을 독려해야한다는 점을 강조하고 있기 때문이다. 이렇듯 네 가지 원칙 모두 성과라는 핵심 개념을 중심으로 설명될 수 있으므로 HPT 활동은 성과공학 활동이라고 부르는 것이 타당하다. 이에 비해 수행이라는 개념은 결과보다는 행위에 초점이 있고, 개인 활동 중심이어서 조직 및 환경과의 관계성을 파악할 수 있는 시스템적 사고를 전개하는 데에 한계가 있다. 따라서 수행 영역에만 국한된 시스템 사고는 조직전체의 근본원인을 탐색하여 개선을 이루려는 가치창출 활동과는 거리가 있으며, 마지막으로 파트너십 측면에서 모든 조직구성원의 참여와 협력을 이끌어내어 광범위한 혁신과 지속적인 성과향상활동을 이끌어내기보다는 개인 수행의 증진과 단기적 처방적 조치를 통해 제한된 파트너십만을 가져올 가능성이 많다.

2) 그룹, 프로세스, 조직성과에 대한 관심

수행이라는 말보다는 성과라는 말을 썼을 때 개인성과, 팀성과, 그룹성과, 프로세스성과, 조직성과, 비즈니스성과 등 다양한 수준의 성과를 논의할 수 있고 이에 대한 문제 및 기회를 파악하여 성과향상의 노력을 전개할 수 있다고 본다. 만약 누군가가 프로세스수행, 조직수행 등의 용어를 쓴다면 상당히 거북한 의사소통이 될 수 있고 원활한 개선 활동을 전개하기가 쉽지 않을 것이다. 다양한 수준의 성과를 얘기할 수 있을 때의 장점은 위에서도 언급한 바 있듯이 각 성과수준별 관계와 정렬의 문제를 시스템적으로 파악할 수 있다는 점일 것이다. 조직 차원에서 시스템적 관점을 갖지 못할 때는 부분 최적화(sub-optimization)의 문제로 전체 조직성과에 악영향을 줄 수 있으며 모두가 최선을 다했음에도 불구하고 결과적으로 조직 전체로 봐서는 가장 좋지 않은 성과를 생산하는 결과를 초래할 수도 있다. 이러한 측면에서 개인 활동의 개선이라는 의미를 내포하고 있는 수행공학이라는 용어는 부분적 성과를 증진하는 활동에는 적합할지 몰라도 전체 조직의 성과를 향상시키는 활동에는 적합하지 않다.

3) 분야의 확장성과 질적 성장

하나의 실천 분야가 확장되기 위해서는 시장에서의 가치 창출이 긴요하며 조직의 생존 문제를 직접적으로 다루고 이에 맞는 해결책들을 제시할 수 있어야 할 것이다. Jang(2009)은 HPT 영역이 고성과 시스템(high performance system)으로의 전환이 필요하다고 강조하고 있다. 이 논제는 본서의 뒷 부분 제3장에서 '인적가치개발을 위한 성과공학의 역할'이라는 주제로 더 깊이 논의하겠지만, 이러한 주장의 중심에는 HPT 실천가들이 고객 조직의 성과향상활동을 적절하고도 효과적으로 지원하기 위해서는 성과문제에 대한 분석 단위(unit of analysis)를 단기적인 개별 성과에 집착하기보다 조직 전체의 상황과 연관된 시스템적 관점의 근본적 성과문제에 천착하여야 하며, 성과시스템에 대한 개선 활동이 과학적이고도 가치 지향적으로 진행되어 조직이 바람직하다고 희구하는 고성과 시스템에 대한 표준을 지속적으로 향상시켜나가야 한다는 논거가 숨어 있다. 이러

<표 4-3> HPT 지식기반

	관리	디자인·개발	테크놀로지
비즈니스성과시스템	재무·수익 관리	비즈니스모델 개발	전략·마케팅
조직성과시스템	리더십·품질·업무 프로세스·생산성 등	조직개발	혁신과 변화· 정보공학
개인성과시스템	인적자원관리	인적자원개발	인센티브·수업공학

한 활동이 HPT가 지향하는 실천이며 고성과 시스템을 디자인한다는 관점을 가질 때만이 HPT가 단순한 수행 개선을 뛰어 넘어 조직이 지향하는 비즈니스의 핵심 결과들(bottom-line)을 새롭게 향상시킬 수 있는 혁신적 동력으로서의 기반을 제공하는 중요한 테크놀로지의 역할을 가질 수 있다. 예를 들어, 시스템적 관점에서 조직성과의 향상을 지향한다는 관점을 가질 때 〈표 4-3〉에서와 같이 교육·훈련만이 아닌 다양한 분야에서의 성과 개입 방법들(performance intervention tools)을 활용할 수 있는 HPT 지식기반의 확장을 가져올 수 있다(Jang, 2008).

위 표에서 관리, 개발, 테크놀로지의 세 가지 범주는 성과향상을 위해 가장 긴요한 활동으로서, 관리와 테크놀로지가 없는 개발은 효율성이 없으며 개발이라는 목표가 없는 관리와 테크놀로지는 효과성을 증진시킬 수가 없다. 따라서 관리와 개발, 테크놀로지는 성과향상을 위한 세 가지 기둥이라고 볼 수 있으며 성과시스템의 수준별로 각각 세 가지 범주에 맞는 지식기반이 존재하고, 이러한 지식기반에서 제공되는 다양한 성과 개입 방법들이 조직 상황에서 활용될 수 있다면 HPT의 실천 영역이 꽤 확장될 수 있는 가능성이 엿보인다. 이렇듯 HPT 학자와 실천가들이 조직 전반에 걸친 성과시스템 향상에 대한 확장된 관심을 가질 수 있을 때만이 HPT가 기본 원칙에서 제시하는 조직 내 부가가치 창출을 위한 귀중한 도구로서의 제 역할을 다 할 수 있을 것으로 보인다.

4) 융합적 해결책의 제시

성과 이슈는 조직의 복잡성이 더해갈수록 해결하기 어려운 문제로 대두된다. HPT는 수행 문제의 해결을 위해 단순히 수업공학(instructional technology)을 활용한다는 차원에서 벗어나 보다 상황 특수적이고 조직 및 비즈니스 이슈에 가까운 다양한 성과 개입의 방안들을 소개함으로써 근본적인 성과문제의 해결을 찾고자하는 선구자들의 고민에서 시작되었다. "훈련이 만병통치약이 아니다"(Harless, 1975)라는 슬로건은 이러한 선구자들의 정신을 잘 나타내고 있는 표현이며 개인성과를 넘어서는 과정성과, 조직성과, 비즈니스성과의 향상을 직접적으로 지원할 수 있는 융합적 방법들을 제공하고자 하는 노력이 지속되고 있다. 이러한 측면에서 HPT가 제공하는 성과 개선 방법들의 고유한 특징 중의 하나는 바로 절충적(eclectic)이고 개방적(open)이라는 점이다(Pershing, 2006). HPT는 단순히 수행의 문제를 해결하기 위한 수업공학, 학습과학, 인지과학의 수준을 넘어서 조직 비즈니스 차원의 성과향상을 위해 경영과학, 정치과학, 심리학, 인류학, 사회학, 시스템디자인, 평가방법론, 통계학, 경제학 등을 포함하는 많은 영역에서 가장 적합한 부분을 추출하고 디자인하여 최상의 해결책을 제시하고자 하는 분야이다. HPT가 강조하는 부가가치 창출(adding value)이라는 원칙은 한 영역에 집착하지 않고 상황특수적인 성과의 문제를 다학문적이고 과학적으로 접근하여 때로는 이전에 볼 수 없었던 새로운 방법의 해결책을 제시할 수 있는 개방적 접근 방법에서 비롯된다고 볼 수 있다. 우리가 수행공학이라는 용어를 쓸 때는 이러한 HPT의 잠재적인 강점들이 "인간행동"이라는 관점에 매몰되어 폭넓은 부가가치 창출이라는 근본 원칙을 제대로 수용하기가 힘들며 성과공학이라는 표현 속에서 "결과의 개선"을 위한 융합적이고도 개방적인 개입 방법의 제시가 가능하다고 본다.

3. 마무리

이번 장에서는 지금까지 우리나라에서 HPT를 수행공학이라고 번역하면서 초래된 오해와 이에 대한 대안으로서 성과공학으로의 명칭 변경이 필요한 이유들을 논의하였다. 요약해 본다면 수행공학이라는 번역보다는 성과공학이라는 용어가 개인 수행의 개선만이 아닌 과정, 조직, 비즈니스의 성과문제를 시스템적으로 다루어 근본 원인을 치유하고, 핵심 결과(bottom-line)의 변화를 촉구하는 HPT의 본질적 원칙들을 충실히 반영하는 개념이라는 것이다. 특히 조직의 인적자원개발 활동이 비즈니스 결과 변화에 큰 효과를 주지 못하고 인간행동의 표피적 변화에 매몰되는 모습에 실망해 왔던 HRD 실천가 또는 HRM 담당자들이 조직의 전략 또는 조직성과에 직접적으로 영향을 주는 비전을 지닌 HPT 활동에 큰 기대를 가지고 관심을 넓혀가고 있다. 그러나 우리나라 상황에서는 HPT가 수행공학이라는 명칭 아래 미시적으로 소개되고 있어서 그들의 희망과 기대에 부응하는 만큼 HPT 분야의 잠재적 강점이 제대로 전달되고 있지 못하고 있는 실정이다. 이는 참으로 우려할 만한 상황으로서 HPT가 우리나라에 소개될 때 발생한 오역이 낳은 비극이라고 아니할 수 없다. 물론 명칭만 바꾼다고 해서 이러한 조류가 일시에 바뀌는 것은 절대 아닐 것이다. 하지만 성과공학이라는 명칭으로 전환하면서 HPT가 가진 본질적 원칙과 그 잠재성을 제대로 일깨우고 확대된 실천의 시도와 검증이 계속된다면 우리나라에서도 HPT의 핵심적 가치들이 각 부문의 조직구성원들에게 받아들여지고 확산될 수 있을 것으로 기대된다. 명칭의 변경은 시작에 불과하며 이러한 시작에서 출발하여 HPT를 바라보는 관점과 프레임의 변화, 그리고 나아가서 HPT 실천의 변화에 이르는 긴 여정이 필요할 것으로 보인다. 하지만 이러한 긴 여정에는 넘어야 할 걸림돌과 깊이 토의해 보아야 할 시급한 이슈들이 존재한다. 이는 쉽지 않은 문제들로서

HPT 연구자 및 실천가들이 끊임없이 고민하고 성찰하여 적절한 해결방안을 모색해야할 긴요한 이슈들이라고 볼 수 있다. 크게 네 가지로 정리해 본다면 다음과 같다.

첫째, HPT에서 "H"의 포함 여부에 대해 전문가들의 의견이 갈린다. H는 Human을 의미하며 그대로 Human Performance Technology(HPT)로 할지 아니면 아예 Performance Technology(PT)로 분야의 명칭을 변경할 것인지에 대해 주장이 나뉜다. PT를 옹호하는 입장은 성과(performance)는 인간성과만 존재하는 것이 아니고 과정성과, 조직성과, 비즈니스성과 등 독립적으로 성과라고 할 수 있는 수준들이 분명히 존재하므로 우리의 분야가 이를 인정하고 그 모든 성과라고 불릴 수 있는 영역들에 대한 책임 있는 테크놀로지를 제공해야한다는 주장이다(Langdon, 2000; Carleton, 2005). 이에 비해 HPT를 옹호하는 입장은 HPT는 인간성과(human performance)에 집중하여야 하며 과정성과, 조직성과, 비즈니스성과 등은 인간성과에 영향을 미치는 관계성의 측면에서만 고려의 대상이 될 수 있는 변인들이라는 입장이다(Hybert, 2003, 2009). 이 둘의 입장은 처음 보기에 언뜻 비슷한 것 같기도 하고 큰 차이가 없는 듯 하지만 완전히 다른 두 개의 입장이라고 볼 수 있다. 왜냐하면 입장의 차이에 따라서 분야의 범위, 분석의 양태, 해결책의 수준, 실천 과정의 성격, 전문성의 정도 등이 확연히 구분되기 때문이다. 지속적인 논의가 필요한 대목이며 이러한 차이는 두 번째 이슈와도 연결된다.

둘째, HPT 연구자 및 실천가들의 전문성 문제이다. 수년 전만 해도 미국의 HPT학회인 ISPI의 회원 구성을 보면 70% 이상이 교육·훈련 프로그램 디자인, 교육공학자, 교육컨설턴트, 훈련 실천가 등 대부분 교육·훈련 전문가 출신이다(Pershing, et al., 2006). HPT가 비즈니스성과 보다는 인간 수행의 문제에 과도한 비중을 둘 수밖에 없는 이유라고 볼 수 있다. 이는 초기 HPT의 전문 학회인 ISPI의 전신이 NSPI(National Society for

Programmed Instruction)인 사실만 보더라도 확인할 수 있는 것으로 행동주의적 학습의 진흥과 프로그램 학습의 발전을 위해 조직된 학회였음을 알 수 있다. NSPI는 맞춤화된 개별 학습의 촉진뿐만 아니라 대규모 집체교육의 효율성을 어떻게 달성할 수 있는지를 고민하던 학자와 실천가들의 모임이고 대부분 훈련, 수업 디자인, 평가 전문가들의 학회였다고 볼 수 있다. 성과향상 학회인 ISPI로의 전환은 교실 상황에서 '학습의 문제해결'을 넘어서 조직 상황에서 '성과의 문제해결'로의 전환을 통해 직접적으로 핵심 결과의 변화를 이루고자 하는 의미 있는 시도였다고 볼 수 있다. 하지만 아직도 대표적 HPT학회인 ISPI조차도 그 근원이 행동주의 학습이었던 만큼 교육·훈련 전문가들의 구성이 많은 부분을 차지하고 있으며 최근 들어서야 경영학, 공학, 시스템이론, 정치학, 정책학, 통계학 등 다방면의 전문가들의 참여가 늘어나면서 다학문적인 성격을 확대해 나가고 있다. 따라서 현재 HPT는 교육·훈련의 범위를 넘어 조직 전략 및 비즈니스의 영역으로 확대해 나가는 도상에 있는 분야라고 볼 수 있으며 모든 성과에 관한 지원 테크놀로지로서의 기반을 보다 더 튼튼하게 하려면 교육학 이외에 경영 및 공학 관련 전문가들의 많은 참여가 요청된다고 볼 수 있다.

 셋째, HPT의 정체성과 확장성 사이의 딜레마 문제이다. 위에서도 언급한 HPT의 절충적 성격 그리고 개방된 접근 방법은 성과향상활동의 확장성을 보장하기도 하지만 또 한편으로는 HPT의 핵심 정체성에 대해 의문을 가지게 하는 특성이기도 하다. HPT가 이제 60년 이상의 역사와 전문화된 실천의 확대를 통해 지속적으로 발전해 왔지만 성과향상에 관한 경영적 접근, 교육적 접근, 심리적 접근, 통계적 접근, 정치적 접근, 경제적 접근, 시스템적 접근 등의 다양한 접근 방법들이 그 나름대로 타당성을 지닐 수 있으며 HPT는 이러한 다양성 속에서도 개별 성과문제에 대해서 어떤 방법론이 가장 효과적일 수 있는 지를 판단할 수 있는 합리적인 준거를 제시할 수 있어야 할 것이다. 하지만 이러한 합리주의적 판단조차도 또 하나의 접근 방법일 수 있으며 HPT의 정체성과 영향력의 확대를 위해서는 성과문제 해결 과정의 대강을 규율하는 기본 원칙을 넘어서 보다 구체적인 이론화와 모델링이 필요해 보인다. 이러한 튼튼한 이론적 근거의 축적과 일관된 실천이 토대가 되어야만 진정 조직의 부가가치를 창출할 수 있는 성과공학으로서의 입지를 다져갈 수 있을 것이다.

넷째, 이슈는 시장에서의 HPT 차별화의 문제이다. 현재 HPT는 인적자원관리, 인적자원개발, 성과 관리, 조직개발, 경영컨설팅 등의 분야와 특별한 차이 없이 논의되고 있으며 과연 여타의 경영과학 분야와 확연히 차별화되는 어떤 특·장점을 지니고 있는지가 불명확하다. HPT만이 아니라 다른 교육 및 경영 분야에서도 성과의 문제는 상당한 비중을 두어 다루어지고 있다. 이러한 의문에 대해서 HPT 전문가들의 반응은 두 가지 갈래로 나누어지는 것으로 보인다. 첫 번째 주장은 HPT의 이론 및 실천가들이 대부분 수업공학 및 학습과학의 전문가들이므로 그러한 전문성을 살려서 조직 내 "인간에게 있어서의 성과문제" 즉, human performance에만 집중하는 분야로 성장시키자는 주장이다(Hybert, 2009). 이렇게 인간성과의 문제에만 집중할 때 HPT의 정체성을 구체화할 수 있고 영역의 범위를 HPT 실천가들이 잘 할 수 있는 전문화된 부분으로 한정할 수 있다는 근거를 제시한다. 두 번째 주장은 다른 여타의 영역에서 성과의 문제를 다루고 있다고 하더라도 그 분야에 특화된 시각에서의 성과 해결 방안만을 제시하고 있으므로 한계가 있으며, HPT가 절충적 입장에서 성과문제에 대한 근본적이고도 거시적인 과학적 방안을 제시할 수 있다면 훨씬 더 부가가치를 높일 수 있는 분야로서 확대될 수 있다는 주장이다(Andrew, et al., 2004; Carleton, 2006; Hatcher, 2000; Kaufman, 2005; Ramias, 2002). 이러한 차별화에 대한 두 가지 입장은 위에서도 언급한 "H"의 포함여부, HPT의 정체성 등의 문제와도 연관되어 있으며 HPT 분야가 슬

기롭게 풀어나가야 할 과제라고 볼 수 있다. HPT 이론가나 실천가들이 가진 전문성, 즉 자원준거적인 관점에서 보았을 때는 첫 번째 주장이 타당한 듯 보이나 또 한편으로 고객의 요구, 즉 시장 지향적 확산의 관점에서 보았을 때는 두 번째 주장이 보다 긍정적으로 다가온다.

저자의 관점은 위의 두 가지 주장 중에서 두 번째 주장을 옹호하고 있으며 미래지향적 관점에서 HPT 분야의 성장과 확산을 위해 HPT의 수용력(capacity)를 지속적으로 키워나갈 필요가 있다고 본다. HPT가 성과문제에 대한 종합적이고도 근본적인 해결책으로서의 과정(proces), 방법(methods), 도구(tools) 등을 적시에 제공할 수 있는 테크놀로지 본연의 임무에 충실 할 수 있다면 동 분야가 지속적으로 성장할 수 있다는 희망은 충분한 근거가 있다. 그렇다고 해서 대부분 교육·훈련의 전문성을 지닌 HPT 실천가들이 주장하는 인간성과(human performance)에 집중하자는 주장을 무시해서는 안 된다고 본다. HPT 이론가 및 실천가들은 조직 내 인간 활동이 갖는 가치를 깊이 있게 이해하고 있으며 이는 성과향상활동에 다른 경영과학이 주지 못하는 깊은 통찰력을 제공할 것이다. 이러한 통찰력이 다른 과정성과, 조직성과 및 비즈니스성과향상 영역에 투과될 수 있다면 새로운 혁신적인 테크놀로지로서의 부가가치를 창출할 수 있을 것으로 보인다. 현재 HPT는 성장과 확산의 도상에서 생명력 있는 분야로서 발돋움하고 있으며 그러한 확산의 출발점에는 성과향상, 즉 결과의 변화를 위해 과학적 접근을 통한 근본적인 해결책으로서의 테크놀로지라는 정체성이 존재하고 있는 것이다. 따라서 HPT에 대한 우리나라에서의 명칭은 성과의 이슈가 부각될 수 있는 '성과공학'이라는 명칭이 타당하며 대중적 의미에서 결과의 개선보다 인간 행위의 개선이라는 의미에 가까운 '수행공학'이라는 용어는 국내의 HPT 발전에 큰 기여를 기대하기 어렵게 만든다. HPT 차별화를 위한 인간성과에만 집중하자는 첫 번째 주장을 완전히 받아들인다고 해도 명칭은 인간성과공학 또는 수행성과공학과 같이 성과라는 단어가 꼭 삽입되어야 하며, 차별화의 두 번째 주장을 옹호한다면 그냥 성과공학이라는 명칭이 타당하다. 우리나라에서 HPT의 올바른 성장과 발전을 위해 정확한 명칭을 탐색하고자 하는 HPT 학자와 실천가들의 진지한 관심과 활발한 토론이 기대된다.

CHAPTER 2 | 성과공학의 ISPI 모델

1. 성과공학 모델의 분류

성과공학(Human Performance Technology; HPT)이란, 조직의 목표 달성을 위해 조직의 비즈니스 목표와 전략을 개인의 수행과 체제적(systemic)으로 연결하는 과정이다. 즉, 성과공학은 조직의 성과향상을 위해 조직이 가지고 있는 수행 문제의 근본 원인을 체계적(systematically)으로 분석하여 성과향상을 위한 근본 원인을 제거하고 성과와 관련된 기회를 제공하기 위한 해결안을 계획하고 실행하는 종합적인 절차와 방법이다(Van Tiem et. al., 2012).

정채삼(2007)은 성과공학이란 인간과 조직의 성과를 향상시키기 위하여 문제를 해결해가는 체계적인 과정이라고 정의하면서 이를 언어적 의미로 분석하였다. Human은 개인이 조직이나 작업의 환경 속에서 성과에 초점을 맞춘다는 것을 의미한다. Performance는 측정될 수 있는 수행의 결과를 중심으로 성과향상이라는 가치를 부여한다. Technology는 실제 문제를 해결하기 위한 과학적인 분석 방법을 활용하거나 실제 경험에서 나온 절차를 적용하는 것을 말한다.

성과공학의 태동은 1962년, 텍사스에서 개최된 ISPI의 전신인 NSPI(National Society for Performance Improvement) 컨퍼런스에서 Robert

Mayer의 개회 연설로 시작되었다. 이 연설에서 Mayer는 지난 몇 년간 교육훈련을 통한 향상에서 작업 현장의 성과향상으로 중심이 옮겨가고 있다고 이야기하며 성과공학의 학문적 시작을 선언하였다. 이후, 체제적 교수설계(Instructional Systems Design)의 발달로 인해 교수·학습 분야가 크게 발전하였으며 이를 직장이나 조직의 성과를 향상시키기 위한 방법으로 적용하였다. 그러나 잘 설계된 교육만으로는 해결되지 않는 문제가 지속적으로 발생하게 되자 새로운 방식으로 문제를 해결하려는 시도에서 성과공학의 발전도 함께 이루어졌다(박경연, 2012).

성과공학의 발전을 주도한 많은 연구자가 있지만 그 중에서 대표적인 학자를 중심으로 성과공학 발전에 공헌한 바를 살펴보고자 한다. 먼저, Tomas Gilbert는 성과공학의 개념적 틀의 많은 부분을 정립하였으며 '가치 있는 성과(worthy performance)'라는 개념을 통해 행동 결과의 중요성을 강조하였다(Gilbert, 1996). 또한 그는 성과향상에 영향을 주는 6가지 요인을 BEM(Behavior Engineering Model)을 통해 제시하였는데 환경적 차원에서는 정보, 도구, 인센티브의 3가지 요인과 개인적 차원에서는 지식, 역량, 동기의 3가지 요인으로 나누어 제시하였다(Gilbert, 2007). Geary Rummler는 개인성과의 중요성을 강조하며 인간수행시스템(Human Performance System) 모형을 개발하였고 이를 통해 개인의 성과를 일련의 시스템으로 보면서 자신의 행동에 대한 결과를 어떻게 이해하느냐에 따라 미래의 성과가 결정된다고 설명하였다(Van Tiem et. al., 2012). 또한, Rummler는 성과에 영향을 미치는 변수를 조직(organization), 프로세스(process), 개인(job/performer)의 세 가지 수준과 목표(goal), 설계(design), 관리(management)의 세 가지 성과 요소가 포함된 매트릭스(nine boxes model)로 구성하여 나타냈다(Rummler, 2013). Robert Mager는 성과의 목표를 진술할 때 성과나 개인의 수행에 대하여 보다 명확하게 진술해야 한다고 언급하였다. 성과공학에서 바람직한 성과나 목표를 진술할 때 숫자나 수량 같이 결과를 분명하게 나타내는 용어를 사용하여 성과의 측정과 목표 달성 여부를 명확히 하는데 기여하였다. 그는 문제 해결에 있어서 교육이나 훈련이 때로는 문제 해결과 관련이 없음을 언급하면서 문제 해결을 위해 원인을 분석하고 해결안을 선택하여 실행해야 한다고 주장하였다(Van Tiem, et al., 2012).

성과공학 발전사에 있어서 많은 연구자들이 다양한 모형을 제시하였다. 성과에 영향을 주는 행동을 분석하는 모형들이 1960-70년대 후반까지 주를 이루었고 1980년대 이후부터는 조직을 시스템 관점으로 보면서 성과 수준과 성과관련 요소를 이용하여 분석하는 모형이 등장하였다. 1990년 이후 모든 업무 환경에 적용 가능하고 조직 내 구성원들이 이해하기 쉬운 Landon(1993)의 Language of Work 모형과 같은 통합적 성과모형이 널리 연구되며 사용되고 있다(박경연, 2012). Rosenberg, Coscareli와 Hutchinson(1992)은 HPT 모형을 진단 모형과 과정 모형으로 범주를 나누었다. 그들에 따르면, "진단 모형은 HPT가 적용될 수 있는 영역을 구분하는 데에 도움을 주고 과정 모형은 HPT가 어떻게 적용될 수 있는지 서술하고자 하는 모형이다"(p.27)라고 설명하고 있다. 진단 모형으로는 Gilbert의 Behavior Engineering 모형, Addison & Haig(1999)의 Performance Architecture 모형, Tosti와 Jackson(1997)의 Organizational SCAN 모형, Wile(1996)의 통합 모형 등이 대표적이다.

과정 모형들은 몇 가지 활동들을 그룹지어서 설명하는 비슷한 특성들을 가지고 있는데, 성과 차이(gap)을 찾고, 다양한 개입 가능성을 고려하고, 적절한 피드백 수단을 갖추고 결과를 평가하는 등의 절차들이다. ISPI 모형은 이러한 모든 특징들을 포함하고 있으며 과정 모형의 가장 적절한 예라고 볼 수 있다.

2. ISPI HPT(2012) 모델

1992년 ISPI에서 처음 제시한 성과공학 모형은 Deterline 과 Rogenberg가 개발하여 발표하였다. 그 후, 2004년 Van Tiem, Moseley와 Dessinger가 개발하여 ISPI에서 발표한 성과공학 모형은 성과 분석, 원인 분석, 해결책 선정 및 설계, 해결책 실행 및 변화관리 그리고 평가 단계로 구성되어 있다. 2012년 Van Tiem, Moseley와 Dessinger는 2004년 자신들이 발표한 ISPI 성과공학 모형을 수정하여 새로운 모형을 제안하였다. ISPI(2012)모형은 〈그림 4-2〉와 같다.

ISPI HPT 2012년 모델이 기존의 모델과 달라진 점은 성과 분석과 원인 분석을 하나의 단계로 묶어 성과 분석 단계로 통합됐고, 해결안 실행 및 변화관리 단계가 해결안 실행 및 유지 단계와 변화관리 단계로 분리된 것이다. 이는 성과향상을 위한 해결안 실행이 지속적으로 유지되어야 한다는 요구가 강조되고 있기 때문이다. 그리고 이전 모델에 비해 가장 큰 변화는 변화관리가 모든 단계에 걸쳐서 적용되어 성과향상을 위한 지속적인 변화와 노력이 프로세스의 처음부터 끝까지 영향을 끼칠 수 있도록 한 것이다.

ISPI HPT(2012) 모델의 1단계는 성과 분석 단계이다. 성과 분석 단계에서는 조직과 환경을 분석하여 조직이 기대하는 성과와 현재의 성과와의 차이를 분석하여 이러한 차이가 발생한 근본 원인을 찾아낸다. 환경적 요인과 개인적 요인 측면에서 원인 분석을 통해 무엇이 근본적 문제인지를 과학적으로 분석하고 이를 규명한다. 2단계는 해결안 선정, 계획, 발전 단계이다. 원인 분석을 통해 파악된 근본 원인을 제거하여 문제를 해결하기 위한 해결안이 계획되어 클라이언트에게 제안된다. 3단계는 해결안 실행과 유지 단계이다. 전 단계에서 제안된 해결안이나 해결안들을 직접 실행하여 문제를 해결하고 변화된 성과를 지속적으로 유지하는

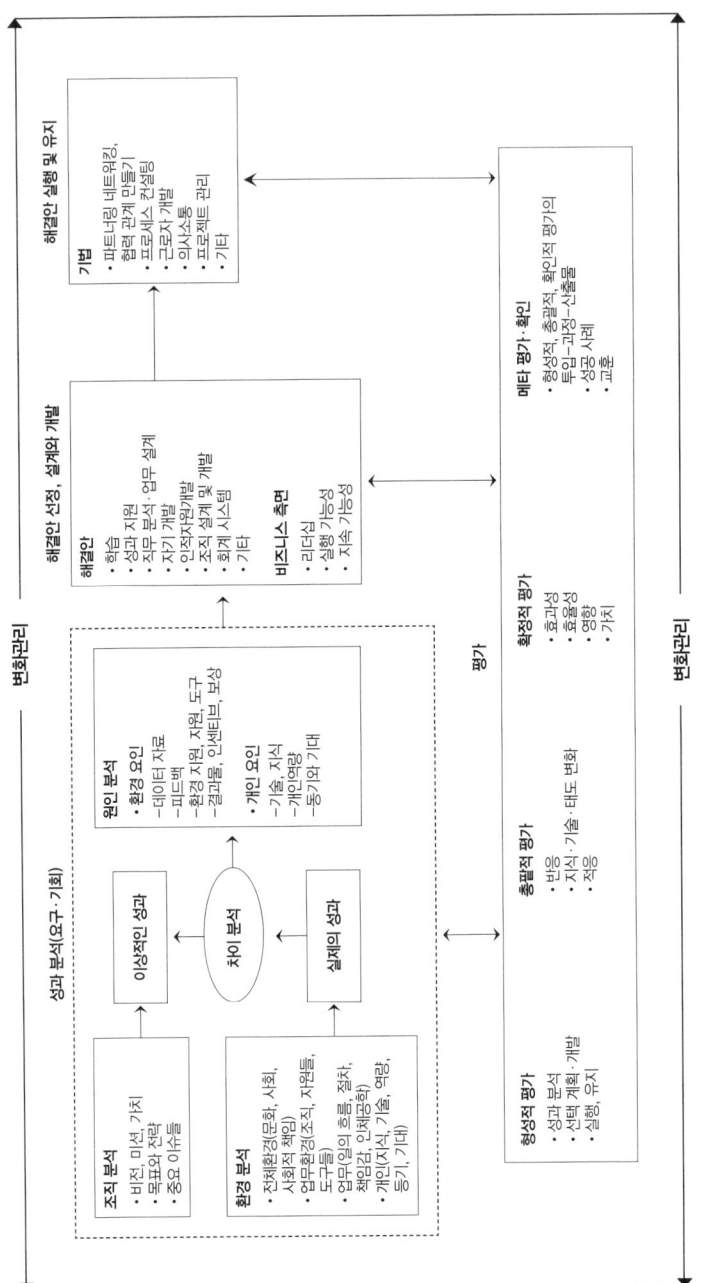

<그림 4-2> ISPI HPT 모델(Van Tiem et al., 2012)

단계이다. 4단계는 평가 단계이다. 평가는 마지막에 실행되는 것이 아니라 각 단계마다 형성적 평가(Formative Evaluation), 총괄적 평가(Summative Evaluation), 확정적 평가(Confirmative Evaluation), 종합 평가 (Meta Evaluation) 및 확인들이 지속적으로 이루어져 각각의 단계에서 지속적인 반성적 성찰을 이루게 한다. 5단계는 변화관리 단계이다. 변화관리 단계 역시 마지막에 실행되는 것이 아니라 각 단계에서 수행된 행동들이 지속적인 변화를 이루기 위해 전 단계에 걸쳐 변화관리를 하게 된다.

1단계 : 수행 분석(Performance Analysis)

수행 분석은 전달 분석(Front-End Analysis)이라고도 하며, 수행의 차이(gap)를 구체적으로 비교, 진술하는 것이다. 수행 분석의 목적은 바람직한 수행과 실제 수행 사이의 차이를 측정하는데 있다. 이를 위해 기업 조직의 정보와 문서 검토뿐만 아니라, 내용전문가와 고객 및 수행자들과의 인터뷰, 초점 집단 활동, 관찰 등의 다양한 기법과 도구들이 사용된다. 실무자들은 이러한 수행 수준의 차이를 없애기 위한 합리적인 해결책들을 결정하게 된다.

2단계 : 원인 분석(Cause Analysis)

원인 분석 단계는 수행 분석 이후에 발견된 수행의 차이를 줄이거나 없앨 수 있도록 특정한 요인들을 확인하는 과정이다. 수행 분석 단계를 통해 파악되는 것은 주로 문제의 징후들이기 때문에 그 문제들의 원인을 찾아내는 원인 분석 과정이 필요하다.

수행불일치의 근본 원인들은 결과에 대한 보상동기의 결핍, 자료·정보·피드백의 결핍, 환경적 지원의 결핍, 개인의 역량 결핍, 지식과 기능 결핍 등에 기인하는 경우가 많다. 원인 분석을 위해서 근본 원인 분석(Root Cause Analysis), Ishikawa의 원인 결과 그림을 사용하는 접근(Ishikawa

Fishbone Diagram), 포트폴리오 분석(Portfolio Analysis), 파레토 차트(Pareto Chart) 등의 여러 가지 기법이 사용된다. 경우에 따라서는 인터뷰, 관찰, 문서 검토, 초점 집단 활동과 같은 자료수집 방법도 활용된다.

3단계 : 해결책 선정 및 설계

수행 분석, 원인 분석의 결과를 바탕으로 하여 문제의 원인이 밝혀지면 다음 단계에서는 수행 차이를 줄일 수 있는 구체적인 방안을 마련해야 한다. 수행 문제를 해결하기 위한 해결책들은 매우 다양하다. ISPI가 제시한 일반적인 수행 공학적 해결책으로는 평가 체제, 경력 개발, 코칭(coaching), 문화 변혁, 보상제도, 문서화, 환경공학, 건강복지 향상, 정보 체제, Job Aids, 직무설계, 지도력 향상, 조직개발, 수행지원 체제, 직원 채용, 감독, 팀 빌딩(Team building), 교육훈련 등이 있다.

대부분의 수행 문제는 원인이 복합적이기 때문에 이를 해결하기 위해서 한 가지 이상의 해결책이 필요할 수 있고, 여러 해결책이 결합되어 시행될 때 수행 개선이 훨씬 성공적이고 지속적일 수 있다.

4단계 : 해결책 실행 및 변화관리

해결책의 실행에서는 많은 시간과 노력, 주의 깊은 계획이 필요하다. 수행자, 수행자의 관리자, 과정의 소유자, 주요 관계자들이 모두 프로그램의 실행을 통해 성취될 성과를 명확히 이해하고 스스로의 활동 계획을 가지며, 실행에 필요한 재능을 집결하고 장기적인 몰입과 함께 계속 감독할 마음을 가져야 한다. 또한 해결책의 성공적인 실행을 위해서는 조직의 변화관리가 이루어져야 한다. 조직의 변화는 혁신의 가치, 조직의 준비성, 지도층의 지원, 사용자의 수용에 따라 결정된다. 이때 변화에 대한 기술과 지식을 가진 수행공학자의 자질이 특히 중요하다.

5단계 : 결과의 평가

해결책의 실행 이후에는 해결책이 수행 개선에 주는 효과와 조직에 미친 영향을 평가해야 한다. 해결책의 평가는 수행 공학적 전략(해결책)으로 인해 어떠한 변화가 있는지, 얼마나 큰 변화가 일어나는지, 그 변화에 어떠한 가치를 부여할 수 있는지, 가치의 정도가 얼마나 큰지 등을 알아보기 위하여 실행되며, 이러한 평가를 위해 형성 평가, 총괄 평가, 확인 평가, 메타(meta) 평가 등을 행할 수 있다.

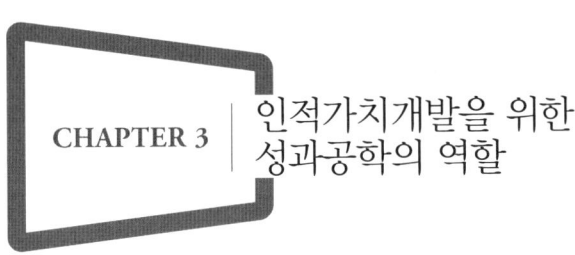

CHAPTER 3 | 인적가치개발을 위한 성과공학의 역할

성과공학은 그 기본 원리에 '부가가치의 증진(adding value)' 원칙이 명시되어 있을 정도로 가치에 대한 관심이 높다. 성과공학의 탄생 자체가 개인 및 조직에 실질적인 혜택을 어떻게 가져올 수 있는가라는 질문에서 시작되었다. 직원에게 생산성의 문제가 있을 때 대부분의 HR담당자들은 교육훈련이라는 처방으로 이를 해결하고자 한다. 성과 부족의 근본적인 원인에 대한 검토 없이 교육만을 시행했을 때 아무런 변화도 창출하지 못하고 엄청난 비용을 지출하게 되는 경우가 종종 있다. 다음의 이야기는 HPT 시장에서 많이 회자되고 있는 대표적 사례 중의 하나이다.

A회사의 J사장은 요즘 너무 기분이 좋다. 자신의 회사에서 만든 청바지의 디자인이 패션 시장에서 히트를 쳤기 때문이다. 매일매일 매출이 증진되었고 매달 전해오는 수익보고서에는 어마어마한 성장이 지속되고 있었다. 회사가 디자인에 집중하고 있기 때문에 자금 여력이 있을 때 더욱더 혁신적인 디자인을 새롭게 선보여 시장을 선도해 가는 기업으로 빨리 발돋움하고 싶었다. J사장은 지금 직원이 30명밖에 되지 않지만, 수요를 감당하고 새로운 목표를 달성하기 위해서는 인원을 계속 충원하여 50명으로 확대하고 조금 더 좋은 빌딩으로 작업장을 옮겨야겠다는 계획을 세웠다. J사장이 항상 마음 아프게 생각했던 것은 바로 직

원들의 근무 환경이었다. 지금은 지하실을 사용하고 있어서 온종일 빛도 들어오지 않고 매우 좁은 공간이었기 때문이다. J사장은 당장 실행에 옮겨서 직원도 충원하고 새로운 사옥으로 이사를 하였다. 새로 옮긴 빌딩은 사방이 유리로 되어 있어 쾌청한 기분을 주고 매우 넓었으므로 직원들은 모두 환호하였다. 하지만 문제는 시간이 지나면서 점차 커졌다. 이유를 알 수는 없지만 그동안 지속되었던 매출이 급감하고 수익 또한 형편없이 곤두박질치는 현상이 계속되었던 것이다. J사장은 고민에 빠졌다. 오히려 직원복지를 위해 인원, 그것도 경력직을 많이 뽑아 대부분 업무 경감이 되었고 월급도 상승시켜 주었으며 넓은 공간도 보장해 주었는데 이해가 가지 않는 현상이었다. 환경적으로도 단지 지하실에서 좋은 빌딩으로 이사한 것 이외에는 달라진 것은 없었다. J사장은 아마도 신입사원 교육과 새로운 디자인 트렌드에 대해서 기존의 직원들이 둔감하다고 느껴 한 달간의 교육프로그램을 만들어 로테이션으로 각 10명씩 50명 전원이 150시간의 디자인 교육을 받게 했다. 하지만 더욱 더 충격적인 것은 교육이 시작된 이후 매출과 수익은 더 급감했다는 사실이다. 급기야 이 상태가 지속된다면 회사는 파산을 바라볼 수밖에 없는 지경에 이르게 되었다. J사장은 너무 우울했고 마지막이라는 심정으로 성과 컨설턴트팀을 고용하여 이 성과문제의 원인이 무엇인지에 대해 진단을 부탁했다. 성과 컨설턴트들은 먼저 모든 직원들을 대상으로 기본적인 진단 서베이를 돌리고 그 결과를 바탕으로 이틀간 회사를 방문하여 상주하면서 직원들의 세세한 행동들을 관찰하였다. 몇 가지 특이한 점들이 발견되었는데, 이에 대한 구체적 증거들을 수집하기 위해 최종적으로 고성과자와 저성과자들 대상으로 집중 인터뷰를 진행하였다. 성과 컨설턴트들은 환경 분석, 성과 분석, 갭 분석, 원인 분석을 차례대로 실시해 나갔던 것이다. 드디어 컨설팅 보고회 날이 되었고 J사장은 가슴이 두근거릴 정도로 그 결과가 너무나 궁금하였다. 그런데 결과를 확인한 J사장은 충격을 금치 못했다. 컨설턴트들의 주문이 너무나 간단하고 단순했기 때문이었다. 단지 사방이 유리로 되어 있는 벽에 암막커튼을 설치하면 된다는 것이다. 다른 성과문제의 원인은 없었다. 직원들은 능력이 있었고 모두 일하고 싶어하는 동기도 충만하였으며 성과급 및 평가 체제, 업무 분장 및 직무 흐름 등 모두가 잘 설계되어 있었다. 그러나 디자이너들은 벽이 유리로 되어 햇빛이 너무 잘 들어와서 오히려 색깔의 선택과 정교한 작업들을 하는 데에 있어서 지장이 심했고 이 때문에 불완전한 디자인으로 인해 불량이 발생할 확률이 높아졌다. 오히려 지하에서 작업을 할 때는 컴퓨터의 모니터가 선명하게 보여 정확한 작업을 실수없이 할 수 있었지만, 작업 공간을 이사한 이후에는 유리로 된 벽과 너무 밝은 작업 공간이 성과문제의 원인이 되었던 것이다. J사장은 컨설턴트의 요구대로 당장 암막커튼을 시설하였고 그 이후 회사의 매출은 다시 원위치로 회복하여 갔다. 암막커튼 비용은 300만원 밖에 들지 않았다. J사장은 이렇게 간단한 해결책을 두고서 왜 그 큰 비용을 지출하며 150시간의 교육을 실시했을까 하는 후회를 하면서 혀를 찼다.

위 사례에서 보듯이 J사장이 미리 성과 분석만이라도 했더라면 그렇게 많은 교육 비용을 지출하지 않아도 되는 상황이었던 것이다. 전단 분석(front-end analysis)의 중요성이 다시 한번 강조되지 않을 수 없다. J사장이 지출한 교육 비용은 상당하다. 직원 50명에 대한 150시간의 교육은 먼저 직접비용을 생각해 봐야한다. 직접비용은 교육훈련장의 대여, 강사비용, 교육프로그램 개발 비용, 훈련 실시에 드는 교보재 및 식비 등의 부대비용들, 이외에도 교육컨설팅 업체에 대한 평가 및 섭외에 드는 거래비용 등등 상당할 것이다. 하지만 이러한 직접비용만 드는 것이 아니다. 직원 50명이 150시간의 교육에 투입됨으로써 일을 하지 못하게 되는 셈이므로, 50명의 거의 한 달 월급이 생산성 없이 그냥 소모되는 것이다. 직원들의 한 달 월급을 평균적으로 500만 원 정도라고 할 때 150시간이면 400만 원어치의 일을 하지 못한 것으로 어림잡아 판단한다고 하더라도 150 X 400만 원 = 6억 원 정도의 기회비용을 지출한 셈이 되는 것이다. 여기서 끝나는 것이 아니라 일터에서 10명씩 필수 인력이 빠졌을 경우 또 새로운 임시직들을 한 달간 고용해야하므로 이에 대한 거래비용 및 직접비용도 또한 추가되어야 할 것이다. 이렇게 교육훈련에 드는 직접비용 및 간접비용들을 모두 합산해 본다면 적어도 8억 원 이상은 지출했을 것으로 보인다. 단지 암막커튼 설치비용 300만 원으로 해결될 수 있는 성과문제임에도 8억 원 이상의 비용을 쓸데없이 낭비한 것이다!

교육훈련은 어마어마하게 비싼 인터벤션이다!

때문에 교육은 직원들의 지식 및 스킬에 심대한 문제가 있었을 경우에만 제한적으로 활용되어야 한다. 성과문제의 원인이 지식 및 스킬이 아니라면 절대로 교육훈련이라는 비싼 개입이 이루어져서는 안된다. 교육이 부득이 이루어져야 한다면 앞선 쳅터에서 설명했듯이 교육서비스과학의 도움을 얻어 교육서비스시스템의 부단한 혁신과 비용감축을 통해 가장 효과적인 교육서비스가 제공될 수 있도록 해야만 한다. 교육서비스가 성과향상에 도움이 되지 않고 결과를 증명하지 못한다면 그것은 가장 낭비적인 활동이 될 것이다.

HRD영역에서 교육훈련 발전에 대해 고민이 없었던 것은 아니다. 이러한 고민의 결과가 결국 훈련에서 성과로의 전환이 필요하다는 결론에 다다르게 된 것이다. 그 간의 고민들은 다음의 순서로 이루어 졌다;

(1) 훈련을 위한 훈련(training for the sake of training)
 - 훈련을 위한 훈련은 그야말로 가장 멀리해야 할 훈련 형태이다. 참

여자들에게 학습 또는 성과와는 무관하게 훈련시간을 채우기에만 급급한 훈련이기 때문이다. 정말로 이러한 교육훈련이 진행될까 의아하게 생각하는 사람이 있을 수 있지만 의외로 이러한 훈련은 성과를 특정하기 어려운 공공조직 또는 성과 평가와 보상을 구체화하지 못한 조직 등에서 많이 진행되고 있다. 이러한 조직들에게 훈련은 단지 힘든 일터에서 잠시 벗어나 휴양의 시간을 제공하는 것이고 기분이라도 재충전되어 직장에 복귀하면 그만인 것이다. 많은 교육원이나 인재개발원이 산좋고 물좋은 곳에 자리잡은 이유도 이것에 기인한 것일 수 있다. 이러한 훈련은 학습 또는 성과향상과는 무관하므로 단지 두 가지 목적만을 갖는다. 하나는 재미가 있으면 좋은 것이고 다른 하나는 참여자들이 교육시간에 잠을 잘 수 있도록 보장하는 것이다. 왜냐하면 학습자들이 휴식을 취하기 위해 교육에 참여했기 때문이다. 강사들도 아예 연예인을 부르거나 내용 없이 말솜씨만 좋으면 된다. 훈련에 대한 평가는 없을 때도 많지만, 기껏 한다고 하면 Kirkpatrick의 1수준 반응평가로 불리는 스마일테스트만을 한다. 강의가 재미있었는지 무료했는지 학습자의 만족도만을 확인하는 것이다.

(2) **학습을 위한 훈련** (training for learning)
- 학습을 위한 훈련은 훈련을 위한 훈련과는 달리 지식을 축적한다는 분명한 목적이 있다. 무엇인가를 가르쳐주는 것이다. 개념 학습과 이론 강의가 많고 특별히 교육훈련이 끝난 이후에는 시험도 보게 하여 얼마나 많이 암기했는지 측정도 이루어진다. 다행히 이 단계에서부터는 학습이 촉진되기 위한 교육 방법들이 연구될 수 있고 학습의 내용, 즉 지식의 성격에 따라 수업 설계가 달리 적용될 수 있다. 전달하고자 하는 내용이 선언적 지식(declarative knowledge)일 경우에는, 사실, 개념, 원리, 정신모형(mental model) 등의 종류에 따라서 단

순 정보 제공부터 사례 분석, 종합 토의, 응용 등이 활용될 수 있고 내용이 절차적 지식(procedural knowledge)이라면 절차의 복잡성을 고려하여 알고리즘 또는 휴리스틱스에 따라서 문제해결형 수업디자인을 활용할 수 있을 것이다. 사실 이 단계에서부터 HRDer들의 전문성이 활용될 수 있으며 제대로 교육훈련을 실시한다고 할 수 있다. Kirkpatrick의 교육평가 수준을 적용한다면 2단계인 학습 평가를 주로 사용하게 된다.

(3) 임팩트를 위한 훈련 (training for impact)
- 이 단계부터 기존의 학교교육에서 볼 수 없었던 기업교육만의 특징들이 드러난다. 여기서 "임팩트"의 의미는 행동 변화에 직접적인 영향을 준다는 뜻이다. 학습을 위한 훈련(training for learning)을 넘어서야 된다는 요구가 점증하는 이유는 교육을 통하여 아무리 많은 지식을 축적하였다고 하더라도 이것이 조직의 성과향상을 위한 행동 변화로 직접 나타날 수 있느냐의 문제가 남아있기 때문이다. Binder(2016)는 〈그림 4-3〉과 같은 성과체인 모델을 통해 비즈니스 결과를 위한 교육훈련이 중요하다는 점을 잘 보여주고 있다.

기업은 비즈니스 결과를 창출하기 위해 존재한다. 비즈니스 결과는 작업 성과가 모여서 창출될 수 있으며, 작업 성과의 생산성을 결정하는 것은 직원들의 효율적이며 효과적인 행동들이다. 조직구성원의 적합한 행동들이 모여 해당 작업의 성과를 결정하기 때문에 결국은 그러한 행동이 유발될 수 있게 하는 원인 요소들이 조직시스템 내에서는 항상 잘 가동될 수 있어야 하는 것이다. Binder에 따르면 교육훈련은 직원의 적절한 행동을 촉진하기 위한 많은 영향 요소들 중의 하나에 불과하다. 오히려 적절한 보상 및 정확한 피드백이 직원의 행동변화에 훨씬 큰 영향을 줄 수 있

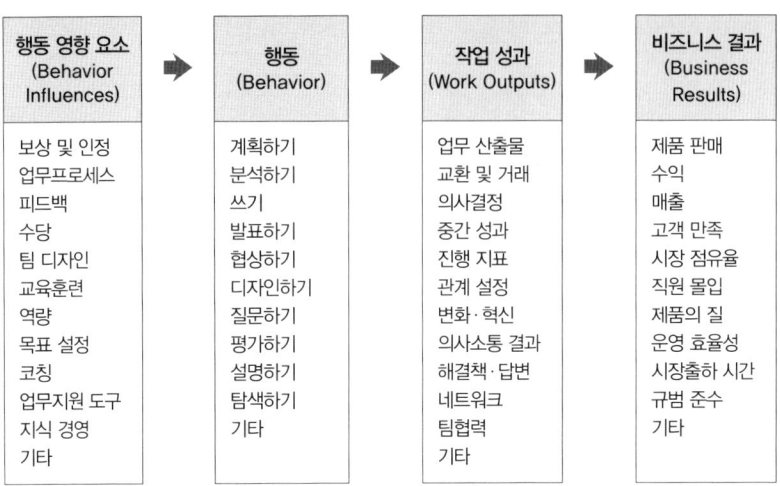

<그림 4-3> Binder의 성과체인(performance chain) 모델

는 때도 있다. 어떠한 영향 요소를 선택할 것인지에 대해서는 그 성과문제의 성격과 맥락에 따라서 매우 상이할 것이다. 성과 분석(performance analysis)을 철저히 하여 적절한 개입 수단을 활용하는 것이 중요한 이유이기도 하다. 만약 교육훈련이 개입 수단으로 선택되었다면 이것은 철저히 직원의 행동변화를 가져올 수 있어야 한다. 여기서의 변화는 오로지 성과향상에 도움이 되는 행동으로의 전환을 의미한다. 그렇기에 학습을 위한 교육훈련에 한계가 있는 것이다. 왜냐하면 안다는 것과 행동한다는 것은 매우 다른 문제이기 때문이다. 이것은 마치 도덕점수를 100점 맞았다고 해서 그가 도덕적 행위를 구현하는 인간이라고 평가하기 어려운 것과 같다. 영어에서 가장 많이 쓰는 take라는 동사의 용법을 사전에서 외워서 100개의 다른 뜻들을 모두 암기한다고 한들 과연 영어를 쓰는 원어민과 자유자재로 소통할 수 있을까? 오히려 너무 많은 것을 외워서 즉시 대화해야 하는 자연스런 소통에 지장이 있을 수도 있다. 학습을 위한 교육훈련은 비즈니스 결과가 생명인 조직에서는 별반 의미가 없다. 임팩트를 위

한 교육훈련이 되어야만 비로소 훈련의 의미가 살아날 수 있다. 왜냐하면 행동의 변화를 촉진하여 비즈니스 결과 창출에 도움이 되는 교육훈련을 지향하기 때문이다. 학습을 위한 교육훈련은 비즈니스 결과를 보장하지 못한다. 임팩트를 위한 훈련이 학습을 위한 훈련과 가장 차이 나는 점은 바로 '전이(transfer)'에 대한 강조에 있다. 여기서 전이는 교육훈련에서 학습한 내용을 일터로 돌아와서 업무에 적용하는 것이다. 전이는 교육과 일터를 이어주는 것으로서 전이가 강화되기 위해서는 교육프로그램 자체가 전이를 염두에 두고 모든 것이 계획되고 실행되어야져야 한다. 즉, 교육 내용의 구성, 교육 방법의 선택, 교육활동의 실행, 교육 평가의 초점 등이 모두 전이가 가능할 수 있도록 디자인되어야 한다는 것이다. 이것이 임팩트를 위한 교육훈련의 특징이다. 참여자가 많은 내용을 학습했다고 하더라도 일터에 전이되지 않았다면 그것은 실패한 교육이다.

임팩트를 위한 훈련은 단지 교육프로그램 개발에만 한정되지 않는다. 전이가 성공할 수 있느냐의 여부는 오히려 훈련 참여자의 직속 상관의 행동에 달려 있기 때문이다. 전이는 학습 내용을 일터에서의 행동으로 드러내는 것이라고 했다. 마케팅에 속한 직원이 만약 마케팅 기획 스킬을 훈련으로 익혔나면 그것을 일터에서 바로 활용해야 되는 것이다. 여기서 만약 마케팅팀의 팀장이 훈련 참여자에게 기획업무 대신 오로지 밖에서의 영업만을 하게 하거나 관련없는 일들만을 고집스럽게 과제로 준다면 훈련참여자는 결국 훈련에서 학습했던 사항들을 행동으로 옮길 기회를 갖지 못해 시간이 지날수록 학습 효과는 없어지게 될 것이다. 결국 동기 및 자아효능감과 같은 학습자 특성, 전이를 강조하는 교육훈련 설계, 그리고 상사 및 동료의 지원과 같은 업무 환경 특성 모두가 고려되어야 임팩트를 위한 훈련은 성공할 수 있다. 교육 평가 측면에서도 임팩트를 위한 훈련은 Kirkpatrick의 제3수준의 행동 평가가 적용될 수 있다. 학습한 내용이 직접 행동으로 드러났는 지를 평가해야하므로 주로 교육훈련이 종료된 이후 대부분 3개월에서 6개월 정도 지난 후에 직접 그 학습 참여자의 관찰을 통해서 평가가 진행된다.

'임팩트를 위한 훈련'까지 설명을 하였지만 이 단계까지 HRDer들이 교육훈련을 보는 입장은 그래도 인간의 생산성을 위해서는 교육훈련의 개입(intervention)이 가장 효과적일 것이라는 가정이었다. 시장과 조직 맥락에 맞는 인간의 행동 변화가 업무성과 증진에 가장 중요한 요인인데 이를 위해서는 교육훈련 개입만 한 것이 없다고 믿었기 때문이다. 하지만 인간성과향상(human performance improvement)에 관해 깊이 있게 고찰하던 성과 컨설턴트들을 중심으로 다른 생각들이 제기되었는데, 이는 완전한 관점 전환을 요구하는 획기적 제안이었다.

(4) 훈련에서 성과로 (from training to performance)
- 그 획기적 전환은 바로 훈련 중심 사고에서 성과 중심 사고로 HRDer들의 관점이 바뀌어야 한다는 주장이었다. 이러한 주장은 앞서 설명한 바와 같이 첫째 교육훈련이 성과문제에 대한 만병통치약이 아니라는 깨달음과, 둘째 성과문제에 대해서 그 증상(symptoms)이 아닌 근본 원인(root causes)을 찾아서 해결해야 한다는 생각에서 비롯되었다. 이러한 관점을 옹호하는 이론가 및 실천가들은 주로 성과공학자(human performance technologists)들로 불렸는데 인간의 성과문제는 정확한 분석을 통하여 조직구조, 업무 과정, 도구 및 기술, 정보시스템, 평가 및 보상 체계, 업무 환경 등의 적절한 변화를 통해서도 얼마든지 비용효과적으로 해결이 가능한데도, 항상 가장 비싼 인터벤션인 교육훈련에만 의존하는 행태를 비판해 왔던 사람들이었다. 여기서 키워드는 '정확한 분석'인데 그간 HRDer들은 제대로된 성과 분석 없이 인간성과 문제에 대해선 무조건 교육훈련만을 실시했던 것

이다. 정확한 분석의 중요성을 의학적 사례로 예를 들어 본다면 어떤 사람이 뒤쪽 등이 아파서 종합병원에 들렸다. 등 쪽이 아프니 정형외과로 안내 받아 물리치료를 열심히 받았다. 하지만 시간이 지날수록 등의 통증은 더 심해질 뿐 좀처럼 나아질 기미가 보이지 않았다. 그래서 환자는 종합검진을 받아보기로 하고 몸 전체를 검사해 보니 등의 통증 원인은 바로 대장암이었던 것이다. 대장에서의 용종이 커짐에 따라 등 쪽의 신경을 자극하여 계속 통증을 유발했던 것이다. 그것도 모르고 계속 물리치료만을 강도 있게 받으려고 했으니 통증은 더 악화되기만 했다. 여기서 대장암의 진단은 성과 분석이고 물리치료는 교육훈련이다. 과연 이 환자가 물리치료만을 계속 받았다면 생명을 유지할 수 있었을까? 조직도 마찬가지다. 성과문제가 있다고 해서 정확한 분석 없이 교육훈련만을 실시하는 것은 비용 낭비로 인해 조직을 죽이는 것과 마찬가지다. '훈련에서 성과로' 전환되어야 한다는 주장은 이러한 측면에서 타당성을 지닌다. 성과문제에 대해 그 증상이 아닌 근본 원인을 제거해야만 하는 것이다.
- 그렇다면 무엇이 훈련에서 성과로의 관점 전환을 정확히 나타내는 특징인 것인가? 앞서 언급했던 Binder의 성과 체인을 다시 소환해 보자.
- 〈그림 4-4〉는 앞의 Binder의 그림과 별반 차이가 없어 보인다. 하지만 자세히 보면 화살표가 바뀌었다. 이것이 바로 '훈련에서 성과로'의 핵심 사항이다. 지금까지 교육훈련 관점의 HRDer들은 인간행동 변화를 어떻게 효과적으로 이루어낼 수 있는가 하는 점에만 관심이

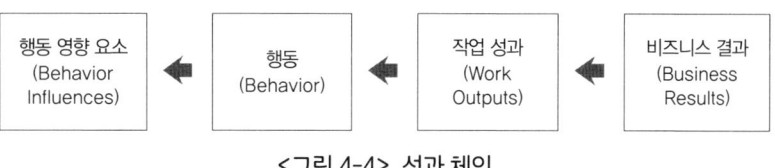

<그림 4-4> 성과 체인

치중되었다. 행동이 교육 목표대로 조금이라도 변화될 수 있다면 그것은 완벽한 처치를 한 것이고 할 일을 다한 것으로 생각했던 것이다. 작업 성과에 대한 영향이나 비즈니스 결과의 변화는 그냥 운에 맡길 뿐인 것이다. 이러한 좁은 생각으로는 조직에 가치 있는 기여를 했다고 볼 수 없다. 가장 먼저 고려되는 것은 인간행동이었고 결코 비즈니스 결과가 아니었다. 하지만 성과 중심적인 관점은 이러한 교육훈련 관점과는 판이하게 다르다. 가장 먼저 최우선적으로 고려되는 것은 바로 〈그림 4-4〉의 화살표에서 보듯이 비즈니스 결과인 것이다. 모든 성과향상활동의 출발은 비즈니스 결과에서 시작된다. 결과 중심 사고가 교육훈련 관점과 대조되는 점이다. 따라서 비즈니스 결과의 변화가 없는 활동은 무의미한 활동이 되는 것이다. 성과 중심 관점은 무조건 교육훈련 활동을 전제하고 성과문제에 접근하는 것이 아니라, 비즈니스 결과에 영향을 줄 수 있는 성과향상활동이 무엇일지를 먼저 질문한다. 따라서 교육훈련은 성과향상활동으로 쓰일 수도 있고 아니면 아예 처치 방법으로 고려되지 않을 수도 있다. 그것은 정확한 성과 분석의 결과에 따라서 알맞은 성과 처치 방법을 선택하는 문제인 것이다. 교육훈련은 여러 성과문제 해결 방안 중의 하나에 불과하다. 단지 인간의 지식과 기술에 심대한 흠결이 있을 때만 사용하는 개입 방법일 뿐이다. 만약 '훈련에서 성과로'의 관점에서 교육훈련의 방법이 활용되었다면 여기서의 교육 평가는 학습, 행동 변화를 넘어서 비즈니스 결과의 측정으로 나아간다. Kirkpatrick의 4수준 평가인 '결과'에 대한 평가를 실시한다고 볼 수 있다.

(5) **성과에서 성과시스템으로** (from performance to performance system)
- '훈련에서 성과로'의 관점만이 전환된다고 하더라도 이는 교육훈련 담당자들에게는 굉장한 진보임에 분명하다. 하지만 여기서 그치지

않고 성과 관점은 성과시스템 관점으로 더 진일보하여야 한다. 이에 대한 이유는 분명하다. 첫째, 앞서 언급했지만 교육훈련은 많은 성과 문제 해결 방법 중에 극히 일부분일 뿐이다. 정확한 성과 분석을 위해서는 성과가 발생되는 맥락에 대한 이해가 필수적이며 이것은 조직시스템에 대한 파악이 분석에 포함되어야 한다는 것을 의미한다. 그래야만 컨설턴트들은 교육훈련 이외의 개입 방법에 대해서도 적절하게 추천할 수 있을 것이다. 만약 정교한 분석에 의해 교육훈련이라는 해결책이 요구된다고 하더라도 조직이라고 하는 상위 시스템과의 정합성 그리고 조직의 제약 조건에 따라서 교육훈련은 실시될 수밖에 없으므로 시스템적 관점에서 성과 해결책을 실행하는 것은 매우 중요한 것이다. 둘째, 성과는 그 자체로 시스템적 속성을 지니고 있다. 제1장에서 소개한 바대로 성과는 행위와 결과의 조합(performance = behavior X results)으로 구성된다. 그런데 여기서 행위는 과정(process)으로 결과는 산출(output)로 해석될 수 있다. 시스템 요소들은 투입, 과정, 산출, 피드백으로 구성되는 데, 성과의 정의(definition) 자체가 이미 시스템 요소들을 포함하고 있는 것이다. 우리가 조금만 더 확대된 시야를 가지게 된다면 개인성과, 그룹성과, 조직성과 등이 모두 투입, 과정, 산출, 피드백의 구성요소들을 가지고 있고 이렇게 개인, 그룹, 조직의 각 수준들이 상위시스템과 하위시스템으로서 긴밀히 연결되어 있다는 점을 알 수 있다. 시스템적 관점을 가짐으로써 얻는 혜택은 개인성과 문제가 도출되었다고 하더라도 그것이 개인의 문제에서 그치지 않고 그러한 성과문제의 그룹 구성의 조건, 조직적 맥락 등도 함께 검토함으로써 근원적 해결책을 제시할 수 있다는 데에 있다. 예를 들어 HRDer에게 친숙한 교육훈련 해결책을 제시한다고 하더라도 개인의 성과향상을 위한 교육프로그램 제공으로 그치는 것이 아니라 그 교육프로그램이 지속될 수 있도록 하는 그룹적 지원 그리고 조직의 문화와 교육에 우호적인 정책의 실시까지도 모두 일관되게 추진됨으로써 그 성과문제 해결이 효과적이고도 장기적으로 치유될 수 있도록 전체적 솔루션을 디자인할 수 있다는 점이다. 이것이 바로 시스템 변화(systemic change)의 위력이며 시스템 관점이 적용되지 않았을 때 나타나는 임시방편의 지엽적 변화(piecemeal change)와는 차원이 다른 접근인 것이다. 시스템적 관점에서 성과문제를 바라본다면 〈표 4-4〉와 같은 성과시스템 프레임워크가 필요할 것으로 보인다.

- 이 표는 조직 전체 차원에서 성과문제를 진단하고 비즈니스 시장, 조직, 작업, 개인 등 분석 단위(unit of analysis)에 맞게 성과 해결책을 고안할 때 활용될 수 있도록 성과시스템의 큰 그림을 도표화한 것이다.

<표 4-4> 성과시스템 프레임워크

	환경 (Conditions)	투입 (Input)	과정 (Process)	산출 (Output)	최종 결과 (Outcomes)
비즈니스시장 (Workplace Environment)	비즈니스환경 Business Environment −Structure −Practice	비즈니스모델 Business Model − Value − Resource	마케팅 Marketing −Procedure −Management	비즈니스결과 Business Results −Product −Service	투자자 Investors −Money −Satisfaction &Growth
조직 (Workplace)	조직환경 Organization Environment −Structure −Practice	전략 Strategy − Value − Resource	리더십과 정책 Leadership & Policy −Procedure −Management	조직결과 Organization Results −Product −Service	고객 Customers −Money −Satisfaction &Growth
작업 (Work)	작업환경 Physical Environment −Structure −Practice	과제 Task − Value − Resource	생산 Production −Procedure −Management	운영결과 Operation Results −Product −Service	관리자 Managers −Money −Satisfaction &Growth
개인 (Worker)	사회적환경 Social Environment −Structure −Practice	인적자원 Human Resource − Value − Resource	성과자 Performer −Procedure −Management	개인성과 People Results −Product −Service	구성원 Employees −Money −Satisfaction &Growth

성과시스템 프레임워크는 과정모델(process model)인 ISPI의 HPT모델과는 다르게 성과문제의 원인을 찾아내는 진단모델(diagnosis model)로 분류할 수 있다. 성과문제는 개인에서부터 비즈니스 시장에 이르기까지 다양한 수준에서 도출될 수 있고 그 문제는 결국 투입에서 결과까지의 전체 과정 중에서 흠결점이 찾아진 것이므로 프레임워크에서의 가로축인 분석 단위와 세로축의 시스템 흐름을 잘 탐색한다면 그 성과문제의 원인을 보다 쉽게 찾아낼 수 있을 것이다.

(6) 성과시스템에서 고성과 시스템으로 (from performance system to high performance system)

- 우리의 목표는 단지 성과문제를 시스템적 관점으로 바라보자는 것이 아니다. 궁극적으로 지속적인 성과향상 노력을 통하여 조직 전체를 고성과 시스템으로 탈바꿈하자는 것이 최종 목표이다. 〈그림 4-5〉는 이러한 목표를 그림으로 나타낸 것이다.
- 〈그림 4-5〉에서 system process와 levels of performance를 가로축과 세로축으로 처음 나와 있는 표는 바로 앞서 언급했던 성과시스템 프레임워크이다. 단순히 횡단면의 성과시스템을 가지고 있는 조직에서 벗어나 위에서와 같이 새로운 3차원이 포함되어 지속적으로 고성과 시스템을 향한 진화가 이루어져야 한다는 당위성을 그림은 표현하고 있다. 고성과 시스템은 항상 목표하는 성과를 달성하고, 성과문제가 발생된다고 하더라도 즉시 원인을 발견하여 효과적으로 치유하는 시스템이다. 그렇다면 새로운 차원인 고성과시스템으로의 변화는 무엇에 의해 가능한 것인가? 그에 대해 〈그림 4-6〉은 그림으로 표현하고 있다.
- 그림에서 보듯이 기회의 발견과 지속적 혁신만이 고성과 시스템으로의 전환을 가능하게 할 수 있다. 성과시스템의 혁신을 위해서는 항상 지금의 성과시스템의 수준을 평가하고 개선점을 찾아 혁신을 이루며

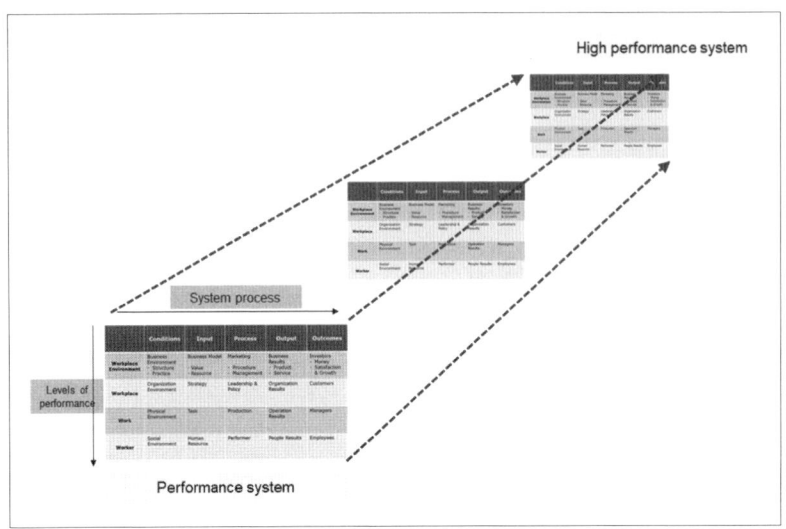

<그림 4-5> 고성과 시스템

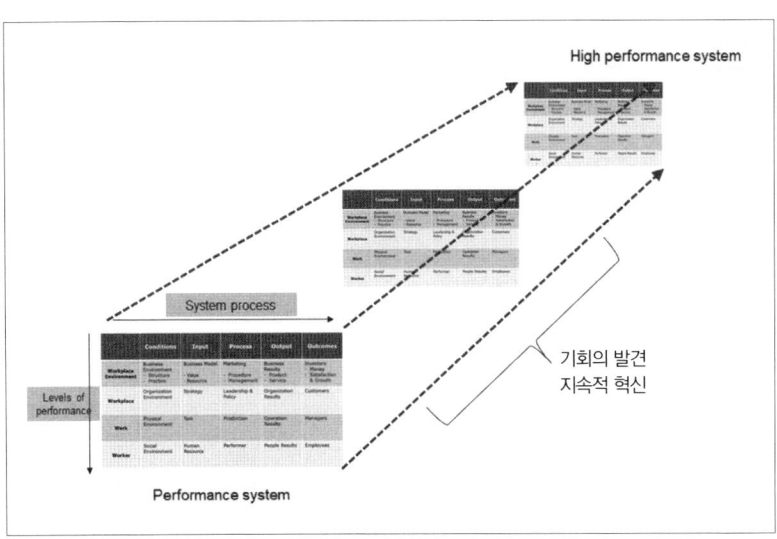

<그림 4-6> 고성과 시스템으로의 진화

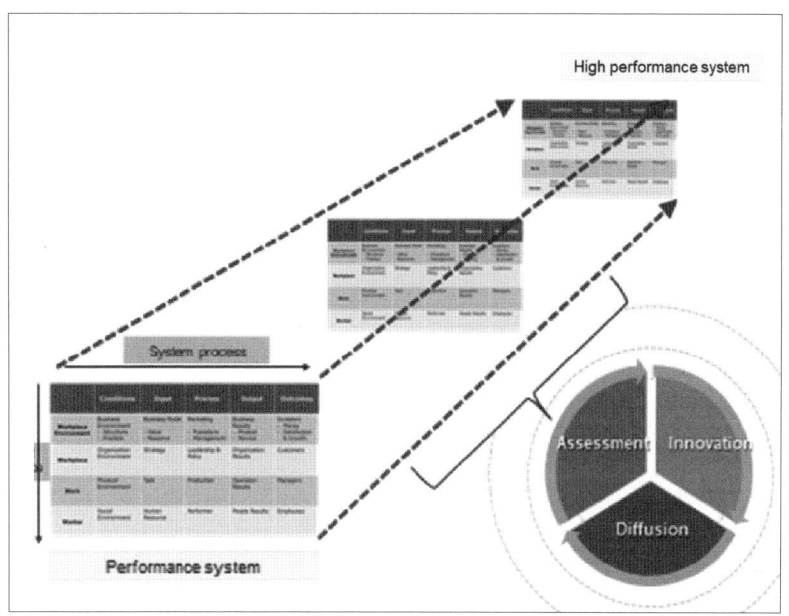

<그림 4-7> 고성과 시스템으로의 전환

고안된 혁신을 확산하는 활동이 끊임없이 지속될 필요가 있다. 바로 평가(Assessment) → 혁신(Innovation) → 확산(Diffusion)의 사이클이 계속되어야 한다는 의미이다. 평가, 혁신, 확산의 영어 앞글자를 딴다면 AID가 되므로 성과향상을 지원한다는 의미에서 'AID 사이클'이라고 불러도 좋을 듯싶다. 고성과시스템과 AID 사이클을 통합하여 나타낸다면 〈그림 4-7〉이 될 수 있다.

고성과 시스템으로의 전환은 쉬운 일이 아닐 것이다. 먼저 HRD 담당자들부터 교육훈련 초점에서 성과 초점으로 마인드셋의 변화가 있어야하며 성과공학의 여러 진단모델과 과정모델 그리고 성과향상에 필요한 개입 방법들에 대해서도 많은 전문성을 축적해 나가야할 것이다. HRD 부서 또한 훈련 부서의 정체성을 탈피하여 성과향상 부서로 탈바꿈할 필요가 있으며 조직 전체의 맥락에서 성과문제를 접근하고 시스템 변화적인 혁신을 이루어 나가는 데에 앞장서야만 한다. 고성과 시스템은 단지 HRD부서만 변화된다고 해서 이루어지는 것은 아니다. 오히려 조직의 임원 및 관리자들이 성과 중심적 사고로 바뀌어야한다. 그들이 탁월한 성과가 어디에서 이룩될 수 있는지 성과 혁신의 모범이 되는 성과리더십(performance leadership)을 보여주어야 하며, 항상 조직이 고성과 시스템으로 변화될 수 있도록 조직 환경과 과업 환경을 살피고 개선해 나가야 할 것이다. 인적가치개발론의 입장에서는 자신들의 가치를 아낌없이 구현할 수 있는 고성과 시스템의 조건들을 성과공학(HPT)이 제공한다는 점에서 앞으로도 HPT의 이론과 실천들이 폭 넓게 확장되기를 희망한다.

PART
05

경력개발

본 챕터에서는 현대의 경력개발 과정에 영향을 주는 환경 변화에 대해 설명하고 경력이론에 더해서 가치중심 경력개발의 중요성에 대해 탐색한다. 다음과 같은 순서로 상술한다.

제1장 | 경력개발 환경의 변화
제2장 | 주요 경력개발이론
제3장 | 가치중심 경력개발의 방향성

CHAPTER 1 | 경력개발 환경의 변화

　경력개발은 개인적으로는 자신의 삶과 일의 관계를 규정하고 좋은 방향으로 향상하려는 교육적 노력이며 조직 측면에서는 인재의 발전을 통해 조직 전문성을 증진시키려는 활동이라고 볼 수 있다. 예전처럼 조직의 수명이 길었던 경우에는 평생직장의 개념으로서 조직원들의 경력은 조직 내의 수직적 사다리를 얼마나 효과적으로 올라가느냐 하는 것에 집중되어 있었지만, 지금과 같이 변화의 속도가 빠른 상황에서는 조직의 생명주기가 짧아지고 개인의 경력에 대한 문제도 사다리를 오른다는 수직적 개념보다는 전문성 확장을 위한 수평적 개념으로 접근될 필요가 있다. 개인의 직장 간의 이동이 활발해짐에 따라 조직은 나름대로 구성원의 경력개발을 위해 투자를 해야 하는 것인지에 대한 혼돈의 상황에 빠져있을 수 있다. 왜냐하면 많은 훈련과 경력개발을 지원했다고 하더라도 능력을 향상시킨 개인이 다른 조직으로 이동한다면 그 개인을 위한 투자는 고스란히 비용으로 남을 수밖에 없기 때문이다. 이러한 상황을 볼 때, 현재의 경력개발은 조직보다는 개인에게 책임성이 전가되어가는 것으로 보인다. 현재와 같이 경쟁이 심화하고 불확실성이 상존하는 경영 환경은 경력과 관련하여 흥미로운 이슈들을 야기하고 있다. 본 장에서는 경력개발에 대한 보다 구체적인 탐구를 위해 현재의 경력개발에 영향을 주는 환경 요인을 살펴보고 주요 이슈들을 살펴보기로 한다.

1. 경쟁의 심화와 상시 구조조정

과거의 비즈니스의 패러다임은 자연에 존재하는 것을 그대로 판매하거나, 생산자가 주도가 되어 일률적으로 제품과 서비스를 생산하는 것이었다. 그러나 지금은 고객이 다수의 생산자 중 하나를 선택할 수 있는 고객 중심의 비즈니스 환경이다. 기업은 개별 고객의 성향을 정확하게 파악해서 해당 고객 맞춤형의 재화와 서비스를 제공해야 한다. 이를 위해서는 고객과 지속적인 관계를 맺으며 정보를 수집 분석하는 노력이 필요해진다. Prahalad & Krishnan(2008)에 따르면 현재는 새로운 혁신의 시대로서 기업은 다수가 아닌 한 사람의 고객 니즈의 충족과 글로벌한 영역에서의 자원 접근이 가능해야한다는 점을 강조한다. 한 명의 개별 소비자에게 초점을 맞춰 각자에게 고유한 가치와 경험을 제공하기 위해선, 기업의 입장에서 방대한 자원이 필요해진다. 한정된 자원으로는 많은 고객을 만족시킬 수 없기 때문이다. 이를 위해 기업은 자원(Resources)을 모두 소유(ownership)하는 것이 아닌 글로벌 측면에서 접근성을 높이는 유연하고 영리한 전략을 써야 한다. 이러한 패러다임이 기업의 조직구조에 미치는 영향은 심대할 수밖에 없다. 조직구조는 고객의 요구에 즉시 대응하기 위해 유연성을 극대화해야 하고, 이는 구조조정과 변화관리가 상시적으로 이루어져야 함을 의미한다. 경력개발이란 일정부분 일관성을 전제로 한 개념임에도 불구하고 이러한 상시적 구조조정의 환경 아래서는 개인 및 조직 모두에게 특별한 고려가 필요함을 시사한다.

2. 제4차 산업혁명의 진행

제4차 산업혁명은 예전과는 판이한 인재상을 요구한다. 왜냐하면 4차 산업혁명 시대에는 로봇이 할 수 없는 일을 해내는 인재가 필요하기 때문이다. 그러한 인재에게 요구되는 가장 중요한 능력은 바로 창의성과 협업 능력이 될 것이다. 이러한 역량을 기르기 위해서 미래의 인재들은 형식지를 넘어선 암묵지의 축적, 학습 내용을 넘어선 학습 방법의 학습, 지식 암기를 넘어선 지식의 창출, 문제해결을 넘어선 문제의 발견, 따라하기를 넘어선 독창적 실험 등을 추구해야 한다. 개인의 측면에서 경력관리의 창의성뿐만 아니라 자신의 역량 개발에서도 창의적 역량을 얼마나 신장시킬 수 있느냐 하는 것이 경력 성공을 위해 긴요한 과제가 된다.

3. 기업 인사관리 형태의 변화

초연결 및 초지능 시대에는 기업들이 생존하기 위한 기초자본의 성격도 변화한다. 지난 1차, 2차 산업혁명 시대에서는 물리적 형태의 자본인 물적 자본(physical capital), 인적 자본(human capital) 등이 가장 중요한 자산이었지만, 이후에는 사회적 자본(social capital)이 부각 되었고 지금은 심리적 자본(psychological capital) 및 창의 자본(creativity capital) 등 비물질적 자산의 중요성이 더 강조되고 있는 시점이다. 비물질적 자산이 중요해진다는 것은 고용시장에 있어서 큰 변화를 가져온다는 의미가 된다. 왜냐하면 비물질적인 만큼 유동성이 크게 확대될 수밖에 없기 때문이다. 우선 필요에 따라 자유롭게 변하는 단기간 계약, 프리랜싱 및 아웃소싱 등의 고용 형태가 확산된다. 경력관리가 훨씬 복잡해지고 개인의 측면에서는 창의적인 적응력이 그 어느 때보다도 필요해지는 시점이라고 볼 수 있다. 기업 측면에서도 변화에 대응하는 가장 중요한 두 가지는 적응성과 민첩함이 되고 있으며 이를 위해서는 인사관리가 소수의 핵심 역량을 지닌 인재들과 다수의 아웃소싱 인재로 재편성해서 조직이 쉽게 변화에 적응할 수 있도록 간소화할 필요가 있는 것이다. 이러한 기업 인사관리 형태의 변화는 인재 이동의 유동성을 더욱 더 강화한다.

4. 100세 시대의 도래

100세 시대의 도래는 경력관리 측면에서 심대한 영향을 끼칠 수밖에 없는데 예전과 달리 인생 2모작, 3모작 등의 새로운 경력계획을 지속해서 세워야 하기 때문이다. 한창 일할 수 있는 60세 이하의 나이에서도 유동성이 증가하여 꾸준히 직장을 바꾸어야 할 상황임에도 이것이 연장되어 그 이후 20년 또는 30년 동안 일을 계속해야 하는 시대가 되었다. 기존에 있던 판에 박힌 경력경로를 취하는 것은 이렇게 엄청나게 장기적인 게임에서 좋은 전략이라고 볼 수 없다. 불확실성과 혼돈이 만연한 시장에서 분명한 경로가 있을 수 없고, 운이 좋아서 하나의 일자리를 오랫동안 간직할 수 있었다고 하더라도 남과 차별화되는 그만의 경쟁력을 지속해서 유지한다는 것은 그리 쉬운 일이 아니다. 60세 이후에도 경력을 유지하기 위해서는 정년 전에 충분히 경력창의성을 발휘하여 자신만의 독창적인 경력경로를 창출하거나 폭넓은 확장적 사고와 융통성으로 직업세계에 대한 적응력을 고도로 높여나가야 할 것이다.

5. 경력을 바라보는 가치관의 변화

밀레니얼 세대에게는 경력에 대한 성공 개념을 정의하는 방식이 매우 다양하게 나타나고 있다. 또한 경력경로 자체도 예전과 같이 일정한 패턴을 예상할 수 있는 수준이 아니라 독특하고 새로운 경력경로가 출현하고 있으며, 분야를 넘나드는 융합적 형태의 전문성이 요구되는 직업이 해가 갈수록 점증하고 있다. 이러한 현상이 의미하는 바는 경력 성공이 예전과 같이 경력관리 및 경력계획에 의해서 성취되는 것이 아니라, 오히려 경력 디자인 및 경력창의성을 통해 도전적으로 일구어 나가야 하는 과제로서 인식될 때 가능하다는 것을 보여주는 것이다. 앞으로의 미래는 과거와 단절된 새로운 형태의 경력경로가 다양하게 표출될 것이며 이러한 트렌드는 경력에 대한 창의성, 융통성, 적응력 등의 중요성을 더욱 더 증대시킬 것이다.

위와 같은 다섯 가지 경력을 둘러싼 환경의 변화 요인들은 개인 및 조직 측면에서 모두 경력관리에 이전과는 다른 새로운 관점을 지녀야한다는 시사점을 내포하고 있다. 본서의 제목처럼 저자는 이 새로운 과점 또한 자원을 넘어선 '가치'의 관점에서 바라볼 필요가 있다는 점을 강조하고 싶다. 이러한 논의를 제3장에서 서술해 보기로 하고, 먼저 제2장에서 경력개발에 관한 주요 이론을 검토해 보기로 한다.

CHAPTER 2 | 주요 경력개발이론

　Greenhaus(2000)에 따르면, 경력은 '일생에 걸친 일과 관련된 경험의 패턴'으로 정의된다. 이러한 정의에서 유추해 볼 때, 경력은 일생에 걸쳐 있다고 하는 시간적 의미, 일과 관련되었다는 관계성, 경험이라고 하는 나의 주관적 성찰과 행동 및 그 결과로 얻어지는 역량과 변화 등이 그 핵심요소라고 볼 수 있다(장환영·안동근, 2017). 또한 직위, 직무와 관련된 의무나 활동, 일과 관련된 결정과 같은 객관적 사건을 포함하며 일에 대한 열망, 기대, 가치, 니즈와 같이 일과 관련된 사건의 주관적인 해석 또한 포함한다. 정의에서 볼 수 있듯이 경력이 개발되기 위해서는 많은 가이던스가 필요하다는 것을 알 수 있다. 경력 가이던스에 대해 최초로 영향력 있는 모델을 제시했던 사람은 바로 Frank Parsons였다. Parsons의 모델은 향후 경력개발이론들이 출현할 수 있는 기반을 마련했다고 평할 수 있을 만큼 가장 기본적이면서도 핵심적인 경력개발 아이디어를 단순하게 표현했다. Parsons의 이론은 특성-요인이론의 기초가 되었고 그 후 시장 환경 및 사회 변화에 따라서 생애이론, 사회학습이론, 구성주의 경력이론 등으로 경력개발을 설명하는 이론들이 분화 발전되어 왔다고 볼 수 있다. 각 이론들을 대표하는 학자들을 중심으로 핵심적 내용들을 간략히 살펴보기로 한다.

1. 특성요인이론(Trait & Factor Theory)

특성요인이론은 최적의 경력개발이란 개인의 특성(trait)과 직무가 요구하는 요인(factor)이 서로 잘 일치되어야 한다는 점을 강조한다. 여기서 특성과 요인은 모두 어떤 특징을 의미하는데 특성은 흥미, 능력, 성격, 적성, 가치 등 검사지를 이용해 발견할 수 있는 개인의 특징들을 말하며, 요인은 직업 또는 직무의 특성, 직무수행의 필요조건, 직무내용 등 직업에서 요구되는 특징들을 의미한다. 특성요인이론은 경력이론의 출발을 알리는 토대이며 가장 오래된 이론이라고 할 수 있다.

가. Parsons의 특성요인이론

Parsons(1909)는 사람들이 자신의 경력을 고려할 때 중요한 핵심으로서 두 가지 중요한 명제를 설정하였다. 그것은 첫째, 한 사람 한 사람은 반드시 타인과는 다른 능력 또는 특성을 가지고 있으며 이러한 능력과 특성은 측정이 가능하다는 것이고, 둘째로는 사람은 자신의 능력 및 특성과 직업이 요구하는 기술이 일치하면 할수록 직업에 대한 만족도가 높아진다는 것이었다. 따라서 결론적으로 사람은 자신의 특성과 능력에 알맞은 직업을 선택해야 한다는 것이다. Parsons는 이러한 명제를 바탕으로 〈표 5-1〉과 같은 3단계의 경력개발 전략을 소개한다.

Parsons의 경력개발 전략은 나에 대한 이해, 직업과 시장에 대한 이해, 그리고 이 두 가지 이해의 매칭(matching)을 위한 진솔한 추론(true reasoning)을 제시하고 있다. 여기서 진솔한 추론이 무엇을 뜻하는 것인지에 대해서는 구체적인 설명이 없지만 나와 직업의 관계에 대해서 깊이 있는 고찰을 하는 것이 경력개발에서 가장 중요한 사항이라는 점을 강조했다는 점에서는 큰 의미가 있다. 사회적인 관습과 요구에 따라서 직업을

<표 5-1> Parsons 경력개발모델

단계	항목	내용
1단계	자기 분석	성격, 적성, 흥미, 관심, 희망 등에 관한 자기이해를 촉진
2단계	직업 및 직무 분석	일의 내용, 요구되는 능력 등의 분석과 정보의 제공
3단계	이론적 추론	- 진솔한 추론에 따른 사람과 일의 매치(match) - 자신의 성격, 흥미, 관심과 직업이 요구하는 능력의 부합 여부 판단

선택하던 1900년대 초에 개인에 대한 깊은 숙고와 직업과 내 특성의 일치를 강조했다는 점에서 위대한 통찰이 엿보인다. 진솔한 추론뿐만 아니라 그 이전에 나에 대한 이해와 직업과 환경에 대한 이해가 우선한다는 점을 제시했다는 점에서 또한 경력개발의 발전에 중요한 시금석이 되었는데, 이는 개인의 특성을 진단하는 질문지법, 적성검사, 성격검사, 흥미검사, 능력검사 등과 같은 측정도구들을 개발할 수 있는 근거를 제시하였기 때문이다. 또한 각종 심리검사의 결과를 바탕으로 사람과 직업을 연결함으로써 사람을 효율적으로 배치하는 것이 가능하게 되었다.

물론 이런 검사지 중심의 경력개발은 검사지를 제공하는 상담사의 기술과 지식에 초점을 맞추고 있다는 점에서 상담사의 책임이 너무 크고, 내담자의 감정 및 상담사와의 협력적 관계가 경시되고 있는 문제점이 있다. 검사 결과에 과도하게 의존하고 적성을 변하지 않는 것이라고 보는 점도 이론의 한계로서 지적되고 있다.

나. Holland의 직업선택이론(진로흥미이론)

Holland의 이론은 개인 특성과 직업 특성의 매칭을 매우 명료하고 단순하게 일반화하여 활용도가 가장 높으며, 직업 상담사들에게도 실질적인 도움을 주는 특성요인이론의 대표 이론이라고 볼 수 있다. 그의 이론은 다음의 네 가지 기본 가정을 전제하고 있다.

첫째, 직업적 흥미는 일반적으로 성격이라 불리는 것의 일부분이기 때문에 개인의 직업적 흥미에 대한 설명은 곧 개인의 성격에 대한 설명이다.

둘째, 개인은 여섯 가지 성격유형이 있고, 환경도 여섯 가지 유형이 있으며, 환경은 환경에 속해 있는 사람들에 따라 그 특징이 나타난다.

셋째, 개인은 자신의 성격특성과 일치하는 사회적 환경에서 일함으로써 안정된 직업선택을 할 수 있으며, 높은 직업만족도를 얻을 수 있다.

넷째, 어떤 직업환경 안에 있는 사람은 유사한 성격특성과 성격형성과정을 나타내는 경우가 많으며, 사람은 자신의 성격과 유사한 특성을 지닌 직업을 선호하는 경향이 강하다.

Holland는 위와 같은 기본 가정에 따라서 6가지 성격유형과 환경유형, 그 유형 간의 상관관계를 설명하였는데 그 골격을 소개하면 다음과 같다.

1) 6가지 성격유형

① 현실적 타입(R=Realistic)
- 분명하고 질서정연하게 체계적으로 대상이나 연장, 기계, 동물들을 조작하는 활동 내지는 신체적 기술들을 좋아하는 반면, 교육적인 활동이나 치료적인 활동은 좋아하지 않는다. 직업에는 기술자가 있다.

② 연구적 타입(I=Investigative)
- 분석적이고 호기심이 많고 조직적이며 정확하다. 관찰적 상징적 체계적으로 물리적 생물학적 문화적 현상을 탐구하는 활동에는 흥미를 보이지만, 사회적이고 반복적인 활동들에는 관심이 부족하다. 직업에는 과학자가 있다.

③ 예술적 타입(A=Atistic)
- 상상력이 풍부하고 감수성이 강하며 자유분방하고 개방적, 독창적이

다. 규범적인 기술이 부족하고, 직업에는 음악가, 미술가 등이 있다.
④ 사회적 타입(S=Social)
- 사람들과 어울리기를 좋아하고, 친절하며 다른 사람과 함께 일하거나 다른 사람을 돕는 것을 즐기지만 도구와 기계를 포함하는 질서정연하고 조직적인 활동을 싫어한다. 직업에는 사회복지사, 교육자, 상담가 등이 있다.
⑤ 기업적 타입(E=Enterprising)
- 조직 목표나 경제적 목표를 달성하기 위해 타인을 조작하는 활동을 즐기고, 지배적이고 통솔력과 지도력이 있다. 직업에는 기업경영인, 정치가 등이 있다.
⑥ 관습적 타입(C=Conventional)
- 정해진 원칙과 계획적인 활동을 좋아하고, 정확하고 빈틈이 없고 조심성이 있으며 세밀하고 변화를 좋아하지 않으며 완고하고 책임감이 강하다. 직업에는 경리사원, 사서 등이 있다.

2) 6가지 환경유형

① **현실적 환경**: 물건, 도구, 기계 등에 따라서 조직적으로 조작하는 경우가 많은 환경
② **연구적 환경**: 생물학적, 문화적 현상을 관찰하며, 조직적으로 창의적 연구를 하는 환경
③ **예술적 환경**: 자유롭고 불명확하며 비조직적인 활동을 하며, 예술작품을 창작하는 능력이 요구되는 환경
④ **사회적 환경**: 사회에서 다른 사람들에게 영향을 미치는 환경에서 지원, 훈련, 홍보, 치료 등의 활동을 함
⑤ **기업적 환경**: 조직이 설정한 조직목표, 개인적인 흥미에 기초하여 설

정된 개인적 목표를 달성하기 위하여 다른 사람을 움직이게 하는 환경
⑥ 관습적 환경: 컴퓨터를 이용한 정보처리 등 명확하며 규율이 있고 질서가 있는 업무를 요구하는 환경

3) 유형 상관관계

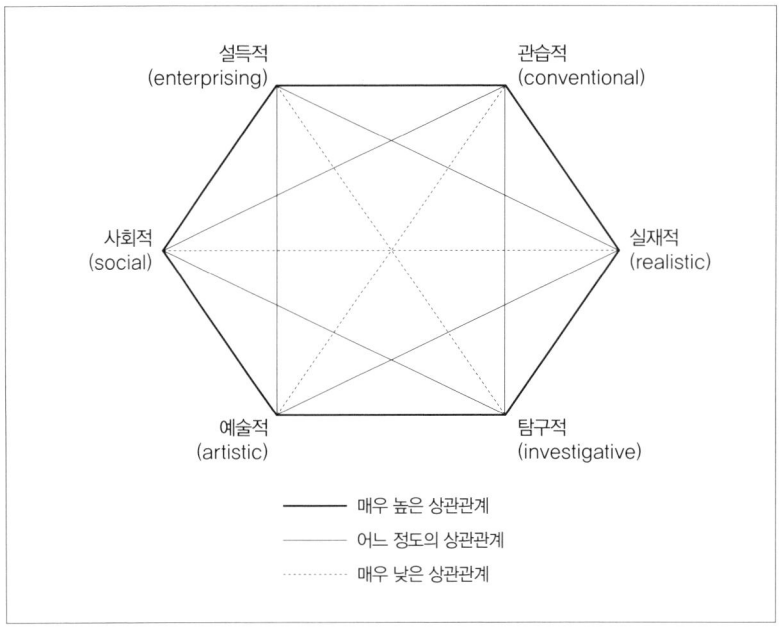

<그림 5-1> 홀랜드의 육각형 모형(Brown, 2016, p. 48, 재인용)

- 사람들은 6가지 성격유형으로 분류할 수 있으며, 이 중 3개를 조합하여 개인의 성격을 설명할 수 있다.
- 하나의 코드는 성격이 강하지만, 나머지 두 개의 코드는 상대적으로 성격이 약하다.
- 자신의 성격코드와 직업코드가 일치할 경우 직업에 대한 만족감과

안정감을 느끼게 되며, 나아가 성과도 올리고 사회에 대한 공헌도도 높아진다.
- 육각형에서 서로 인접한 성격유형이나 직무는 거리가 가까울수록 심리적 유사성이 높다.
- 육각형의 대각선상에 있는 성격유형이나 직무는 서로 성격이 매우 다르며, 일관성이 없는 코드라고 볼 수 있다.
- RE, IS, AE, SC 등과 같이 중간적 수준의 타입을 갖는 유형은 상이한 흥미와 관심을 가지고 있지만, 일을 하면서 이러한 특성을 적절히 융합할 수 있을 것이다.

다. Schein의 경력닻(career anchor) 이론

경력닻 이론은 Edgar Shein이 MIT 경영대학 졸업생 44명을 10년간 추적 관찰하여 생성해낸 이론으로, 자아개념의 특징들에 따라서 일관된 경력경로와 경력만족을 추구하고 있는 현상을 설명하기 위해 제시한 이론이라고 볼 수 있다. 경력닻이란 오랜 시간에 걸쳐 자기개념으로 체화된 개인의 자기정체성 및 자기 이미지를 의미한다. 보통 능력 또는 기술, 동기 및 요구, 태도 및 가치 등을 의미하는데 능력은 자신이 잘하는 것과 못하는 것, 동기는 자신이 추구하는 것 또는 목표, 태도는 자신의 가치 및 믿음과 연계되어 느끼는 조직화된 행동 등을 의미한다. 이러한 세 가지 요소가 경력을 추구하는 데에 있어서 나침반 역할을 하며 지속적으로 영향을 미치는 주요 요인이라고 하는 것이다. 결국 경력닻이란 개인의 경력개발과 직업적 역할수행에 기반이 되며 경력선택의 토대가 되는 것이라고 볼 수 있다. Schein(1993)은 다음과 같은 8가지의 경력닻을 소개하였다.

1) 전문역량 닻
- 일의 실제 내용에 관심을 두며, 일반적으로 전문 분야에 종사하기를 원한다.

2) 관리역량 닻
- 특정 전문 영역 보다 일반적인 관리직에 목표를 둔다. 다른 사람들의 노력을 잘 조정하고 전체 결과에 대해 책임을 지며 여러 부서를 잘 통합하는데 관심을 둔다.

3) 자율성·독립성 닻
- 조직의 규칙과 제약조건에서 벗어나려고 하며 언제, 어떤 일을, 얼마나 열심히 해야하는지 스스로 결정할 수 있는 경력을 선호한다.

4) 안전·안정 닻
- 장기적인 경력 안정성을 추구하며 일반적으로 안정적이고 예측 가능한 일을 선호한다. 동일 조직, 동일 산업 또는 동일 지역에 있는 것으로 충족될 수도 있다.

5) 서비스·헌신 닻
- 타인을 돕는 직종에서 일함으로써 타인의 삶을 향상시키는 것과 같은 가치 있는 성과를 달성하려고 한다.

6) 도전 닻
- 해결할 수 없을 것 같은 문제나 극복하기 어려울 것 같은 장애를 해결하는 것으로 호기심, 다양성, 도전을 추구한다.

7) 라이프스타일 통합 닻
- 인생의 모든 영역에서 균형을 얻는 것에 관심을 두며 가정과 경력활동 간의 조화로운 통합을 원한다.

8) 기업가 정신 닻
- 장애물을 극복하고 위험을 무릅쓰며 개인적인 탁월성을 성취하려는 것 등 새로운 어떤 것의 창조에 목표를 둔다. 자신의 사업을 설립하고 운영하는 자유를 원한다.

2. 생애이론(Lifespan Theory)

특성요인이론과 달리 생애이론은 경력이 일과 관련된 장기적이고도 시계열적(longitudinal)인 경험이라는 점에 주목한다. 특성요인이론이 경력의 스냅사진(snap shot)을 보여준다면 생애이론은 경력이란 스토리가 이어지는 장편 영화와 같다는 이미지를 표출한다. 이것은 상당히 타당한 가정으로서 개인에게 경력이란 한순간의 결정이라기보다는 평생에 걸쳐 진행되는 일과 관련된 경험의 패턴이기 때문이다.

생애이론의 학자들은 Levinson, Erikson, Howard & Walsh, Gottfredson 등 많이 있지만 가장 방대한 양의 연구들을 수행하며 대표라고 꼽을 수 있는 연구자는 Super로서 그의 경력발달이론을 간단히 소개하고자 한다.

Super가 갖는 경력에 대한 관점은 개인의 출생부터 시작하여 죽음에 이르는 생애 전반에 걸쳐 있다. 그는 생애를 특징되는 단계로 구분하고 각 생애 단계별 경력과 관련되는 개발 과제들에 대해 언급하고 있다. 각 생애 단계별 특징을 구성하는 핵심 내용은 바로 자아개념(self-concept)이며 이러한 자아개념의 변화에 따라서 생애 단계가 구분되는 것이다. Super의 자아개념은 개인이 주관적으로 형성해 온 자기에 대한 신념으로써, 주관적 자아와 객관적 자아(타인으로부터 객관적 피드백에 근거하여 자신이 형성한 자기에 대한 개념)로 구성되며 자신이 경험을 종합하는 과정을 통해 구축하게 된다. 다시 말해, 자신과 자신을 둘러싼 환경에 대하여 그 사람 나름의 해석, 의미 부여가 중요한 결정요인이 된다. 자아개념은 살아가면서 접하게 되는 다양한 경험들에 의해 변화하고 발달한다. 자아개념을 직업명으로 변화한 것이 직업 선택이며, 자아개념과 직업 선택이 일체화되는 정도에 따라 직업만족도가 결정된다.

자아개념은 유아기에서부터 성장(growth), 탐색(exploration), 확립(establishment), 유지(maintenance), 이탈(disengagement) 등 대순환(maxicycle)의 생애 단계별 변화를 거치게 된다. 생애 주기에 따라 발달 단계별로 수행해야 하는 발달 과업들이 존재하며, 개인의 삶에 포함된 심리사회적 생활 공간이 구성하는 다양한 역할들이 있고, 역할들 속에서 자아개념이 완성된다. 〈그림 5-2〉는 이러한 생애 단계의 변화를 형상화하고 있으며 생애 경력 단계의 특징과 대략적인 경력발달 과업은 아래와 같다.

가. 생애 경력 단계의 특징

(1) 성장기(0-14세)
- 출생에서 14세까지가 이 시기에 해당된다. 이 기간 중에는 가정과 학교에서의 주요 인물과 동일시함으로써 자아개념을 발달시킨다. 이 시기의 초기에는 욕구와 환상이 지배적이나 사회참여와 현실 검증이 증가함에 따라 흥미와 능력을 중요시하게 된다.

(2) 탐색기(15-24세)
- 학교생활, 여가활동, 시간제 일을 통해서 자아 검증, 역할 시행, 직

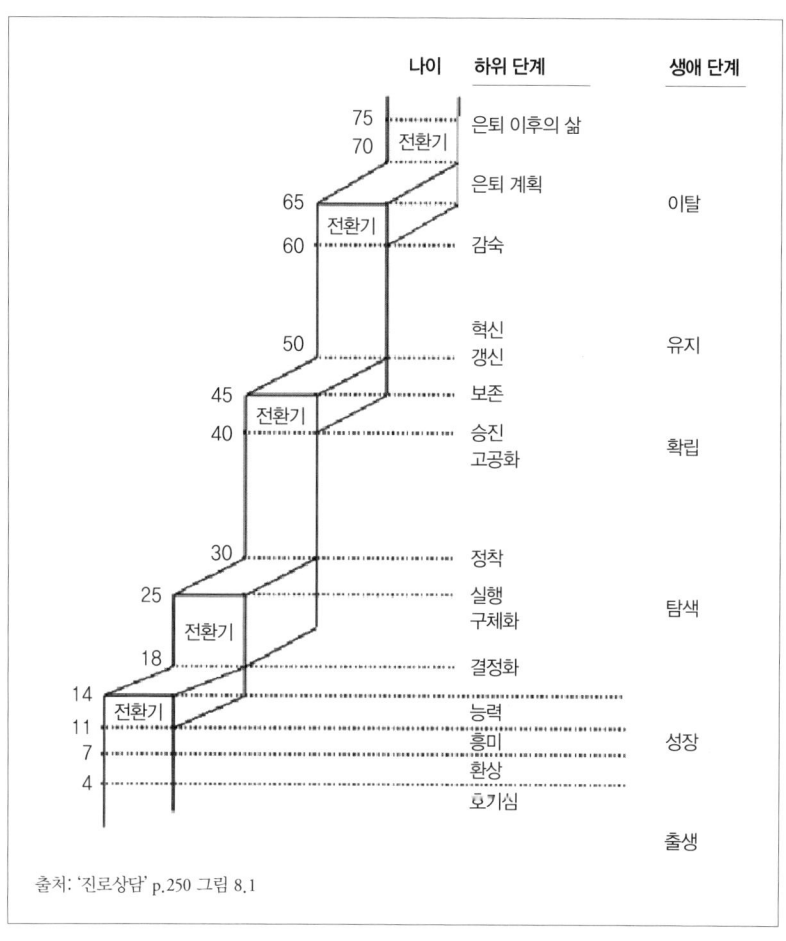

<그림 5-2> 생애 경력단계의 사다리 모형(Super, 1990)

업적 탐색을 행한다.

(3) 확립기(25-44세)
- 자신에게 적합한 분야를 발견하고 거기에서 영구적인 위치를 확보하기 위한 노력을 한다. 이 단계는 다시 시행기와 안정기로 나누어진

다. 시행기는 25-30세로 자신이 선택한 일의 분야가 적합하지 않을 경우, 적합한 일을 발견할 때까지 몇 차례의 변동이 있게 된다. 안정기는 31-44세로 진로유형이 분명해짐에 따라 그것을 안정시키고 직업세계에서 안정된 위치를 굳히기 위한 노력을 한다.

(4) 유지기(45-65세)
- 이미 정해진 직업에 정착하여 그것을 유지하기 위한 노력을 한다.

(5) 이탈기(65세 이후)
- 정신적, 신체적인 힘이 약해짐에 따라 직업 전선에서 은퇴하여 다른 활동을 찾게 된다.

나. 경력발달 과업

(1) 구체화(14-17세)
- 자신의 흥미, 가치는 물론 가용 자원과 장차 일어날지도 모르는 일 그리고 선호하는 직업을 위한 계획 등을 인식하여 일반적인 직업 목적을 형성하는 지적 과정 단계의 과업이다. 이 과업은 선호하는 진로에 대하여 계획하고 그 계획을 어떻게 실행할 것인가를 고려하는 것이다.

(2) 특수화(18-21세)
- 잠정적인 직업에 대한 선호에서 특정한 직업에 대한 선호로 옮기는 단계의 과업이다. 이 과업은 직업 선택을 객관적으로 명백히 하고, 선택된 직업에 대해서 더욱 구체적으로 이해하여 진로 계획을 특수화하는 것이다.

(3) 실행화(22-24세)
- 선호하는 직업을 위한 교육훈련을 끝마치고 취업하는 단계의 과업이다.

(4) 안정화(25-35세)
- 직업에서 실제 일을 수행하고 재능을 활용함으로써, 진로 선택이 적절한 것임을 보여 주고 자신의 위치를 확립하는 단계의 과업이다.

(5) 공고화(35세 이상)
- 승진, 지위 획득, 경력개발 등을 통하여 자신의 진로를 안정되게 하는 단계의 과업이다.

Super는 생애 전체에 걸친 5단계의 대순환(maxicycle)과 어느 단계에서든지 성장, 탐색, 확립, 유지, 이탈이 나타날 수 있는 소순환(minicycle)이라는 용어를 사용하여 경력개발은 역동적 활동이라는 점을 지적하였다. 소순환은 특히 〈그림 5-2〉의 전환기 또는 특정 단계에서의 불안과 의심을 겪을 때 나타날 수 있다.

생애 단계를 특정함으로써 생애이론이 경력개발에 주는 시사점은 경력경로의 과정(process of career path)을 설명할 수 있다는 점이다. Super는 경력경로를 설명할 때도 '자아개념'을 그 중심에 놓았는데, 각 개인은 각기 다른 자아개념을 지니고 있다고 하는 개인차(individual differences)의 심리학을 활용하였다. 개인차는 인간의 흥미, 재능, 능력, 성격, 적성 등에서의 차이를 의미하며 이러한 차이에 기반하여 사람들은 서로 다른 방향의 경력경로로 나아가게 된다. 경력경로의 출발점 및 생애 단계의 전환점에선 각 개인들이 경력과업들을 헤쳐나가기 위해 필요한 것들을 이미지화한 것이 〈그림 5-3〉의 아치문(archway) 모형이다. 아치형 입구에서 경력개발을 위해 결정요인들(career determinants)을 충분히 고려하고 경로를 당

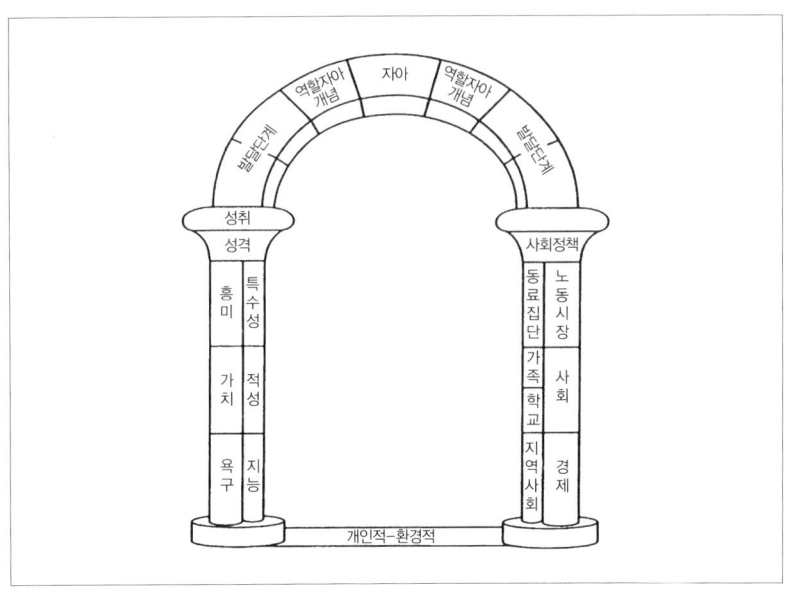

<그림 5-3> 경력 결정요인들의 아치문 모형

당히 지나가라는 의미가 담겨있다.

이 아치문에는 두 개의 기둥이 있는데 하나는 개인적 및 심리적 요인들로 욕구, 지능, 흥미, 가치, 적성 등이 있다. 다른 기둥에는 사회 및 환경적 요인들로 가족, 학교, 지역사회, 경제, 노동시장 등이 나열되어 있다. 이 두 기둥에 나타난 개인적 요인들과 사회적 요인들이 서로 상호작용하여 개인의 경력경로에 영향을 미친다는 것이다. 여기서 중요한 것은 상호작용인데 그것은 아치(arch)로 형상화되어 있다. 그 중심에는 자아(self)가 있는데, 자아개념은 아동기부터 놀이, 학습 등 직업 세계에 관한 여러 경험을 통해 형성되고, 생애 단계를 거치면서 끊임없이 변화하며 자아개념에 바탕을 둔 의사결정을 하게 된다. 이때 의사결정은 생애의 어떤 역할을 수행하는 것으로 표출되며 다시 자아개념의 재형성에 영향을 미치게 된다. 자아개념, 의사결정, 생애 역할, 다시 자아개념으로 이어지는 순환적이고 연속적인 과정을 통해 자아개념은 생애 과정에서 끊임없이 변화하게 된다.

Super는 경력개발이 한순간의 직업 선택 결정으로만 해석될 수 없으며 전 생애에 걸친 변화 과정이라는 관점을 정립하였다. 또한 이론의 중심에 자아개념을 두었는데, 물론 경력과 관련된 많은 변인들을 균등하게 고려하지 않고 너무 자아개념만을 고집했다는 비판이 있기는 하지만 Super에게 있어서 자아는 특별한 의미가 있다. Super의 자아개념은 자신과 사회에 대한 개인적인 관점으로 형성된 주관적 자아의 개념이다. 주관적 개념이라는 측면에서 적성검사나 흥미검사를 통해 자아를 외부에서 측정하는 특성요인이론과 다른 점이 부각된다. 이러한 주관성의 관점은 자아가 개인적 사회적 다양한 요인들에 영향을 받아 형성되고 변화 가능하다는 통찰을 주었다. 특히 이를 통해서 경력개발의 역동성(dynamics)을 강조할 수 있고, '경력성숙도(career maturity)', '경력만족도(career satisfaction)', '경력적응성(career adaptability)' 등 경력개발에 매우 중요한 개념들을 탐색할 수 있는 길을 열었다고 볼 수 있다.

3. Krumboltz의 사회학습이론(Social Learning Theory)

특성요인이론이 개인특성과 직업특성의 매칭(matching)에 중점을 두고, Super의 생애이론은 자아개념을 그 핵심으로 하고 있다면, Krumboltz의 사회학습이론은 '학습경험'이 경력개발에 중심을 둔다고 볼 수 있다. Krumboltz의 용어로 학습을 보다 정확하게 표현한다면 '우연적 학습(happenstance learning)'으로서 개인이 삶을 살아가면서 통제되지 않았던 기회들을 잘 활용한다면 경력 의사결정을 보다 효과적으로 내릴 수 있다는 뜻이다. Krumboltz의 사회학습이론은 구체적으로 '경력 의사결정에 대한 사회학습이론(social learning theory of career decision making)'이라고 칭할 수 있다. 그의 이론은 명칭에서도 볼 수 있듯이 사회학습이론의 창시자인 Bandura의 영향을 많이 받은 것을 알 수 있다. Bandura는 행동주의자들이 주장하는 바와 같이 환경의 조작과 강화전략에 의해서만 학습이 이루어지는 것이 아니라, 개인이 오히려 환경에서 능동적으로 정보를 찾고 해석한다고 주장한다. 따라서 학습에서 중요한 것은 개인의 능력에 대한 믿음, 즉 자기효능감(self-efficacy)이다. 학습은 개인이 사회와의 상호작용하는 가운데 발생하고 자기효능감이 클수록 학습의 효과성 또한 커진다. 따라서 좋은 학습을 위해서는 자기효능감을 증진하는 것이 필요한데 이를 위해 Bandura는 다음의 네 가지를 제시하고 있다.

① 성공 경험(mastery experience)
② 간접 경험(vicarious experience)
③ 언어적 설득(verbal persuasion)
④ 감정 자극(emotional arousal)

위와 같은 방법에 의해 자기효능감이 높여진 사람은 주체자로서 스스로 삶을 조직하고 상황을 주도하며 적합한 환경을 조성한다. 이러한 주체적 학습자의 모습은 Krumboltz의 이론에도 반영되어, '계획된 우연(Planned happenstance)'이라는 개념으로 소개되고 있다. 모든 사람의 삶에서 일어나는 우연한 사건들은 긍정적 또는 부정적으로 작용하여 진로선택 결정에 중요한 영향을 미친다. '계획된 우연'은 매우 모순된 표현 같지만, 오히려 효능감 있는 주체자라면 이러한 우연한 사건들에서 기회을 창출하고 잘 수용하여 적합한 경력 의사결정을 할 수 있다는 점을 강조하고자 의도적으로 만든 단어라고 볼 수 있다. 이렇게 우연성을 받아들여 적절한 행동을 취하는 데에 있어서는 학습력이 필요하고 또한 지속적인 사회적 학습을 통해서 미래의 우연적 상황들을 긍정적 기회로 전환할 수 있다. 경력 상담에서도 중요한 핵심은 계획되지 않은 우연한 일들을 재해석하고 긍정적으로 인식하여 자신의 경력개발에 유리하게 작용하도록 돕는 것이다.

사람들이 우연한 일들을 기회로 인식하고 경력에 유리한 행동을 촉진하려면 '탐색'과 '기술'의 두 가지 요소가 필요하다. 경력에 도움이 되는 우연한 상황들을 적극적으로 탐색해야 하고, 탐색된 우연한 상황들이 경력에 유리한 기회로 전환하기 위해서는 호기심, 인내, 유연성, 낙관성, 그리고 위험 감수의 다섯 가지 기술이 필요하다;

① 호기심은 새로운 배움의 기회를 탐색하는 것
② 인내는 실패가 있음에도 불구하고 노력을 지속하는 것
③ 유연성은 상황에 따라 태도를 변화시킬 수 있는 것
④ 낙관성은 새로운 기회들을 가능성 있고 이루어낼 수 있는 것으로 받아들이는 것
⑤ 위험 감수는 불명확한 기회에 맞서는 행동을 취하는 것이다.

Krumboltz와 그의 동료들(1976)은 우연학습이론을 통해서 네 가지 요인이 상호작용을 하면서 사람들의 진로 선택과 결정에 영향을 준다고 하였으며 그 네 가지 요인은 다음과 같다.

① **유전적 요소와 특별한 능력**(선천적 자질)
 - 사람들은 태어나면서 각기 다른 선천적 자질을 타고 나는데, 이러한 요소들은 개인의 능력을 촉진시키기도 하고 교육적·직업적인 선호나 기술에 제한을 줄 수도 있다. 이러한 것에는 인종, 성별, 신체적 특징, 지능, 예술 및 운동능력이 포함되며 이러한 자질은 개인이 선

택, 변화, 통제할 수 없다는 한계를 가진다.
② 환경조건과 사건
- 환경에서의 특정한 사건이 기술개발, 활동, 진로 선호 등에 영향을 미치는데, 이것에는 기후 조건, 지리적 조건, 문화, 교육 환경, 노동 환경 등 개인이 바꿀 수 없는 요소들이 포함된다.
③ 학습경험
- 모든 학습경험은 개인의 교육활동과 경력경로에 영향을 미친다. 학습 경험은 매우 다양하게 분류할 수 있으나 Krumboltz는 하나의 예시로써 2개의 형식으로 분류를 하였고 그것은 도구적 학습경험(instrumental learning experience)와 연상적 학습경험(associate learning experience)이다.
- 도구적 학습경험은 어떤 행동이나 인지적인 활동에 대한 정적인 또는 부적인 강화를 받을 때 나타나는 것으로 정적인 강화를 받게 되면 관련 행동을 반복하려는 경향을 보이고, 부적 강화를 받게 되면 행동은 중단된다. 주로 선행 사건 → 행동 → 결과의 순서에 의해 학습된다.
- 연상적 학습경험은 이전에 경험한 감정적 중립 사건이나 자극을 정서적으로 비중립적인 사건이나 자극과 연결시킬 때 일어난다. 직접 체험 외에도 간접적이거나 대리적인 학습경험도 개인의 교육적·직업적 행동에 영향을 미치게 된다.
④ 과제 접근 기술
- 과제 접근 기술이란 개인이 어떤 과제를 성취하기 위해 동원하는 기술로, 타고난 능력, 환경적 조건, 학습경험의 상호작용 결과로 습득되며 호기심, 인내, 유연성, 낙관성, 위험 감수 행동을 개발하여야 한다. 문제해결 기술, 일하는 습관, 정보수집 능력, 감성적 반응, 인지적 과정 등이 포함된다.

Krumboltz의 통찰은 경력개발의 과정이 평생학습의 과정이며 경력 결정은 학습된 기술이라는 점을 강조한 데 있다. 경력경로의 과정에서 특성요인이론처럼 검사에 의한 완벽한 매칭이란 있을 수 없으며 항상 불확실성이 내재되어 있어 이를 극복하는 것 역시 학습력에 의존해야 한다고 주장한다. 경력에 관한 의사결정 그리고 경로에서의 회의감 및 불안 등을 누구보다도 Krumboltz는 잘 이해하고 있었으며 자신이 진입한 진로가 확실하지 않다고 해서 죄책감을 느낄 필요가 없다고 조언하고 있다. 오히려 불확실성이 많은 우연한 상황들을 자신의 경력에 긍정적 기회로 전환할 수 있도록 사회적 학습과 과제접근 기술을 키워서 미래의 자신에게 유리한 계획된 우연을 더 많이 창조하라고 당부한다.

CHAPTER 3 | 가치중심 경력개발의 방향성

　HRD 영역에서 경력개발이 중요한 이유는 바로 개인개발과 조직개발을 이어주는 가교의 의미가 있기 때문이다. 조직의 생존과 발전을 위해 HRD가 중요한 이바지를 할 수 있었던 것 또한 경력개발의 탐색과 지적자산을 생산할 수 있었기 때문이 아닐까 한다. 왜냐하면 경력개발을 탐색함으로써 HRD는 조직생활에 있어서 인간의 횡단면적인 분석뿐만 아니라 시계열적인 관점을 강조할 수 있었으며, '성장과 발전'의 개념을 중심으로 인간과 일의 관계를 설명해 내려는 노력을 할 수 있었기 때문이다. 앞서 언급한 바대로 경력이란 일생에 걸친 일과 관련된 경험의 패턴으로서 일과 관련되어 있다는 의미에서 개인의 특성과 조직 및 직무와의 관련성을 밀접하게 고찰할 수밖에 없다. 이처럼 경력개발 영역은 개인과 조직의 관련성을 성장과 발전의 입장에서 탐색한다는 점을 강조함으로써 HRD 연구에서 매우 중요한 위치를 점유하고 있다. 현재의 경력개발 트렌드를 개인적 측면과 조직적 측면으로 나누어 검토해 보고 미래의 방향성을 논의해 보고자 한다.

1. 현재의 경력개발의 트렌드

가. 개인적 측면

1) 프로틴 경력(Protean Career) 및 무경계 경력(Boundaryless career)

프로틴(protean)이라는 말은 그리스신화에서 바다의 신 중의 하나인 프로테우스(Proteus)를 의미하는 단어(Greenhouse, Callanan, & Godshalk, 2000)로서 모습을 자유자재로 바꿀 수 있는 변신술이 있는 신이었다는 측면에서 차용되었다. 따라서 프로틴 경력은 하나의 조직에 얽매이지 않고 유연성 있게, 때로는 전혀 다른 영역의 경력으로도 변화될 수 있다는 것을 내포한 개념이라고 볼 수 있다. 조직과 관련없이 한 개인이 융통성 있게 경력을 구성할 수 있다는 측면은 경력개발을 조직에 의존하지 않고 개인의 경력개발이 더 중요해졌다는 것을 의미하는 동시에, 조직 안에서의 역할보다는 한 개인의 역량이 더 중요해지는 시기임을 나타낸다. 프로틴 경력이 경력 변화의 시간적 측면을 강조한 것임에 비해, 무경계 경력은 경력의 공간적 측면에서의 변화를 의미한다. 무경계 경력은 프로틴 경력과 마찬가지로 한 조직 안에서의 경력경로에 초점을 맞추는 것이 아니라 조직 간의 경력 추구 즉 수평적 영역의 확대를 의미한다. 요즘의 K-pop 가수들이 가수 영역만이 아닌 연기, 영화, 뮤지컬, 사회자 등 다양한 영역에서 활동하고 가수라기보다는 엔터테이너로 불리는 것과도 같은 이치이다. 과거의 개인이 사다리 모형으로 한 직장에서 오래 근무하며 상향 승진을 통한 지위 권력의 획득을 경력성공의 모델로 삼았던 것과는 달리, 현재는 경력의 다양성이 존중되고 형태와 분야의 측면에서도 열린 경력경로가 추구된다.

2) 일과 삶의 균형(Work and Life Balance)

현대사회의 가정 구조의 변화, MZ세대의 일에 대한 인식의 변화, 그리고 테크놀로지의 확장 등이 상승적으로 영향을 미쳐 '일과 삶의 균형'이라는 이슈는 점점 더 중요해지고 있다. 이는 여성뿐만 아니라 남성에게도 주요 과제가 되고 있으며 젊은 층에는 자신의 가치 및 라이프스타일이 강조됨에 따라 무엇을 위한 일인가 하는 문제에 자신 있게 대답할 수 있어야만 일의 무게를 견딜 수 있는 상황이 되었다. 조직의 측면에서도 조직구성원의 웰빙(well-being)이 조직의 발전에 근간이 되기 때문에 오히려 일과 삶의 균형을 위한 유연근무제 등의 정책들을 촉진하면서 이것이 다시 조직성과에 긍정적 효과가 올 수 있기를 기대한다. 현재는 워라밸(work-life balance)를 넘어서 워라인(work-life integration) 또는 워라블(work-life blending)이라는 단어들도 유행을 하고 있다. 밸런스라는 용어가 마치 시소처럼 하나가 강조되면 다른 하나가 손해를 보아야 하는 상황을 전제하고 있으므로 지금 MZ세대의 관점과는 맞지 않고, 차라리 일과 삶이 융합되어 일이 놀이가 될 수 있고 생활도 발전을 위한 생산성으로 충만할 수 있는 시간의 괘도를 희구하고 있다는 것을 강조한 것이 아닌가 한다. 테크놀로지는 이러한 경향에 상당한 기여를 하고 있는데, IT기술을 활용하여 재택근무가 가능한 경우도 생기고 있어 일과 삶이 다른 영역에서 트레이드오프(trade-off)의 관계가 아닌 일과 삶의 융합을 가능하게 할 수 있는 수단으로 발전하고 있다. 이러한 경향성은 조직의 경력개발 전략에도 많은 변화가 있어야함을 의미한다. 일과 삶의 통합은 조직구성원 개인들이 궁극적으로 자신의 삶의 가치와 일의 가치가 서로 모순되지 않고 일관성을 유지할 수 있을 때 가능한 것이다.

3) 주관적 경력성공에 대한 가치 증대

경력성공에는 높은 지위, 많은 보수, 명성 등 객관적 측면의 성공의 의미도 있지만 만족감, 희망, 동기, 활력 등의 주관적 경력성공의 의미도 있다. 사회가 다변화되고 사회적 가치도 다양화됨에 따라서 개인이 자신의 일에 대해서 어떻게 주관적으로 판단하는가 하는 것이 중요한 경력성공의 잣대가 되고 있다. 객관적 경력성공의 가치가 낮아지는 것은 아니지만 그만큼 객관적 측면만으로서는 성공에 대한 인식을 모두 충족할 수 없고 개인의 가치체계와 일의 성격 및 난이도 등이 일치하는 것이 점점 더 중요성을 더해가고 있다.

나. 조직 측면

1) 핵심 인재 중심의 경력개발

개인이 다중 경력을 추구한다고 해서 조직이 구성원의 경력개발을 포기하지는 않는다. 경력개발에 대한 조직의 입장이 난처하거나 복잡해진 것은 사실이지만 경력개발은 지금과 같은 지식기반 및 창의기반 사회에서 더욱더 중요성을 더해가고 있다. 세 가지 이유를 들 수 있는데, 첫째는 창의적 핵심 인재를 조직 안에 붙들고 이직하지 않도록 하기 위한 최선의 방책은 경력개발을 적극적으로 해주는 것이다. 인재의 가치가 다른 어떤 자원보다도 중요해지는 상황에서 핵심 인재의 성장과 조직에 대한 기여는 조직이 포기할 수 없는 가치인 것이다. 둘째로 조직 내 잘 짜인 경력개발 프로그램은 우수한 인재를 선발할 수 있는 유인가가 될 수 있다. 우수한 인재들은 그 어떤 요소보다도 자신이 성장할 수 있는 조직을 선택할 가능성이 높다. 셋째는 아직도 인재들은 자신이 속한 조직에서 미래를 발견한다면 굳이 이직하고자 하지는 않는다는 것이다. 이직에는 상당한 거래비용이 발생하므로 자신이 속한 조직이 경력개발을 돕는다면 인재들은 조직에 더욱더 충성할 가능성이 높다.

2) 성과시스템과의 융합

조직이 경력개발을 인재활용의 전략으로 활용할 가치가 있는 중요한 수단으로서 인정한다면 조직의 성과시스템과의 융합을 통해서 조직 생산성을 제고할 수 있다. 즉, 직무의 목표, 평가, 보수 등의 일련의 성과 관리 과정이 각 개인의 경력계획과 연계하여 조직 몰입도를 증가시키는 것이다. 이러한 과정에서 생기는 여러 가지 문제해결 및 지원책을 제공할 수 있도록 경력진단센터(career assessment center) 등을 설립하는 기업도 증가하고 있다.

3) 유연근무제(Flexible Work Arrangement)에 대한 제고

유연근무제는 시차출퇴근형, 집약근무형, 근무시간선택형, 스마트워크형 등 다양한 형태가 존재하고 일정부분 조직구성원들의 일과 삶의 균형에 공헌해온 것이 사실이다. 이러한 유연근무제가 확대일로에 있는 것은 사실이지만 그렇다고 해서 조직구성원이 이를 적극적으로 활용하거나 조직 또한 흔쾌히 정책을 확산하려는 노력이 있는 것 같지는 않다. 왜냐하면 조직구성원이 유연근무제를 고집할 경우 조직에 대한 몰입이나 공헌도가 떨어지는 직원으로 낙인찍힐 수 있고 또한 기존에 구축된 성과시스템에서 많은 예외를 인정하여야 하므로 보수, 승진, 평가, 이동 등에 있어 많은 문제를 발생시킬 수 있기 때문이다. 구조적 측면에서 유연근무제는 두 가지 주요한 문제를 함축하고 있는데, 첫째는 유연근무제가 어쩔 수 없는 임시방편의 제도로써 활용되고 있다는 것이다. 조직의 주요한 전략으로서 추진되기보다는 문제해결을 위한 부수적 대책으로 설계되어 조직의 본류(main-stream)에서 사다리의 끝까지 올라가려는 인재들은 이를 적극적으로 활용할 동기가 없는 것이다. 더군다나 남성의 경우는 여성처럼 육아 및 출산처럼 이해될 수 있는 이유가 있는 것도 아니어서 유연근무제를 사용하려고 할 때 조직에 대한 몰입도가 떨어지거나 이직을 준비하는 사람으로 낙인찍힐 사유가 충분한 것이다. 둘째로는 유연근무제는 조직 내에 일시적 이벤트로서 기능하고 있으며 조직시스템 안의 장기적인 경력개발과는 무관하게 추진된다는 것이다. 장기적 성격이 흠결되어 있으므로 유연근무제가 가져오는 효과 또한 단기적이다.

4) 경력고원에 대한 대처

고객에 대한 민첩한 반응과 대처가 중요해지는 시기에 기업들은 중간층을 없애고 조직구조를 수평적으로 만듦으로써 고객에 대한 접점과 유연성을 높여가고 있다. 이러한 경향이 경력개발 측면에 주는 시사점은 조직구성원들이 빠른 시기에 경력고원을 겪게 되므로 인해 수직적 경력 상승보다는 수평적 전문성의 확대에 주력할 수 있도록 지원해야 한다는 점이다. 승진과 보수 이외에 다양한 경력몰입 방안을 설계하여 조직구성원이 경력동기를 잃지 않고 직무를 성실히 수행할 수 있는 환경을 조성해야 하는 필요성이 높아지고 있다.

2. 미래의 경력개발

미래가 어떻게 전개될 것인가 하는 예측은 정확도가 무척 떨어짐에도 불구하고 누구나가 전망해보고자 하는 노력을 기울인다. 복잡성과 불확실성이 더 높아진 만큼 어렵지만, 미래를 알고자 하는 의욕은 더 커진 셈이다. 경력개발 또한 이에 영향을 미치는 환경변수(정치, 경제, 사회, 문화, 조직내부 변수 등)가 급속히 변화함에 따라 어떤 형식의 경력개발이 가장 많이 활용될지에 대해서는 일률적으로 언급하기는 어렵다. 하지만 현재 진행되고 있는 경력개발의 트렌드를 종합해 볼 때, 필요조건으로 요구되는 개발의 유형과 모습을 당위적으로 기술할 수는 있을 것으로 보인다. 그러한 측면에서 다음의 세 가지가 미래의 경력개발에 필요한 유형이 될 수 있을 것으로 보는 데, 그것은 1)가치중심의 경력개발 2)대량 경력맞춤설계 3) 개인 및 조직 경력개발의 융합이다.

1) 가치 중심의 경력개발

경력개발 트렌드를 설명하면서 주관적 경력성공의 의미가 중요해진다는 점을 언급하였는데, 미래의 경력개발은 더 나아가 개인의 생활방식뿐만 아니라 자신이 소중히 여기는 가치를 중심으로 경력계획이 이루어질 것으로 보인다. 경력개발의 가장 중요한 근거는 바로 자신에 대한 이해에서 출발한다. 자신의 진정성(Authenticity)에 대한 탐구, 그리고 일과 관련하여 표피적 만족이 아닌 의미 있는 만족을 줄 수 있는 방향이 무엇인지를 깊이 있게 탐구하는 것에서 경력개발이 시작될 것이다. 왜냐하면 불확실성과 빠른 변화를 키워드로 하는 미래 경제환경 하에서 경력의 발전은 곧 자신의 일관성 있는 가치체계와의 동반성장이 되지 않고서는 혼란을 겪을 가능성이 크기 때문이다. 개인의 경력 설계에 있어서 가치를 중심에 두는 개발활동이 많이 탐구되고 지원되어야 할 것으로 보인다.

2) 대량 경력맞춤(Mass Career Customization) 설계

개인의 경력개발이 가치 중심의 경력개발이라면 조직 측면에서의 경력개발은 그 다양한 가치 체계를 수용할 수 있는 대량 경력맞춤의 형태로 제공되어야 할 것이다. 지금의 조직 경력개발은 대규모 조직구성원을 대상으로 조직 편의적이고 획일적인 경력개발 프로그램을 설계한 경우가 많아 구성원 개개인의 경력에 대한 독특한 요구가 세심하고 고려되지는 못하였다고 볼 수 있다. 하지만 미래에는 경력개발의 책임성을 개인이 주체적으로 많이 짊어지고 또한 개개인 가치에 중심을 두고 경력개발이 이루어지는 경향이 가속화된다면 조직 측면에서도 개인의 독특성과 다양한 요구에 맞게 경력개발 프로그램이 설계되어야 할 것으로 보인다. 이러한

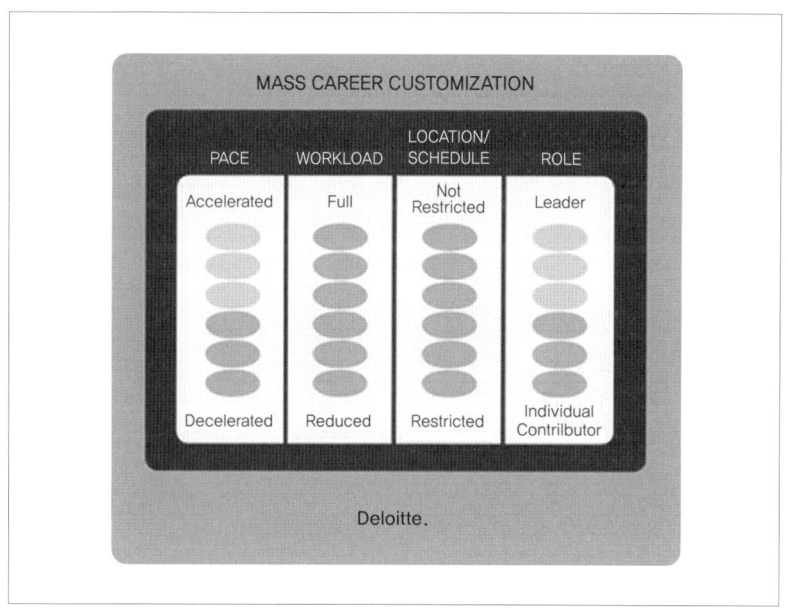

<그림 5-4> 대량 경력맞춤형 설계(Benko & Weisberg, 2007)

측면에서 Benko & Weisberg(2007)는 유용한 조직의 경력개발 프레임워크를 소개하고 있는 데, 바로 사다리형(ladder) 경력개발에서 격자형(lattice) 경력개발로 전환해야한다는 점을 강조한다. 〈그림 5-4〉에서 보이는 바와 같이 각 조직구성원들은 모두 자신의 경력단계에 따라서 진급의 속도(pace), 업무량(workload), 업무가능지역 및 시간(location/schedule), 지도성 역할(role) 등을 선택할 수 있다.

위와 같은 프레임은 특히 여성에 대해 큰 혜택을 줄 수 있는데, 처음 입사했을 때는 네 가지 요소 모두 충족할 수 있겠지만, 결혼 후 가정사에 많은 시간이 필요할 경우에는 진급의 속도, 업무량, 업무 가능 지역 등을 많이 감소시켜 이를 조직과 계약에 포함함으로써 자신의 보수 및 업무의 정도를 결정할 수 있게 하는 것이다. 그렇게 된다면 여성 조직구성원들은 결혼 및 출산으로 인한 업무의 부담이 있다고 하더라도 꼭 조직에 남느냐 아니면 퇴사하느냐의 양단 결정에 몰리지 않아도 되고 또 어느 정도 가사 일이 정리되고 조직에 많은 공헌을 할 수 있는 시기에는 다시 네 가지 요소를 모두 채워서 자신의 성과관리를 자율적으로 해나갈 수 있는 장점을 가지고 있다. 이러한 경력개발 시스템은 조직구성원 모두에게 선택권을 부여함으로써, 지금까지 일회성 또는 마지못해 도입해 온 유연근무제보다도 훨씬 공정하고 낙인찍힘 없이 자신에게 맞는 경력개발을 추진할 기회를 제공한다. 앞으로의 조직은 위와 같은 사례에서 본 바와 같이 각 개개인에 대한 경력개발을 모두 고려할 수 있는 정교한 경력개발모델을 설계해나가야 할 것이다.

3) 개인 및 조직 경력개발의 융합

테크놀로지의 발전은 더욱 가속화되고 이를 통해 개인의 경력개발과 조직의 경력개발이 융합될 수 있는 가능성이 높아질 것으로 보인다.

ICT의 발전으로 재택근무, 화상회의, 인트라넷, 지식경영시스템 등을 잘 활용하여 시간과 공간의 초월할 수 있도록 할 것이다. 가상일터(virtual workplace)는 현실화되고 있으며, 이러한 상황에서도 면 대 면의 의사소통 못지않게 소통의 단절이 없는 기술의 발전이 가능할 것으로 보인다. 이는 조직구성원의 성과 평가에도 영향을 미쳐 조직구성원이 조직 내에서 얼마나 오래 근무했느냐의 문제가 아니라 얼마나 많은 긍정적 결과를 생산했는가 하는 문제로의 전환을 촉구한다. 앞으로 조직은 이처럼 성과시스템, 경력개발, 조직전략, 다양성의 관리 등을 어떻게 잘 정렬(alignment)하여 변화된 환경에 맞게 조율할 수 있을지에 대한 고민을 더욱더 진지하게 해나가야 할 것으로 보인다.

PART
06

조직개발

본 챕터에서는 조직개발을 탐색한다. Kurt Lewin이 주춧돌을 놓아서 발전한 조직개발의 특징들을 설명하고, 인적자원으로서가 아닌 인적가치에 중점을 둔 조직개발은 어떤 방향성을 가질 수 있는지를 탐색한다.
다음과 같은 순서로 상술한다.

제1장 | 조직개발 개관
제2장 | 긍정탐구(Appreciative Inquiry) 모델
제3장 | 조직개발에서의 분석 및 개입
제4장 | 가치중심 조직개발

CHAPTER 1 조직개발 개관

　조직개발은 "조직 효과성 향상을 목적으로 전략, 구조 및 과정을 계획적으로 개발, 개선하고 강화하는 데 시스템 전반적으로 행동과학 지식을 적용하거나 전이시키는 것"(Cummings & Worley, 2015, p2)으로 정의될 수 있다.

　조직개발의 태동에서 가장 중요한 역할을 한 학자는 Kurt Lewin이라고 할 수 있다. 그는 유태인이었고 공교롭게도 제2차 세계대전이 발발하였을 때 베를린대학교에서 젊은 교수로 재직하고 있었다. 히틀러에 의해서 유태인 학살이 시작되었을 때 그는 자신의 주위에서도 동료와 친구뿐만 아니라 친척들까지 무자비하게 잡혀가고 투옥되는 모습을 지켜볼 수밖에 없었다. Lewin을 무척 당황스럽게 했던 것은 단지 며칠 전까지만 해도 개인적으로 만났을 때에는 유태인과도 사적인 대화와 즐거운 시간을 같이 할 수 있었던 근처의 독일인들이 왜 히틀러의 선동에는 쉽게 복종하고 독일인 대 유대인의 대척적인 관점을 요구 받을 때는 갑자기 유태인을 학살해도 된다고 하는 집단적인 요구를 분출할 수 있었는가 하는 점이다. 개인 간의 관계에서의 행동과 집단 간의 관계에서의 행동에는 무척 상반된 특징들이 발현되는 것을 보고 Lewin은 큰 충격을 받았던 것이다. 그때까지만 해도 인간의 행동을 설명해주는 심리학은 프로이드의 이론을 중심으로 개인의 억압과 콤플렉스의 해소에 집중되어 있었으므로 이러한 집단행동을 설명할 수 있는 이론적 기반이 없었던 것으로 보인다. 독일인으로서 Lewin은 제1차 세계대전 당시 군인 신분으로 독일을 위해 싸웠고 누구보다도 독일 시민으로서의 자긍심을 가지고 있었을 테지만 오히려 독일인에 의해 주위의 유태인 친족들이 죽어가는 모습을 보면서 무척 괴로웠을 것으로 짐작된다. 계속 주위의 유태인들이 학살되거나 교도소로 끌려가는 모습을 보고 생명의 위협을 느낀 Lewin은 영국을 거쳐 미국으로 이주하게 된다. 영국에서 조직개발 발전에 중요한 사건이 있었는데 그것은 바로 Eric Trist와의 만남이다. Trist는 최초의 조직개발 발전에 지대한 영향을 끼쳤던 Tavistock 연구소의 초기 설립 멤버로서 연구소의 부소장을 역임하였다. Tavistock 연구소는 조직개발이라는 학문 분야가 구축되는 데에 있어서 매우 중요한 하나의 개념을 소개하였는데 그것은 바로 사회기술적 시스템 (socio-technical system)이다. 이 개념이 발현된 것은 Tavistock 연구소가 석탄을 캐는 영국의 한 광산 기업으로부터 생산성 문제에 대한 컨설팅 의뢰를 받고 이것에 대한 원인과 대책을 수립하는 과정이 계기가 되었다. 광산 기업의 문제는 광부들이 힘을 써야만 하는 삽이나 곡괭이가 아니라 석탄을 더 잘 캘 수 있도록 자동화된 채탄 도구를 광부들 개인 모두에게 지급했음에도 생산성은 삽을 이용해서 채탄을 할 때보다도 더 낮게 나오는 상황이었다. 분명히 더 좋은 도구를 사용하면 더 많은 석탄 생산량이 나와야 함에도 불구하고 삽의 사용보다도 못한 생산량과 그 채탄 도구 구입에 들인 어마어마한 투자비용에 광산 기업의 CEO는 무척 실망을 했던 것이다. Tavistock 연구소는 즉시 원인을 파악하기 위해 광부들을 인터뷰했고 장시간 그들이 하는 작업들을 관찰하였다. Tavistock 연구소가 찾아낸 문제의 원인은 어찌보면 매우 단순했지만 조직개발의 역사에서는 상당한 기여를 하게 된 발견이 되었다. 그것은 바로 새로운 채탄 도구를 배급함으로 인해 초래된 업무의 구조와 과정의 변화 때문이었다. 즉, 자동화된 채탄 도구를 각 개인들에게 지급하기 전 까지는 광부들이 비록 삽과 곡괭이를 사용한다고 하더라도 4-5명씩 하나의 그룹이 되어 땅파기, 석탄의 채굴, 운반, 광부들의 이동통로 마련 등 업무가 협동적으로 배분되고 그 절차에 따라서 이루어졌으므로 시간 낭비가 없었던 것이다. 하지만 자동화된 채탄도구를 사용하였을 때에는 이러한 협력적 절차가 무시되고 모두가 석탄의 채굴만 동원되거나 땅파기, 운반 등에도 인원을 책정하였다고 하더라도 자동화 기계에 의해 채탄 활동은 활발했지만 파헤쳐진 흙을 치우고 석탄을 갱외로 이동하는 작업을 하기까지는 한참을 기다려야 했으므로 이전의 협력적 조직활동이 무너져 버렸던 것이다. 결국 여기서 알 수 있었던 것은 조직활동에 있어서 새로운 도구, 즉 테크놀로지가 혁신에 매우 중요한 요인이 될 수는 있어도 그것이 사람들의 작업 방식 및 사회적 관계, 조직의 문화와 잘 매치되지 않는다면 생산성에는 오히려 악역향을 줄 수 있다는 점이다. 이러한 측면에서 조직은 단지 인간의 집합인 사회적 시스템(social system)만으로, 또는 기계, 도구, 구조, 과정 등의 기술적 시스템(technical system)만으로는 규정할 수 없고 오히려 인간과 기술의 상호작용이 조직의 핵심적 요소이며 이를 고려한 작업디자인이 생산성에는 매우 중요하다는 점을 Tavistock 연구소가 발견한 것이다. 이를 조직에 대한 사회기술적시스템 접근이라고 하는데 이것의 시사점은 매우 심대하다. 우리가 혁신의 확산(diffusion of innovation)을 생각할 때 대부분 기술의 전파로 간주하는 경향이 있는데 조직 내에서 혁신이 성공하기 위해서는 새로운 기술뿐만 아니라 조직구성원들의 맥락, 즉 구성원들이 그 기술을 수용하고 활용하고 자신의 업무 내에서 제대로 기능하게끔 하는 작업 구조가 완성되어 있어야 한다는 것이다. 예를 들어 학교와 같은 교육 기관에서도 정보화 교육이라고 해서 단지 학생들에게 태블릿이나 모바일 기기만을 사주고 학습 성과가 올라갈 것을 기대하는 것은 매우 무리한 요구이다. 왜냐하면 컴퓨터나 모바일 기기를 사용한 수업이 제대로 되기 위해서는 컴퓨터를 활용할 수 있는 수업이 디자인되어야 하고, 가르치는 교사들은 훈련되어야 하며, 또한 학생들의 과제 활동 및 학습평가에도 컴퓨터가 활용될 수 있어야하고, 이러한 수업을 잘하는 교사가 제대로 인정받는 학교의 보상시스템까지도 존재해야만 겨우 정보화 교육이 정착될까 말까하는 수준이 되기 때문이다. 기업에서도 90년대 말에는 '지식경영'이라고 하는 관리 전략이 유행처럼 번졌던 시기가 있었다. 지식자본이 경쟁의 원천이 되었기에 일견 이해가 되는 상황이지만 몇몇 기업들은 지식경영이 기업 내에 인트라넷 망을 잘 구축하여 정보를 모으고 전달하면 지식경영이 완성되는 것으로 착각했던 경우도 있었다. 단지 기술적시스템만 구축이 된다면 지식경영은 당연히 뒤따를 수 있다는 오해에서 비롯된 것이고 결과는 당연히 실패일 수밖에 없었다. 기술적시스템은 인간과의 상호작용 그리고 업무의 재설계, 목표와 실행의 정렬, 조직의 전략적 방향 등등이 모두 고려되어야만 그 가치가 드러날 수 있을 것이다.

Tavistock 연구소는 인간의 관계망인 사회적시스템과 도구의 관계망인 기술적시스템이 개별적으로 있는 것이 아니라 서로 상호작용하는 전체 사회기술적시스템으로서의 조직을 가정해야 조직개발을 효과적으로 이루어 나갈 수 있다는 점을 찾아내었고 이는 조직개발의 발전에 큰 공헌을 하였다. 조직개발의 학문적 토대가 단지 Lewin이 미국으로 이주하여 그곳에서만 연구하여 발전시킨 분야가 아니라 이렇게 영국의 근원도 존재하고 있다는 것을 언급하는 것은 매우 중요하다. 그만큼 조직개발은 국제적인 협력적 연구들을 통하여 계속 발전해 오고 있다.

Lewin은 1933년 영국 캠브리지에서 Trist를 만난 이후 같은 해에 미국으로 이주하게 된다. 미국으로 가면서 그의 마음 속에서는 가장 큰 화두가 있지 않았을까 짐작해 본다. 그것은 바로 앞서 언급했던 바와 같이 자신과 같은 유태인에게 독일인들이 개인적으로 만났을 땐 친한 동료로서 얼마든지 좋은 인간관계를 만들 수 있었지만, 집단적인 요구를 분출할 때는 유태인 학살에 그렇게 쉽게 동조하는가에 대한 의문이었을 것이다. Lewin은 이 문제가 그동안 자신이 공부해 왔던 심리학과 철학의 바탕으로서는 풀 수 없었던 미지의 어떤 것으로 느껴졌을 것으로 보이고, 자유로운 학문 연구의 장인 미국에서 이를 규명하고자 했을 것이다. 결국 Lewin은 아이오와, MIT, 스탠포드 대학을 거치면서 자신의 천재적인 통찰을 드러냈다. Trist와의 만남에서도 이미 인간의 행동이 개인적 특질로서만 설명될 수 없고 조직의 맥락 속에서 파악되어야 한다는 점을 분명히 했던 것과 마찬가지로, 그의 이 화두에 대한 고민은 이미 미국에 도착하기 전부터 끊임없이 그 통찰의 씨앗이 발전되고 있었다. 그 통찰의 씨앗은 바로 다음의 두 가지 이론적 가정으로부터 시작되었다. 첫째는 이미 Lewin의 공식으로 잘 알려진 다음과 같은 심리학적 행동방정식이다;

$$B = f(P, E)$$

(B: Behavior, P: Person, E: Environment)

인간 개인의 행동은 과거의 축적된 생각과 감정의 토대 위에서만 현재의 행동이 이루어지는 것뿐만 아니라 공간적 환경의 맥락과의 상호작용 속에서 행동이 나온다는 것이다. Freud 심리학에서 개인의 행동은 그 사람의 역사성 즉, 축적된 과거의 경험을 분석함으로써 현재의 행동을 이해하는 측면에서 시간성만을 강조했다면, Lewin은 이러한 시간성에 더해서 공간적 맥락의 중요성을 포함하여 그 상호작용의 함수로서 인간의 행동을 설명하고자 했다. 이는 개인심리학을 벗어나 조직심리학의 출발을 알리는 신호임과 동시에, 인간행동의 맥락적 진실을 깊이 이해할 수 있고 환경이라는 변인이 추가되어 환경과 개인의 상호작용이라고 하는 역동성의 측면에서 풍부한 인간행동의 이해를 가능하게 해주었다.

두 번째로 언급하고 싶은 Lewin의 통찰은 바로 조직 자체가 하나의 분석단위(unit of analysis)가 될 수 있다는 점을 부각한 것이다. 1900년대 초까지만 해도 기껏해야 인간의 행동을 분석한다고 하면 오로지 개인만이 대상이 되었고 그룹 또는 조직이라고 하더라도 결국은 개인들을 모아놓은 집합에 불과한 개념이었다. 조직은 단지 개인들의 합이라는 생각이 뿌리박혀 있어서 조직을 알려면 각 개인 하나하나를 모두 분석하고 이것을 합해보면 조직을 이해할 수 있다는 관점이 지배적이었다. 하지만 Lewin은 조직이 개인의 모임으로서만 설명될 수 있는 것이 아니며, 오히려 개인의 합을 넘어서는 조직 자체만의 고유한 성질과 특색이 드러날 수 있다는 것을 강조하였다. 이것이 진정 조직개발이라는 학문 분야를 가능하게 한 위대한 통찰이며 이러한 통찰을 바탕으로 Lewin은 조직개발의 근간이 되는 다음과 같은 다섯 가지 이론을 제시하였다.

1) 역장분석 (force field analysis)

Lewin에게 있어서 장(field)은 어떠한 현상이 벌어지고 있는 장소의 의미로서 그 현상을 하나의 관점이 아닌 전체성의 측면에서 파악하고자 하는 이론이다. 여기에서 전체성은 변화를 지향하는 추진력과 변화를 억제하는 저항력이 동시에 분출되고 있는 현장을 의미하며, 역장분석은 이러한 추진력과 저항력의 각 요소들을 분석해 내는 방법을 설명한다. 따라서 역장분석의 측면에서 어떤 개인의 심리적 상태 또는 사회적 조직이 안정되어 있다고 하는 것은 특별한 사건 없이 비어있는 상황을 의미한다기 보다는 변화의 추진력과 저항력의 세기가 동등한 균형을 이루고 있다라는 의미로 해석된다. 개인의 심리적 장(field)이건 사회적 조직의 장이건 간에 그곳은 추진력과 저항력이 역동적으로 활동하고 있으며 역장분석은 이러한 세력을 일으키는 다양한 요소들을 분석함으로써 개인 또는 조직의 변화와 균형을 전체적으로 설명할 수 있도록 도와준다.

2) 감수성 훈련(sensitivity training)

Lewin은 개인의 행태 변화를 위해서는 강연이나 세미나보다 비공식인 토론이 훨씬 효율적이라는 점에 착안하였다. 조직개발은 조직 효과성을 높이기 위한 계획된 변화관리라는 점에서 개인, 그룹, 조직 차원에서 전반적인 변화가 필요한데, 조직 자체를 하나의 분석 단위로 삼는다고 하더라도 개인의 행동 변화를 놓칠 수는 없었다. 개인이 생각하고 일하는 방식이 바뀌어야 더 큰 차원의 변화가 가능하며 개인을 변화시키는 방법 가운데서도 감수성 훈련은 효과가 직접적이고 강력할 수 있다.

감수성 훈련이 개발된 배경에도 참으로 재미있는 이야기가 숨어져 있는데 여기서도 Lewin의 창의적 접근 태도를 엿볼 수 있다. MIT에서 연구 활동을 하던 Lewin은 어느 날 코네티컷주 인종간 화해위원회(Connecticut State Inter Racial Commission)의 관리자로부터 연락을 받고 자신들의 워크숍에 참여해서 컨설팅을 해달라는 요청을 받는다. 흔쾌히 허락을 하고 유능한 대학원생들과 함께 워크숍에 참석한 Lewin은 낮에 있었던 워크숍 참여자들의 여러 활동들을 관찰하였다. 그리고 저녁시간에는 대학원생들과 낮에 관찰했던 여러 기록들을 서로 공유하는 시간을 가졌다. 이러한 자체 회의 시간을 보내면서 Lewin은 그들만의 관찰 경험의 공유가 너무 아깝다는 생각이 들었고, 그 대상인 워크숍 참가자들도 같이 와서 우리가 대화하는 내용들을 청취하면 좋겠다는 의견을 내었다. 그래서 큰 방에 모여 안쪽 서클에는 Lewin과 대학원생들이 관찰 기록을 서로 얘기하고 그 주위의 바깥쪽 서클에는 워크숍 참가자들이 간이의자를 놓고 앉아서 Lewin과 대학원생들의 대화 내용을 듣게 되었다. 대화가 잘 이어지던 순간에 한 대학원생이 낮에 보았던 관찰 경험을 얘기하던 중 갑자기 바깥에서 지켜보고 있던 참여자 한 명이 손을 들고 발언하기 시작했다. 그 사람은 바로 대학원생이 얘기하던 그 관찰 대상의 인물이었던 것이다. 그는 대학원생의 관찰 내용에 대해 이의를 제기하고 자신의 의도는 그러한 것이 아니었음을 강변하기 시작했다. 관찰자와 관찰 대상의 의견이 갈리면서 상황은 순식간에 복잡한 토론의 장으로 변질되기 시작했다. Lewin은 이러한 상황이 벌어진 것을 오히려 다행이라고 생각했다. 인간의 특정한 행동에 대해 다양한 시각이 존재할 수 있고 이러한 입장의 배후를 서로 거리낌 없는 대화를 통해 오해를 해소할 수 있는 기회를 가질 수 있기 때문이었다. 일터는 사실 업무 처리가 중심이라서 공식적 관계만이 중시되므로 서로의 이해에 따라서 인간의 행동을 깊이 있게 이해할 기회가 적다. 하지만 이렇게 일터를 떠난 워크숍과 같은 훈련 상황을 의도적으로 만든다면 평소에 할 수 없었던 속 이야기를 개방할 기회를 얻음으로써 일터로 돌아갔을 때 갈등과 오해를 줄여 나갈 수 있다는 점이 매우 고무적이었다. 조직에서 효과성이 충분히 발휘되지 않는 것은 구성원들이 서로를 이해하지 못하는 데 원인이 있을 수 있다. 다른 구성원이 나를 어떻게 보는지를 알게 되면 나의 태도나 역할을 바꿀 수 있고, 역지사지의 자세로 다른 구성원의 처지에서 그 사람을 이해하는 노력도 할 수 있는 것이다. 이같이 감수성 훈련은 인간관계를 심화시킴으로써 자신과 상대방을 감각적·감성적으로 이해할 수 있게 하며, 이로써 자신의 역할을 긍정적으로 확대하고 동료와의 협력을 강화해 조직성과를 향상시킬 수 있는 조직개발 수단이다.

감수성훈련은 T-그룹(여기서 T는 training의 의미) 또는 실험실훈련으로도 불리며, 10~15(또는 20명)의 구성원들을 2~3주 동안 실험실 상황의 별도 장소에 모아놓고 훈련을 실시한다. 추상적인 수준의 목표만 정해놓고 자유롭게 토론하며 참가자들은 훈련자(trainer, facilitator)의 지도에 따라 서로의 말과 행동을 관찰한다. 참가자들은 서로의 말과 행동에 대한 자신의 느낌을 표현하고, 다른 참가자들이 자신에 대해 피력한 평가를 받아본다. 이를 통해 자신과 상대방의 가치관·사고방식·행동방식을 객관적으로 보게 되며, 자기 행동에 대한 통찰력을 키우고, 자기 행동이 다른 사람에게 어떤 영향을 미치는지도 깨닫게 됨으로써 이를 통해 협동심·성실성·적극성을 갖고 조직 효과성을 높이는데 기여하게 된다.

여기서 활용될 수 있는 자기이해를 위한 모델은 '조하리의 창'이라고 불리는데, Joseph과 Harrington이 만든 이론이라서 그 둘의 이름을 합성하여 모델의 이름이 명명되었다. 감수성 훈련에서 꼭 이 모델만이 이용되는 것은 아니지만 자기이해 측면에서 시사점이 크기 때문에 설명을 덧붙인다. 조하리의 창은 〈그림 6-1〉과 같이 자신에 대해 자신이 알고 있는 부분과 모르는 부분, 자신에 대해 타인이 알고 있는 분과 모르는 부분, 이렇게 네 가지 측면(facet)이 있다.

여기서 창이 의미하는 바는 자신의 심리적 영역을 지칭하며 자신과 타인의 관계 속에서 규정되는 인식의 내용들이라고 볼 수 있다. 열린 창이 협소하고 미지의 창이 넓은 영역을 차지할 때 나와 타인의 관계는 그만큼 소통의 어려움을 겪을 가능성이 크고 이로 인해 갈등과 오해가 늘어날 소지가 크다. 이러한 소통의 걸림돌은 조직 생산성을 저해하는 것은 물론이고 개개인 자신에게도 무척 고통이 될 수도 있다. 따라서 조하리의 창

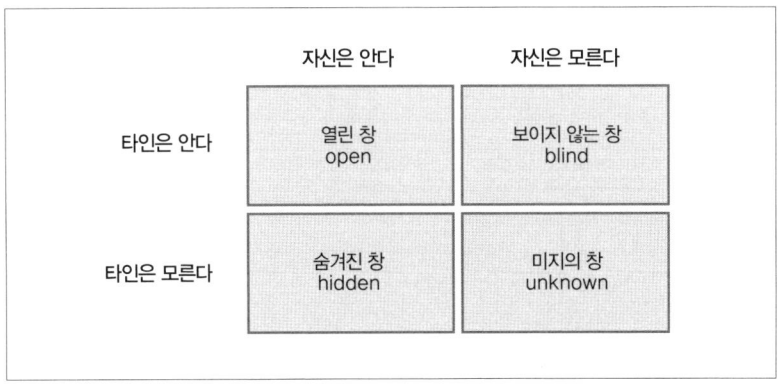

〈그림 6-1〉 조하리의 창

에서 중요한 초점은 열린 창(open 영역)을 확대하고 미지의 창(unknown 영역)을 줄여가는 노력이다. 그러기 위해서는 미지의 창뿐만 아니라 보이지 않는 창과 숨겨진 창 모두 축소할 필요가 있다. 그렇다면 보이지 않는 창(blind 영역)을 줄이기 위해서 개인은 어떠한 노력을 해야할까? 그것은 나는 모르지만 타인은 알고 있는 영역이므로 나에 대해서 타인에게 정직한 피드백(feedback)을 구하고자 한다면 어느 정도 그것을 받아들임으로써 나의 행동을 교정해 나갈 수 있다. 그리고 숨겨진 창(hidden 영역)은 나는 알지만 타인은 모르고 있는 영역이므로 나를 조금 더 타인에게 개방함(exposure)으로써 축소해 나갈 수 있을 것이다. 이렇게 피드백과 개방이 자연스럽게 이루어질 수 있도록 따로 워크숍의 기회를 만드는 훈련이 감수성 훈련이라고 볼 수 있다.

감수성 훈련은 조직개발 분야에서 팀빌딩(team building)과 기업문화 혁신(corporate culture initiatives)의 기초를 제공하였다는 데에 의의가 있다. 하지만 비판과 대안도 만만치 않은데 만약 훈련자가 활발한 토론을 위해 과격하거나 거친 방식으로 훈련을 주도하게 되면 참가자들이 부정적 충격을 받을 수도 있다는 점, 그리고 자신의 속내를 너무 털어놓음으로써 오히려 인간관계가 불편해질 수도 있으며, 자신이 털어놓은 불평에 대해 동료나 상사, 또는 회사가 불이익을 줄 수 있다는 우려도 있을 수 있다. 현실적으로 2~3주간 시간을 내기 어려운 것 또한 현실적인 문제로 대두될 수 있다. 이러한 우려에도 불구하고 감수성 훈련이 조직개발이라는 학문 분야가 초기 정체성을 확립해 가는 데에 주춧돌 역할을 했다는 점은 의심할 여지가 없다.

3) 집단역학(Group Dynamics)

집단역학은 Lewin이 주장한 '집단은 구성원의 합을 넘어서는 특징을 지닌다'고 하는 명제에 기반하고 있으며, 그룹의 형성, 발전, 쇠퇴의 과정과 그룹 내 구성원들의 갈등과 문제해결, 참여, 의사결정 등 그룹 내(within group)의 현상뿐만 아니라 그룹 간(between groups)의 상호작용과 그 결과들을 탐색하는 연구 분야이다. 그룹자체가 연구의 분석 단위(unit of analysis)가 되었다는 점에서 인간행동 분석에 대한 새로운 시도라고 볼 수 있으며, 이것은 그룹과 개인의 관계, 소그룹과 대그룹의 관계, 대그룹과 환경의 관계 등의 이슈들에 대해서 이전에 볼 수 없었던 관점들을 소개할 수 있는 바탕이 되었다. 예를 든다면, 그룹 자체의 특징이 그룹 내 멤버들에게 작용하는 힘으로 존재한다는 점도 드러날 수 있는데, 이는 인간의 행동이 타인의 존재에 의해 크게 영향을 받기 때문이다. 인간의 그룹 내의 행동은 그룹 멤버십을 갖지 않은 인간의 개별적 행동과는 사뭇 다른 점들이 발견될 수 있으며, 따라서 그룹 내의 인간 상호작용의 긍정적 효과를 증진하기 위해서는 1) 그룹의 활동 과정(process)에 관한 연구(그룹의 형성, 발전, 소멸 등) 2) 그룹의 구조(structure)에 관한 연구(그룹 내의 가치, 직책, 역할, 규범, 정책, 소통 방식, 의사결정 구조 등) 3) 그룹의 생산성(performance)에 관한 연구(경쟁과 협력, 지원과 촉진 등)가 긴요할 것이다.

4) 3단계 변화이론(3 steps of change theory)

조직개발이란 조직효과성 증대를 위한 계획적 변화 노력이라고 볼 수 있다. 이러한 측면에서 조직개발은 조직의 변화를 내포할 수밖에 없는데, 조직변화의 원형(prototype)이라고 할만한 이론을 Lewin이 제시하였다. Lewin(1951)은 위에서 언급한 역장분석(force field analysis)의 측면에서 변화란 시스템의 행위를 안정적으로 만들고자 하는 힘들의 변동이라고 보았다. 조직은 변화를 촉진하고자 하는 힘과 변화에 저항하는 힘이 공존하는 장(field)이며, 이들의 힘이 동등할 때는 유사정태적 균형(quasi-stationary equilibrium)이라고 하는 안정이 유지된다. 안정된 조직이라고 해서 힘들(forces)의 역동적 활동이 없다는 뜻이 아니라 오히려 촉진의 힘과 저항의 힘이 크건 작건 간에 그 둘의 세기가 동등하다는 의미이다. 따라서 조직이 변화하고자 한다면 그 변화를 위한 새로운 힘을 만들어내는 것보다는 현재 현상들을 유지하는 힘들의 균형을 변동시키는 것이 훨씬 저항을 줄이는 일이 될 것이다. 균형의 변동을 출발점으로 Lewin은 다음의 세 가지 단계를 제시하였다.

(1) 해빙(unfreezing) : 해빙은 어휘의 뜻에서도 알 수 있듯이 현재를 고착화(freezing)하고자 하는 힘을 감소시켜 변화를 지향하기 위한 준비들을 하는 단계로 볼 수 있다. 실제 변화가 진행되려면 현재를 유지시켰던 힘들의 균형이 깨져야 하는데, 변화 촉진의 힘이 약간 더 세지든지 아니면 변화 저항의 힘이 조금 약화하든지 하는 일이 벌어져야 하는 것이다. 현재를 유지함으로써 얻는 이익보다 변화함으로써 얻는 이익이 더 크다는 확신을 전파하거나 현재를 유지함으로 초래되는 고통이 변화함으로써 있을 수 있는 고통의 수준을 뛰어넘을 때 해빙이 진행될 수 있다. 따라서 조직구성원들에게 변화의 목적 및 방향성을 분명히 하고 그에 따른 긍정적 효과들을 구체화하며, 지속해서 동기를 부여할 수 있는 조건들을 정비하는 것이 중요하다.

(2) 이동(moving) : 이동은 개인, 그룹, 조직의 행동패턴이 새로운 수준을 보이면서 실제로 변화가 이루어지는 단계이다. 과거의 행동을 버리고 새로운 행동을 취하도록 다양한 조직개발의 방법들이 개입된다. 개인의 행위 변화는 그룹의 작업 패턴을 바꾸고 그룹의 변화는 조직의 문화를 변화시킬 수 있다. 또한 이와 반대로 조직의 가치와 목적이 변화하면 그룹의 목표와 과정이 변화하고 그룹이 변화하

면 개인의 행동이 이에 맞추어 조건화될 수 있다. 이러한 시스템적인 연관성 하에 개인, 그룹, 조직 간의 일관된 변화 노력이 긴요하다.

(3) 재동결(refreezing) : 재동결은 조직이 새로운 균형 상태를 만들어 안정화 단계를 만드는 것이다. 이동단계에서 목표로 했던 변화의 행동양식이 나타났다고 하더라도 지속해서 그러한 행동이 유지되는 것은 아니다. 따라서 바람직한 행동이 미래에도 유지될 수 있도록 제도화(institutionalization)하는 작업이 필요하다. 왜냐하면 역장분석 이론에서도 알 수 있듯이 어렵게 변화 촉진의 힘을 통해서 새로운 행동이 구축되었다고 하더라도 저항의 힘이 없어진 것은 아니며 또한 변화 촉진 작업이 거세질수록 저항의 힘도 키워질 수 있기 때문이다. 재동결의 활동이 없을 경우 변화는 쉽게 과거의 관성으로 퇴행할 것이다. 새로운 행동 기제와 조직 상태를 위한 제도화 작업으로는 조직문화, 규범, 정책, 조직구조 등을 변화에 맞게 지속적으로 강화해 나가는 것이다.

3단계 변화이론이 소개된 이후 조직 변화에 대한 수 많은 모델들이 쏟아져 나왔음에도 불구하고 결론적으로 얘기하자면 Lewin의 이론에서 크게 벗어남이 없었다고 주장할 수 있을 만큼 그의 이론은 조직 변화의 핵심 DNA를 간직하고 있다고 말할 수 있다. 예를 들면, 현대 변화이론의 최고 전문가 중의 한 명인 John Kotter(2002)는 그의 저서 『The Heart of Change』에서 변화의 8단계 과정을 설명하고 있는데 그 과정은 다음과 같다. (1) 위기의식 고취 (2) 변화선도팀의 구성 (3) 비전 구축 (4) 소통 및 비전 전파 (5) 권한 부여 (6) 단기성과의 확보 (7) 변화 확대 (8) 변화를 조직문화로 정착. 이와 같은 변화 과정의 8단계는 결국 Lewin의 이론처럼

(1)단계에서 (4)단계까지는 해빙 단계, (5)단계에서 (7)단계까지는 이동 단계, 그리고 (8)단계 제도화 부분은 결국 재동결 단계로 재구분할 수 있다. Kotter는 Lewin의 모델을 기반으로 하여 조직이 변화하고자 할 때 변화 선도자들이 체계적으로 실행해야 하는 과정들을 보다 구체화했다는 점에서 그 의의가 있다고 본다.

5) 액션리서치 모형 (Action Research Model)

Lewin은 계획된 변화가 비현실적인 상상이나 주먹구구식으로는 이루어질 수 없고 이론과 실천이 통합되는 과학적 방법을 통해 효과적으로 성취될 수 있다고 믿었다. 액션리처치 모형은 이러한 Lewin의 생각이 투영된 방법론으로써 조직에서 변화를 위한 한 번의 실천을 통해 얻어진 정보들을 잘 조직화해 놓는다면 그 정보들은 다음 번의 실천에서 개선을 위한 활동에 기초가 되고 이렇게 실천이 반복된다면 그 만큼 변화 성공의 가능성이 증진된다는 것이다. 변화를 주도하는 실천가들은 이론가이기도 하며 이론을 정립하면서도 그것에 기반하여 또 실천을 개선하는 사람들인 것이다. Lewin은 이러한 액션리서치의 모형을 다음의 5단계로 설명한다 (Dickens & Watkins, 2006).

(1) 분석, 사실의 발견, 재개념화
(2) 계획
(3) 실행
(4) 관찰(더 많은 사실의 발견)
(5) 성찰 및 재실행

Lewin은 이와 같은 다섯 가지 단계가 하나의 사이클로서 종료되는 것이 아니라 다음 단계의 재실행에서 다시 시작될 수 있는 연속적인 사이클로 고려하였다. 이러한 액션이 지속되면서 더 많은 정보가 분석되고 평가 및 종합되어 조직의 개선활동이 증진될 수 있다고 보았다. 여기서 강조되는 것은 액션리서치에 참여하는 구성원들의 협력과 임파워먼트인데, 왜냐하면 조직 문제에 직면한 당사자들의 진정한 참여의식과 그 문제를 직접 해결하고자 하는 주인의식이 없다면 액션리서치는 무의미하기 때문이다. 문제에 직면한 실천가들의 액션, 즉 과학적 해결 노력이 조직개발의 핵심임을 Lewin은 강조하고 있다.

CHAPTER 2 긍정탐구(Appreciative Inquiry) 모델[6]

　Lewin은 조직개발이라는 분야가 발전하는 데에 그 기초가 되는 이론적 근거들을 제공하였으므로 현재까지도 대부분의 조직개발 연구자들의 이론적 뿌리는 그의 이론들에 바탕을 두고 있다는 것을 부인하기 어렵다. 특히 조직의 계획적 변화를 위한 Lewin의 3단계 변화모델과 액션리서치 모델은 조직변화 이론의 DNA라고 할 수 있다. 하지만 Lewin이 변화모델에서 제시한 가정과는 약간 성격이 다른 변화모형이 1980년대에 제시되었는데, 그것은 바로 Cooperrider(1987)의 긍정탐구(Appreciative Inquiry) 모델이다. 액션리서치에서 보듯이 Lewin은 조직 변화를 위해서는 문제 중심으로 더 많은 정보의 수집과 분석을 통하여 합리적으로 해결안을 고안해 가는 과정으로 변화를 이루어 낼 수 있다고 보았다. Kotter의 변화모델 또한 효율적 변화 이행을 위해서는 위기의식의 고취와 경영자의 top-down 형식의 변화 선도 역할이 중요함을 강조하였다. 긍정탐구 모델은 이와 달리 조직이 어느 때에 가장 잘 운영되는 지를 이해해서 바람직한 미래상을 창조하는 데에 조직의 긍정적 에너지에 초점을 두는 접근을 소개하고 있다. 빠른 환경 변화에 대응하면서도 지속적으로 성장하기 위해

---

[6] 제2장은 저자가 박경연과 공동저술한 '중소조직의 긍정적 탐구를 통한 조직개발 사례연구 (상업교육연구, 제26권 2호)'의 논문에서 일부 발췌하여 수정·보완한 것임.

서는 조직구성원들이 문제에 집중하기 보다는 가능성에 집중하여 긍정적 변화를 위한 내적 역량을 키워나가는 것이 가치 중심의 조직개발 방안들을 고안해 나가는 데에도 꽤 중요한 시사점을 제공할 것으로 생각된다.

AI는 Cooperrider가 자신의 박사학위 논문을 위해 병원 조직의 조직개발 방안을 연구하면서 시작되었다. 구조화된 질문을 통해서 A라는 병원에는 그 조직의 문제 및 흠결된 것이 무엇인지를 찾도록 하고, B라는 병원에는 과거에 가장 성공적이었던 경험을 떠올려 긍정적 핵심(positive core)을 중심으로 조직 발전 방안을 생각해 보도록 유도했다. 그 결과 B라는 병원에서의 조직효과성이 훨씬 크다는 것에 착안하여 Appreciative Inquiry라는 이론을 정립하고 최초로 1987년에 이에 대한 논문을 출간하였다(Cooperrider & Srivastva, 1987). 전통적인 조직개발 방법이 문제점을 분석하고 해결책을 모색하는 것에 집중한 반면 AI는 과거의 문제점보다는 조직의 미래가치를 중심으로 현재 조직의 성과와 변화를 모색한다. 문제해결지향적(problem-solving oriented) 접근법은 문제의 원인에 대한 분석이 초점이므로 필연적으로 그러한 원인을 제공한 사람 또는 사건에 대한 비판과 책임 추궁이 수반되게 된다(Watkins & Mohr, 2001). 또한 원인을 찾기 위해 과거를 지향하는 관점을 갖게 되고, 미래의 준비 보다는 현재의 결점을 보완하고 수정하는 소극성을 지니게 된다(정종원·이종원, 2010). AI는 문제해결 접근법과 달리 조직의 강점을 탐구하고 발견된 강점에 대한 구성원들의 인식이 조직변화와 혁신에 동력이 될 수 있도록 하는 데에 초점이 있다. 이렇게 문제지향적 접근과 강점지향적 접근이라는 표면적으로 보이는 차이점 말고도 AI는 몇 가지 점에서 전통적 조직개발과는 구별되는 특성을 지니고 있다.

첫째, AI는 조직구성원 행동(behavior)의 변화를 넘어 생각과 아이디어의 변화에 초점을 둔다. 조직개발은 1940년대 심리과학으로부터 시작되었고 측정할 수 있는 행동의 변화를 목표로 하였다. Porras & Robertson(1992)은 조직개발을 "조직구성원의 일터에서의 행동 변화를 통하여 개인개발과 조직성과의 향상을 목적으로 하는 실천"(p. 272)이라고 정의하였다. 이에 비해 AI 이론가들은 그들이 창조하고자 하는 것을 "오래된 이슈를 보는 데 있어서 새로운 시각을 갖추는 것(new lens for seeing old issues)"(Bushe & Kassam, 2005, p. 164)으로 묘사한다. 기존의 조직개발이 컨설턴트의 외부에서 검증된 새로운 아이디어를 고객의 조직에 적용하는 데에 초점을 둔다면 AI는 내부 구성원들의 힘에 의해 새로운 아이디어가 창조되는 것에 핵심이 있다.

둘째, 기존의 조직개발은 분석 단계에서 숫자 또는 묘사적 데이터의 형성을 목적으로 하였지만, AI에서는 조직의 새로운 가능성에 대한 기반을 형성하는 데에 관심이 있다. 이러한 기반은 언어적 또는 문화적 기반으로서 예를 들어 "생성적 은유(generative metaphor)"(Barrett & Cooperrider, 1990)와 같은 개념의 형성을 통하여 행동의 변화를 촉진하는 촉매들을 발견한다. Bushe(1998)는 생성적 은유의 좋은 예로서 '지속가능한 성장(sustainable development)'이라는 개념이 지금까지 경제 우선주의자들과 환경론자들의 끊임없는 갈등을 새로운 기반위에서 대화할 수 있게 하였는지를 설명한다. AI 실천가들은 분석 단계에서 문제투성이의 조직을 상정하는 것이 아니라 어떻게 새로운 기반 위에서 미래의 가능성을 성취할 수 있는 조직인가를 가정한다.

셋째, AI는 이미 동의되고 계획된 변화를 조직에 집행하기 위해 과정을 설계하고 변화관리 계획을 세우지는 않는다. 오히려 조직구성원들의 즉각적이고 임시변통의 행동들이 촉진될 수 있는 계획과 과정을 설계한다. 이는 AI가 중앙 집중적인 하향식(top-down) 변화관리를 지양하고 조직구성원들의 창의적 잠재력에 의존한 상향식(bottom-up) 변화를 꾀한다는 것을 의미한다. 이러한 AI의 특징들은 뒷장의 AI에 대한 이론적 탐색 부분에서 좀 더 자세하게 논의될 것이다.

앞서 제시한 설명이 물론 문제해결적 조직개발 접근법과 구별되는 AI의 모든 특징을 아우르고 있다고 보기는 어렵다. 하지만 위의 몇몇 특색들은 AI가 조직개발의 새로운 접근법으로서 전통적 조직개발 방법에 익숙한 한국적 상황에 맞게 적용해 볼 필요성이 있다는 함의점은 제시해주고 있다. 본 섹션에서는 이를 위해 AI 방법의 이론적 배경과 주요 내용을 살펴보고자 한다.

1. 이론적 배경

AI가 발전하는 데에는 많은 이론들의 영향이 있었지만, 가장 큰 영향을 준 이론은 긍정심리학(positive psychology)과 사회구성주의(social constructionism)라고 볼 수 있다(Conklin, 2009). 먼저 긍정심리학은 미국심리학회의 회장을 역임한 펜실베니아대학 심리학 교수 Martin Seligman의 기존심리학의 한계에 대한 지적과 대안의 제시로부터 시작되었다. 긍정심리학은 삶에서 가장 나쁜 것들을 고치는 것에만 전념하는 것에서 삶에서 가장 좋은 것들을 함양하는 것으로 심리학의 변화를 촉발하는 데에 목적을 두고 있다(Seligman, 2005). 이상행동과 부적응을 정상으로 회복시키는 것에 기존 심리학이 초점을 두었다면 긍정심리학은 정상적인 사람이 더 좋은 상태로 변화될 수 있는 가능성에 관심을 둔다. 따라서 긍정심리학의 주제들은 좌절, 무기력, 혼돈, 병적 심리 등이 아니라 대표강점(Seligman, 2002), 주관적 안녕감(Diener, 2000), 몰입(Csikszentmihalyi, 1990), 정신건강(Keyes, 2005), 희망(Snyder, 1994), 지혜(Kramer, 2000; Kunzmann, 2004), 용서(McCullough, 1999), 자기결정(Deci & Ryan, 2000), 마음챙김(Langer, 1989), 의미추구(Baumeister, 1991), 영성(Pargament & Mahoney, 2002)

등의 이슈들이다. 요약하면 인간이 어떻게 더 행복해질 수 있을까하는 문제로 수렴될 수 있다. 이에 대해 긍정심리학은 두 가지 중요한 요소를 지적하고 있는 데, 첫째는 의미 있는 삶의 목표이고 두 번째는 그 목표를 달성하기 위해 자신의 대표강점을 효과적으로 활용하는 것이다. Seligman은 그의 저서『Authentic Happiness(2002)』에서 위의 두 가지 요소가 잘 활용된 정도에 따라서 네 가지의 삶으로 구분하여 설명한다. 행복과 웰빙이 긍정심리학의 바람직한 결과물이라고 볼 때, 즐거운 삶(the pleasant life)은 긍정적 감정을 성공적으로 추구하는 삶이고, 좋은 삶(the good life)은 자신의 대표 강점을 잘 활용하여 즐거움만이 아닌 삶의 풍부한 만족(gratification)을 얻는 삶이고, 의미 있는 삶(the meaningful life)은 대표 강점을 자신보다 더 큰 것에 공헌하기 위해 활용한다는 점에서 좋은 삶과 구분되며, 마지막으로 완전한 삶(the full life)은 위의 의미 있는 삶이 과거, 현재, 미래에 걸쳐 충분히 충족되는 삶이라고 정의한다.

현재 긍정심리학은 이러한 개인적 관점을 넘어서 긍정적 조직과 기관에 대한 연구에까지 폭을 넓히고 있다. 긍정심리학이 조직 분야에 응용되어 논의된 분야는 크게 두 가지 흐름으로 구분될 수 있는데, 그것은 바로 긍정조직학(positive organizational scholarship; POS)과 긍정조직행동(positive organizational behavior; POB)의 분야이다. 긍정조직학(e.g., Cameron, Dutton, & Quinn, 2003)은 긍정적이고 활력을 주는 조직적 제 현상에 대한 연구로 정의되고 있으며, 긍정조직행동(Luthans & Youssef, 2007)은 조직의 성과향상을 위해 긍정적으로 지향된 사람의 강점과 심리적 역량들에 대한 연구와 응용으로 정의된다. AI는 긍정심리학이 조직에 적용되었을 때 나타나는 제 현상을 연구하는 긍정조직학의 한 방법이라고 볼 수 있으며, 조직을 유기체에 비유한다면 최상의 건강과 활력을 조직 속에 불어 넣기 위한 긍정심리학적 처방이다.

또 하나의 이론적 배경으로서 사회적 구성주의를 들 수 있는 데, 이는 사회적 관계에 의한 개인 또는 집단의 의미 구성 이외에, 바깥 현상에 대해선 발견할 실체적 진실이 없다는 것이다(Gergen, 1994). 이는 관찰자(the observer)와 관찰되는 대상(the observed)이 서로 분리될 수 없다는 관점에서 비롯된다. 관찰자가 의도를 가지고 관찰되는 대상을 바라볼 때, 이미 관찰 대상은 관찰자에 의해 변형되고 영향을 받는다. 이렇듯 관찰 대상을 관찰자로부터 분리할 수 없으므로 바깥의 완벽한 객관적 진실은 발견될 수 없고 관찰자의 인식 수준 및 의도에 따라서 실재는 구성된다고 본다. 이렇게 관찰적 관점에서 보았을 때, 모든 사회적 행동은 다양한 해석에 열려있고 그 어떠한 해석도 객관적으로 더 뛰어나다고 볼 수 없다는 입장이 사회적 구성주의에서는 지지된다. 또한 어느 한 공동체가 그 사회적 질서 또는 구조를 바꾸는 가장 좋은 방법은 대화를 통해서이고 그 대화에 있어서의 언어적 구성 또는 활용이 바뀐다면 그것이 갖는 사회적 실천에 있어서의 변화는 심대할 수 있다고 본다. 왜냐하면 어느 한 순간의 사회적 질서는 대화와 참여를 통한 광범위한 사회적 동의(social agreement)의 결과물이기 때문이다(Cooperrider, Whitney, & Stavros, 2008). 사회적 구성주의에 있어서 개인과 조직은 자신의 실재를 창조하고 결정한다. 이러한 이론적 배경에 따라 AI는 조직을 정의하는 데 있어 인간간의 관계성을 그 중심에 둔다. AI는 가능한 한 많은 조직구성원들이 조직의 긍정성에 대한 질문에 참여할 수 있도록 유도하고 바람직한 조직의 미래를 설계해 가도록 이끈다.

2. AI의 원칙

Cooperrider는 수 년 동안 의도적으로 특별한 AI 방법론을 창조하기를 피하였고, 대신 긍정적인 탐구의 시도를 안내할 수 있는 일련의 원칙들을 제시하였다(Bushe & Kassam, 2005). AI의 발전과정에서 2가지 종류의 원칙들이 소개되었으며 첫 번째는 Cooperrider & Srivastva(1987)에 의해 제시되었다;

(1) 탐구는 긍정에서 시작된다(the inquiry begins with appreciation)
(2) 탐구는 적용 가능하다(the inquiry is applicable)
(3) 탐구는 행동을 촉진한다(the inquiry is provocative)
(4) 탐구는 구성원 공동의 활동이다(the inquiry is collaborative)

첫 번째 원칙이 의미하는 바는 AI는 조직의 문제에 집착하기 보다는 최상의 것에 집중하고 그 가치와 동력, 최고를 성취하고자 하는 실천을 이끌어 내는 데에서 시작되어야 한다는 것이다. 두 번째 원칙은 AI의 결과는 그 탐구가 일어난 조직에 적용할 수 있고 또한 정당한 실천적 함의점을 지니고 있어야 한다는 점이다. 세 번째는 긍정적 탐구 자체가 조직구성원들에게 의미가 있는 지식, 모델 또는 이미지들을 형성할 수 있도록 하고 이를 중심으로 일관된 활동을 추진할 수 있도록 해야 한다는 원칙이다. 마지막 네 번째 원칙은 조직구성원 모두가 긍정적 탐구에 주인의식을 가지고 참여하고 실천해 나가야 한다는 것을 강조한다. 두 번째와 네 번째 원칙은 조직개발에 익숙한 사람들에게 조직개발의 핵심과 맞닿아 있다고 생각할 수 있지만, 첫 번째와 세 번째 원칙은 전통적 조직개발의 원칙들과는 다소 구분되는 원칙으로 보일 수 있다. 위의 네 가지 원칙들은 다양한 AI 실천에 대한 기본적인 방향성을 제공하며, 본 논문에서 소개되는 사례 또한 AI의 특징적인 원칙들이 잘 반영되어 있다.

2000년대 초에 Cooperrider & Whitney(2001)는 그 간의 조직개발 상의 문제점들에 대응하고 첫 번째 AI의 원칙들을 보완하여 다음과 같은 다섯 가지 원칙들을 제시하였다. 이 다섯 가지는 AI의 기반을 단순한 이론에서

실천적 성격의 원칙으로 바뀌게 하는 중요한 원칙들이다;

(1) 구성주의의 원칙(The constructioninst principle)
(2) 긍정성의 원칙(The positive principle)
(3) 동시성의 원칙(The principle of simultaneity)
(4) 예기성의 원칙(The anticipatory principle)
(5) 시(詩)적 원칙(The poetic principle)

구성주의의 원칙과 긍정성의 원칙은 앞부분의 이론적 배경에서 설명된 사회구성주의 이론과 긍정심리학의 내용을 중심으로 하는 원칙들이다. 동시성의 원칙은 조직에 대한 탐구와 질문들이 하나의 시스템 변화를 위한 개입(intervention) 자체가 될 수 있다는 믿음에 기반을 둔 것으로 우리가 조직시스템에 대해 질문을 던질 때 우리는 그 조직을 변화시킨다는 원칙이다. 따라서 "변화의 씨앗은 이미 우리가 의문을 던지는 첫 번째 질문 자체에 내포되어 있다."(Cooperrider & Whitney, 2001, p. 20). 이 원칙은 전통적인 실천연구(action research)가 처음에 조직에 대한 진단을 하고 그 진단에 따라 변화에 대한 대안을 마련하고 실행한다는 모델과는 대비된다. 오히려 AI 이론가들은 우리가 질문을 던지는 순간 변화가 시작되는 것이므로 어떠한 질문을 하는지가 대단히 중요하다고 본다. 따라서 질문을 만드는 데 있어 정확한 어구의 선택과 언어에 포함된 변화를 촉발할 수 있는 잠재성에 주목한다. 예기성의 원칙은 현재 조직구성원들이 하는 행동은 미래에 대한 그들의 이미지에 의해 안내된다는 것이다. 미래의 예기된 실재를 공동의 작업으로 재구성함으로써 조직의 현재는 변화를 위한 강력한 추동력을 갖게 된다. 시적 원칙은 조직시스템은 유기체라기보다는 오히려 책(book)에 더 가깝다는 의미로서, 조직생활은 구성원들이 서로 매일 얘기하는 이야기들로 표현되고, 다시 조직의 이야기는 모든 구성원들이 공저자로서 참여하여 지속적으로 재구성된다는 것이다. 구성원들이 선택한 이야기들은 단순한 언어를 넘어서는 영향력을 발휘하는 데, 이야기의 주제들은 조직구성원들에게 감정과 이해, 의미를 불러일으키므로 긍정적 탐구에서의 언어의 선택은 그 자체로서 조직성과에 중요한 결과를 초래한다. 최근 Barrat & Fry(2005)는 위의 다섯 가지 원칙과 함께 제 6의 원칙으로써 '담화의 원칙(The narrative principle)'을 추가하여 스토리텔링(storytelling)이 조직문화의 변화에 주는 영향력에 주목하였다. 담화의 원칙은 시적 원칙에서 내포한 이론적 설명과 공유되는 부분이 많으므로 크게 본다면 시적 원칙에 포함된다고 해도 큰 무리는 없을 것으로 보인다. 다만 담화의 원칙이 제시하고 있듯이 계량성과 측정에 의존한 조직분석과 변화의 기존 틀을 넘어서 조직에 대한 문화적 접근과 전체 시스템(whole system)적 시각은 AI 방법론에서 지속적으로 강조되는 특징으로 주목할 만한 의미를 지닌다고 볼 수 있다.

3. AI의 모델

위의 AI 원칙들이 조직에서 실천되기 위해서는 보다 구체적인 개입 모델(intervention model)이 필요하다. 이를 위해 고안된 것이 4-D 사이클(Cooperrider & Whitney, 1999) 모델이다. 이 모델은 다음의 D로 시작하는 네 개의 과정이다;

(1) 발견(Discovery): 긍정성의 발견(appreciating what is)
(2) 꿈(Dream): 가능성에 대한 상상(imagining what could be)
(3) 설계(Design): 가능성 실현을 위한 설계(determining what should be)
(4) 운명(Destiny): 이상적 미래의 창조(creating what will be)

발견(discovery)단계는 과거 또는 현재의 가장 좋은 것, 조직 탁월성의 경험, 즉 조직 안에서 생명력을 주는 것(what gives life)에 대한 탐색이다. 이는 또한 조직 속에서 공유되는 최상의 이야기들을 모으는 것이다. 이러한 이야기들이 주제가 될수록 구성원들은 자신들 조직의 역사에서 잊혀야 할 사건들의 조합이 아니라 미래에 대한 긍정적 가능성을 지니고 있는 것으로 볼 수 있다. 이를 통해 희망(hope)과 역량(capacity)이 증진되고 이는 조직의 비전과 목표를 달성하기 위해 필요한 자산이 된다.

꿈(dream)의 단계는 현상유지 상태에 도전하고 발견 단계에서 다루어졌던 긍정적 핵심(positive core)을 더 극대화하여 좀 더 가치 있고 바람직한 미래를 구성원들의 마음속에 그려보는 단계이다. 꿈의 단계에서 가장 중요한 미션은 무엇이 가능할 수 있는 가에 대한 조직구성원들의 인식을 최대한 넓혀 보는 것이다. 그렇다고 해서 꿈의 단계가 한정 없이 상상만 한다는 뜻은 아니다. 꿈의 단계는 조직의 역사에 기반을 두어 상상을 하고, 이해당사자들의 목소리와 희망을 염두에 두고서 조직의 잠재성을 확대하고자 한다는 점에서 실천성을 담보한다. 조직 역사 속에서의 많은 이야기들이 공유되고 발췌되어 재해석 될수록 새로운 역사적 담화(narrative)가 생성되고 조합된다. 구성원들은 조직의 긍정적 역사를 재창조하는 데에 적극적으로 참여하고 이러한 참여는 새로운 바람직한 미래를 설계하는 밑바탕이 된다.

다음 단계인 설계(design)단계는 바로 꿈의 단계에서의 상상을 구체화하여 직접 조직의 사회적 구조를 창조하는 작업이다. 구체화를 위해서는 이를 가능하게 하는 추동력이 필요한 데, AI이론가들은 꿈의 단계에서 생성된 새로운 역사적 담화가 하나의 도발적 제안(provocative propositions)을 형성하고 이것이 조직에 대한 디자인 원칙으로서 역할을 하여 설계 단계를 완성해 갈 수 있도록 해야 한다고 조언한다(Cooperrider, Whitney, & Stavros, 2008). 도발적 제안은 이상적 조직에 대한 진술로서 두 가지 측면에서 도발적이다. 첫째는 기존의 생각의 틀에서는 생각지 못했던 이상적 조직에 대한 구체적 그림을 제안한다는 측면이고 둘째는 이 제안이 조직구성원의 행동을 촉구한다는 측면에서 도발적이다. 도발적 제안은 조직화에 대한 중요한 요소들인 리더십, 의사결정, 커뮤니케이션, 고객관계 등을 포함한다. 설계단계는 도발적 제안의 관점에서 조직의 미래에 대한 긍정적 이미지를 구축하고 이에 대한 구체적 행동들을 정하는 단계라고 볼 수 있다.

마지막으로 운명(destiny)단계는 미래에 대한 새로운 이미지를 실천하고 공유된 목적과 행동을 더욱 더 강화하는 단계로서 조직학습과 적응, 잠재된 혁신에 대한 지속적인 탐색이 중요하다. 전 단계들에서 발전되어 온 조직에 생명력을 주는 것에 대한 탐구를 유지하고 발전시킨다는 측면에서 운명이라는 단어가 쓰인다. 처음에는 실행(delivery) 단계로 명명하여 계획된 것이 실행된다고 하는 전통적 의미의 조직개발 방안과 대동소이 하였지만, AI 실천이 지속 될수록 AI가 단순한 긍정적 계획의 실행이 아닌 조직이 가진 기존의 패러다임을 변화시키는 도구로서의 역할이 더욱 강조될 수 있다는 실천가들의 지적에 따라 운명 단계로 명칭이 변경됐다. 변화된 패러다임이 조직에 정착되기 위해서는 많은 조직적 노력이 필요한 데, AI에서는 구성주의와 긍정성의 원칙에 따라서 조직에서 구성원들이 일상적으로 주고받는 이야기의 변화가 출발점이 될 수 있다고 지적한다(Bushe, 2001). 긍정적 질문은 구성원들이 공유하는 이야기를 변화시키고 이야기의 변화는 "조직의 내적 대화(inner dialogue of the organization)"라고 할 수 있는 비공식적 조직의 변화를 가져온다. 조직 안에서의 작은 변화들이 모여 지배적이었던 스토리 라인을 변화시키고 이러한 문화적 변혁이 조직의 긍정적 미래를 현재의 실천 속에서 지속적으로 구성해갈 수 있는 추동력이 된다.

위와 같은 AI의 4D 사이클 모델은 AI의 원칙을 조직발전에 실천할 수 있도록 하는 구체적 안내자의 역할을 해주고 있다.

CHAPTER 3 조직개발에서의 분석 및 개입

조직개발은 조직효과성 증진을 위한 변화 노력으로서 다음의 몇 단계의 절차를 걸쳐서 수행된다(Cummings & Worley, 2016).

(1) 진입과 계약
(2) 진단
(3) 변화의 계획과 실행
(4) 변화의 평가와 제도화

조직의 변화 노력이 제대로된 방향성을 가지고 추진되기 위해서는 진단의 정확성과 신뢰성이 매우 중요한 이슈가 될 수 있다. Lewin이 강조했듯이 조직 또는 그룹 자체가 분석 단위(unit of analysis)가 될 수 있다는 명제는 조직개발의 진단 활동에서도 엄청난 위력을 발휘한다. 조직의 미시적 영역(microcosm)과 거시적 영역(macrocosm)을 각각 분석하면서도 그것의 상관성을 관찰할 수 있는 관점을 제공하기 때문이다. 미시적 영역은 조직에 속하는 각 개인들의 행동들과 소그룹 활동들을 말할 수 있고, 거시적 영역은 대그룹과 조직 전체 그리고 환경 등을 들 수 있다. 개인, 그룹, 조직, 환경을 각각 진단하면서도 그것의 연계성 그리고 정렬여부 및 일관성을 다차원적으로 파악한다면 조직이 어느 부분에서 문제가 있고 전체적으로는 어떠한 방향으로 전환되어야 하는지 매우 구체적이면서도 종합적인 진단이 가능하다. 만약 조직 자체가 그저 개인의 집합 그 이상도 이하도 아니라는 관념에 빠져있다면 이러한 다차원적인 시각은 열릴 수가 없을 것이다. 여기서 우리는 자연스럽게 시스템적 관점(system perspective)을 가져올 수가 있다.

시스템 관점은 그 관찰 대상이 생물 시스템이건 사회시스템이건 간에 상관없이 모두 공통으로 그 자체의 항상성과 생존을 위해 일반적 구조를 가지고 활동한다고 본다. 또한 활동을 통해 자기조직화를 하면서 진화한다고 전제하며 그 시스템을 구성하고 있는 각 요소들의 관계가 그 시스템의 특성을 규정한다고 본다. 시스템을 구성하는 구조는 일반적으로 투입, 과정, 산출, 피드백으로 이루어져 있고 열린 시스템의 경우 거시적 시스템은 그 하위 단계의 미시적 시스템과 복잡성만의 차이를 제외하고는 투입, 과정, 산출, 피드백이라는 동일한 일반 구조를 지니고 있다. 이렇게 분석단위의 개념과 일반화된 시스템 구조라는 특징 때문에 우리는 조직을 진단하는 데에서도 매우 효과적인 모델을 제시할 수 있는데 Cummings & Worley(2016)는 〈그림 6-2〉와 같은 진단모델을 제시하고 있다.

Cummings & Worley의 원래 모델에서는 개인, 집단, 조직수준에서의 각 진단 요소만을 그림으로 나타냈지만, 저자가 수정하여 동 모델이 투입, 과정, 산출의 관계 속에서 상호작용하는 전체라는 것을 나타내기 위해 투입, 과정, 산출의 제목들을 부가하였다. 또한 과정에 내포된 각 요소들도 동일한 속성들이 각 분석 단위(개인, 집단, 조직) 수준에서 드러나고 있음을 지적하기 위해 목표, 과정, 기능, 자원, 규범 및 측정이라는 제목을 포함하였다. 이러한 전체 포맷을 한꺼번에 나타내는 것의 장점은 개인수준 진단 요소들의 원형들이 복잡성만을 더해서 집단수준 및 조직수준으로까지 확대되고 있다는 것을 한 번에 파악하여 조직 문제의 원인을 쉽고 빠르게 진단할 수 있다는 점이다. 이러한 유형의 분석 모델은 앞 장

	투입		과정						산출
			목표	구조	기능	자원	규범 및 측정		
조직 수준	일반환경 산업구조	⇔	전략	조직 구조	기술	인적 자원 체계	측정 체계	⇔	조직효과성 (성과, 생산성, 만족 등)
집단 수준	조직설계	⇔	목표 명료성	과업 구조	팀기능	집단 구성	집단 규범	⇔	팀효과성 (업무의 질, 성과 등)
개인 수준	조직설계 집단설계 개인적 특징	⇔	과업 중요성	과업 정체성	자율성	스킬 다양성	성과 피드백	⇔	개인효과성 (직무만족, 성과, 이직율 감소 등)

<그림 6-2> 조직체계 진단을 위한 통합적 모델

에서 언급되었던 성과공학의 진단모델과도 매우 유사한데 이는 조직을 시스템 관점에서 전체적으로 이해하기 위한 시도이기 때문일 것이다. 다만 조직개발의 진단모델은 조직효과성의 증진을 위한 진단모델이고 성과공학의 진단모델들은 성과향상을 위해 성과문제의 근본 원인을 탐색하고자 하는 진단모델이라는 점에서 차이가 존재한다. 따라서 성과공학은 결과의 변화에 치중하지만 조직개발은 조직 자체의 건강성, 즉 효율적 작업 과정, 지원적 조직 문화, 조직의 변화 역량 증진 등 조직의 생존과 발전에 기초가 되는 요소들을 강화해 나가는 데에 중점이 있다.

조직 체계의 진단 이후에는 그 분석 결과에 따라서 개입이 이루어지는데, 여기에는 다음 네 가지가 있다. 인적프로세스 개입, 기술 구조적 개입, 인적자원관리 개입, 그리고 전략적 개입 등이 그것이다(Cummings & Worley, 2016).

첫째, 인적 프로세스 개입은 조직구성원과 조직의 목표를 달성하는 과정에 초점을 둔 개입으로 상호 인간관계에서의 의사소통, 문제해결, 집단 의사결정, 리더십이 포함된다. 조직개발 실행자는 인적 성취를 중요하게 여기고 사람과 조직 프로세스의 기능이 개선될 때 조직 효과성이 나타나는 것으로 생각한다(Burnes & Cooke, 2012).

둘째, 기술 구조적 개입은 조직의 기술과 구조적 측면에 대한 개입 방법으로 생산성과 조직효과성을 중요시하는 환경 속에서 관심을 많이 받고 있다. 조직, 집단, 직무를 설계하는 방법뿐 아니라 조직구성원 관여에 대한 접근법 등이 포함되며, 조직 개발 실행자는 일반적으로 생산성과 인적 성취를 강조하고, 조직 효과성은 적절한 작업 설계와 조직 구조로부터 발생한다고 본다(Lawer III, 1992).

셋째, 인적자원관리 개입은 조직구성원을 조직 내에 성공적으로 연계시키는 것에 초점을 둔 방법으로 효과적인 인사정책인 경력계획, 보상 체계, 목표 설정, 성과 평가 등이 포함되는데 전통 인사 기능과 관련된 변화 방법들이다. 인사 관행, 성과 평가, 경력개발, 다양성과 건강 등을 포함한다. 조직개발 실행자는 조직 효과성이란 조직구성원을 조직과 통합하는 능력이 개선됨에 따라 발생한다고 보기 때문에 조직 내의 사람에 집중한다.

넷째, 전략적 개입은 조직의 내부 기능과 환경을 연계시키고, 조직이 변화하는 환경에 잘 적응할 수 있도록 조직을 변화시키려는 개입으로 조직 전체 차원에서 실행하게 되고 사업전략, 조직설계 그리고 환경이 적합하도록 돕는다. 이러한 변화프로그램은 가장 최근에 조직개발 영역에 추가된 부분이다.

조직개발에서 효과적인 개입이란 조직의 필요를 충족시키는 정도, 의도한 결과를 가능하게 하는 지식에 근거하고 있는 정도, 변화관리 역량을 조직구성원에서 전달하는 정도 등 세 가지 기준에서 만족해야 하는 것으로 보고 있다.

CHAPTER 4 │ 가치중심 조직개발

 HRD에 조직개발이 포함된 것은 전문성 향상의 입장이 반영된 것으로 보인다. 개인과 마찬가지로 인간들의 집합으로 이루어진 조직 역시 조직 전체의 생산성 향상이 생존의 근본이라고 볼 수 있다. 생산성은 그 주체의 독특한 전문성의 증진 없이는 불가능하다. 따라서 항상 개발의 가능성을 내재하고 있는 것이다.
 또한 개인개발의 효과는 최종적으로 조직의 맥락에서만 판단될 수 있다. 개인이 아무리 뛰어나다고 하더라도 조직에서의 지원과 일할 수 있는 환경이 조성되어 있지 않다면 그·그녀는 자신의 잠재성을 충분히 발휘할 수 없을 것이다. 개인 특성 및 일하는 방식과 조직 문화 등 조직시스템의 특성이 적절히 조화되고 있는가 하는 문제는 조직의 리더들이 항상 관심을 가지고 고찰해야 하는 중요한 이슈이다.
 인적가치개발론은 위의 조직개발에서 중요한 두 가지 관점, 즉 조직의 생산성 문제와 조직 내 정렬의 문제에 주목한다.
 첫째, 조직의 생산성에 대해서 지금까지 자원 관점에서는 어떻게 하면 생산성을 증진할 수 있을까의 문제만을 고민해 왔다고 볼 수 있다. 하지만 인적가치개발론은 "생산성의 방향성"에 대해서 조직구성원들이 재고해 볼것을 요청한다. 생산성 자체만을 향상시키는 것이 조직 생존에 필요조건이라고 한다면 "생산성의 방향"은 충분조건이라고 볼 수 있다. 왜냐하면 방향이 사회적 가치에 어긋나거나 오히려 윤리적인 문제를 내포하고 있다면 아무리 생산성이 증진된다고 하더라도 무용지물에 불과하기 때문이다. 기업들이 소품종 대량 생산으로 시장을 장악할 수 있었던 시기에는 오로지 생산성만 증진된다고 하더라도 고객의 요구를 충족시킬 수 있었지만, 현재와 미래의 고객들은 기업이 생산하고 있는 제품과 서비스가 과연 얼마만큼의 사회적 가치가 있는지 또는 윤리적인 문제는 없는지 매우 까다롭게 평가하고 있는 것이다. 가장 비근한 예가 ESG (Environmental and Social Governance)에 대한 강조라고 볼 수 있다. 기후 변화와 사회적 양극화 및 자원 고갈 등의 세계적 문제에 대해서 엄청난 위기의식이 대두되고 있고, 여기에서 기업의 역할은 그 어느 경제 주체의 활동 보다도 인간의 삶에 중요한 영향을 미치고 있다는 자각이 점점 높아지고 있다. 기업이 제공하는 제품과 서비스 또는 활용하고 있는 자원들이 과연 환경적 피해를 입히고 있는 것은 아닌지 그리고 기업의 시장침투 및 전략들이 사회적인 공정 및 윤리의식에 반하는 것은 아닌지에 대해서 그 어느 때 보다도 외부 고객들이 민감하게 반응하고 있는 것이다. 기업들은 ESG를 고객 확보의 전략으로 활용하면서 재무적 관점에서만 판단하고자 할 수도 있지만 더 나아가서 보다 적극적으로 자연과 인간의 삶을 위한 가치를 어떻게 더 증진할 수 있는지 끊임없이 고민해야 하는 주요한 경제 주체이다. 즉, "생산성의 방향"에 대한 이슈가 생산성보다도 더 중요해지고 있다는 점을 인식해야 한다.

둘째로 조직 내 정렬의 문제도 가치의 이슈와 밀접하게 연결되어 있다. 조직 내 정렬이라는 것은 조직이 지향하는 생산성의 방향 즉 조직의 비전과 목적 및 가치 체계가 그 조직의 구성원들 개인들이 가지고 있는 가치관들과 잘 연결되어 있는가의 문제이다. 첫째, 생산성의 방향이 조직과 외부고객과 관계정립 문제였다고 하면 둘째, 조직 내 정렬은 조직과 내부 고객과의 관계정립의 문제를 다루고 있다. 물론 조직구성원들의 다양성이 보장되어야 조직 창의성 및 혁신의 동력이 커질 수 있다는 것은 당연히 옳은 주장이다. 조직 내 다양성을 조장하면서 또한 조직과 개인 가치관들의 정렬을 이루어 낼 수 있을까? 하는 의문이 있을 수도 있다. 조직 내 정렬에서 애기하는 가치의 연결은 결코 조직 내 다양성을 훼손하는 의미가 아니다. 그 '인재의 다양성' 자체가 개인과 조직이 지향하는 일관된 가치일 수 있는 것이다.

인적가치개발론의 측면에서 조직개발의 방향에 대해 조직 외 정렬과 조직 내 정렬 모두를 강조하는 이유는 '정렬(alignment)'의 이슈가 바로 '동의하는 가치에 대한 참여', 그리고 '올바른 의미에 대한 공유'를 지칭하기 때문이다. 인간을 자원으로만 생각한다면 조직 문화 또는 조직 목적에 대해 구성원은 동화되어야 하는 대상 또는 관리되어야할 대상으로 취급될 것이다. 그 구성원 개인이 표현하고자 하는 가치체계나 요구들은 조직 규범에 묻히게 된다. 인적자원개발론이 지향하는 조직개발은 기능적 조직 효과성을 의미한다. 조직이 기능 측면에서 제대로 운영되면 개발의 목적이 달성된다고 본다. 조직의 생산성이 증가하거나 유지되도록 조직개발 활동을 하는 것이다. 하지만 인적가치개발론은 기능적 효과성을 넘어서 가치중심적 조직효과성을 지향한다. 이것은 앞서 지적한 생산성의 방향에 대한 재고이다. 기능이 유지되는 것만이 중요한 것이 아니라 그 기능이 조직과 사회의 지속가능한 성장을 위해 쓰여질 수 있는지가 중요한 것이다. 지속가능성을 지탱하는 성장에너지는 조직 기능성 보다 우선하는 올바른 가치에 대한 참여와 공감의 확산을 통해서만 가능하다. 왜냐하면 에너지는 무형의 힘이고 이것은 의미에 대한 공감력으로 구성되어 있기 때문이다. 조직구성원의 역량을 체계적으로 관리한다는 효과성을 넘어서 구성원들이 새로운 가치를 창출하고 혁신에 도전할 수 있도록 학습에너지와 성장에너지를 불어 넣어주는 가치공동체로서의 조직을 위한 개발연구가 확산될 수 있기를 기대한다.

참고문헌

강순희, 신범석(2002). **지식경제와 핵심역량**. 한국노동연구원.
고영만, 권용혁(2002). 지식기반사회의 인문사회과학 분야 지식 유형에 관한 담론. **한국문헌정보학회지, 36**(3): 115-132.
구교준, 조광래(2011). 창의경제(Creative Economy) 연구 어떻게 할 것인가?: 지역경제 분석의 관점에서. **한국행정학보, 45**(2): 269-289.
권대봉, 조대연 (2013). **HRD Essence: 시스템접근기반**. 서울: 박영사.
기업교육학회 (2010). **HRD 용어사전**. 중앙경제
김도연 (2013). 수행공학 접근을 통한 리더십 요구분석 및 우선순위 결정방안. **직업교육연구, 32**(2): 135-163.
김민정 (2007). 대학 영어전용 교과의 수업 방법 개선 방안 탐색과 적용: 수행공학 모형(HPT Model)을 바탕으로. **교육공학연구, 23**(3): 31-57.
김병운 (2016). 4차 산업혁명 핵심, 산업인터넷. **경제규제와 법, 9**(1), 215-232.
김정아, 오헌석 (2007). 전문성 구성요소의 발달에 관한 연구: 방송사 PD를 중심으로. **고용직업능력개발연구, 10**(3), 111-134.
김진우 (2017). **서비스경험 디자인 : 나, 스티브 잡스를 만나다**. 경기 파주 : 안그라픽스.
김현수 (2018). 서비스시대 교육서비스 신모델 연구. **서비스연구, 8**(2), 25-39.
김혜영, 박지원, 최류미 (2018). 교육디자인 개념의 비판적 고찰. **교육혁신연구, 28**(2), 213-235.
대한산업공학회 (2016). **스마트 세상을 여는 산업공학**. 경기파주: 청문각.
류혜현, 오헌석 (2016). 기술경영 인재의 전문성 확장 과정 연구. **HRD연구, 18**(2), 65-100.
박미옥 (2014). 마음챙김(mindfullness)의 교육적 의미와 적용에 관한 연구. 동국대학교 대학원 박사학위논문.

박미옥, 고진호 (2015). 마음챙김의 교육적 적용에 관한 연구. **종교교육학연구, 49**, 103-129.

배성환 (2017). **처음부터 다시 배우는 서비스디자인씽킹**. 서울 : 한빛 미디어.

배을규 (2009). **인적자원개발론**. 서울: 학이시습.

배을규, 동미정, 이호진 (2011). 전문성 연구 문헌의 비판적 고찰: 성과, 한계, 그리고 HRD 함의. **HRD연구, 13**(1), 1-26.

서동인, 오헌석 (2014). 과학기술분야 융합연구자의 교역지대 교류경험 및 의미. **아시아교육연구, 15**(2), 111-140.

서성무, 이지우, 장영혜 (2012). 긍정적 정서가 심리적 자본 및 마음챙김에 미치는 영향: 심신수련 프로그램의 효과. **경영교육연구, 27**(6), 127-156.

서울대학교 BK21 역량기반 교육혁신 연구 사업단(2007). **핵심역량센터 연구보고서 '역량의 개념 및 연구동향'**: 22-26.

소경희(2007). 학교교육의 맥락에서 본 '역량(competency)'의 의미와 교육과정적 함의. **교육과정연구, 25**(3): 1-21.

손민호(2006). 실천적 지식의 일상적 속성에 비추어 본 역량(competence)의 의미: 지식기반사회? 사회기반지식!, **교육과정연구, 24**(4), 1-25.

손영우 (2013). 2013 신입사원과정: 탁월한 전문가를 만드는 심리법칙. [Class handout] Future Management Institute. 서울: SK텔레콤.

송경오,박민정(2007). **역량기반 교육개혁의 특징과 적용가능성**. 한국교육.

송해덕·강정범 (2009). 전략적 인적자원개발의 성숙도와 수행공학 실천가 역할간의 관계 연구. **HRD 연구, 11**(2). 49-68.

안동근 (2015). 창의성의 다측면적 구인에 대한 이론적 탐색: 확산적 사고와 창의적 전문성 수행을 중심으로. **영재와 영재교육, 14**(4), 199-224.

안영진(2007). **변화와 혁신**. 박영사.

오은주·박수홍 (2007). ISPI 수행공학 모형을 적용한 조직의 문제해결과 수행능력 향상 탐색. **기업교육연구, 9**(2): 101-125.

오장원, 전영선(2004). 지식기반사회에서의 기업인력 교육 프로그램. **대한경영교육학회. 제4권**: 207-226.

오헌석(2007). 역량중심 인적자원개발의 비판과 쟁점 분석. **경영교육연구, 제 47집**: 191-213.

윤여순(1998). 기업교육에서의 Competency-Based Curriculum의 활용과 그 의의. **기업교육연구. 1**(1), 103-123.

윤정일,김민성,윤순경, 박민정(2007). **역량의 개념 및 연구동향.** 핵심역량센터 연구보고서.

이돈희(1999). **지식기반사회의 도래와 교육의 새로운 위상.** 이돈희 외(편). 지식기반사회와 교육(pp.1-22). 교육부정책보고서.

이상수 (2010). 수행공학을 적용한 수업컨설팅 모형. **교육공학연구, 26**(4): 87-120.

이석재(2006). **18가지 리더십 핵심역량을 개발하라: 경영심리학자의 살아있는 리더십 코칭.** 김앤김북스.

이순묵(2004). 상황역량 측정에서 상황에 대한 두 관점: 측정오차인가 해석되어야 할 환경요소인가?. **한국심리학회지: 산업 및 조직. 17**(2): 243-263.

이진구 (2011). HRD 담당자의 조직역할인식에 따른 수행공학가로서의 역량 차이. **HRD 연구, 6**(1): 115-134.

이철호(2011). 창조계급과 창조자본: 리처드 플로리다 이론의 비판적 이해. **세계지역연구논총. 29**(1): 109-131.

이효미·김명소·한영석(2011). 글로벌 마인드 역량의 구성요인 탐색 및 지수 개발. **한국심리학회지: 산업 및 조직,** 24(3), 493-521.

오헌석 (2006). 전문성 개발과정 및 핵심요인에 관한 연구. **직업능력개발연구, 9**(2), 193-216.

오헌석, 김정아 (2007). 전문성 연구의 주요 쟁점과 전망. **기업교육연구, 9**(1), 143-168.

오헌석, 김희정, 배형준, 서동인, 김한솔 (2012). 융합학문 어떻게 탄생하는가? **교육문제연구, 43**, 51-82.

오헌석, 배형준, 김도연 (2012). 과학기술분야 융합연구자의 융합연구 입문과 과정에 관한 연구. **아시아교육연구, 13**(4), 297-335.

오헌석, 성은모 (2010). 전문직종의 변화에 따른 전문가 사회의 특성 및 동향 분석. **직업교육연구, 29**(2), 205-223.

오헌석, 성은모 (2013). 융합인재역량 분석 - K대학교 공과대학 신기술융합학과 대학원 사례를 중심으로. **아시아교육연구, 14**(4), 201-228.

오헌석, 최지영, 최윤미, 권귀헌 (2007). 과학인재의 성장 및 전문성 발달과정에서의 영향 요인에 관한 연구. **한국과학교육학회지, 27**(9), 907-918.

원동규, 이상필 (2016). 인공지능과 제4차 산업혁명의 함의. **ie 매거진, 23**(2), 13-22.

유영만 (2013). **브리꼴레르: 세상을 지배할 '지식인'의 새 이름.** 파주: 쌤앤파커스.

유영만, 이상아 (2014). HRD 담당자의 실천적 성찰에 기반한 기술적 전문성 규명에 관한 연구. **학습과학연구, 8**(3), 180-197.

이상수, 강정찬, 오영범, 이유나 (2011). 소셜 네트워크 사이트 참여 동기 분석에 기초한 소셜 네트워크 기반 학습 설계 원리. **교육방법연구, 23**(4), 729-754.

이성, 이영민, 안재희, 이수영 (2009). 기업 인적자원개발 담당자의 전문성 인증을 위한 국가 자격 종목 개발 연구. **농업교육과 인적자원개발, 41**(2), 177-196.

이정선, 김현수 (2017). 서비스개념의 진화에 따른 신(新) 서비스시스템 모델. **서비스연구, 7**(2), 1-16.

이석형 (2015). **Design Thinking과 전략적 혁신.** 서울 : 시간의 물레.

장선애·송해덕 (2009). 전이관점의 행동공학 모형 개발 및 적용: 사내 MBA 사례를 중심으로. **기업교육연구, 11**(1): 79-96.

장영철,신창훈,이정용(2010). 지식근로자 인적자원관리 및 개발. **경영사학, 25**(4): 265-305.

장원섭 (2015). 장인의 탄생. 서울: 학지사.

장창원, 백성준, 김철희(2000). **지식기반 산업화에 따른 인적자원개발.** 한국직업능력개발원.

장환영 (2012). 평생교육을 위한 긍정심리학의 시사점: 행복, 진정성, 심리자본에 대한 탐구. **Andragogy Today**, **15**(1), 141-169.

장환영 (2014). Human Performance Technology; 수행공학인가? 성과공학인가? **기업교육연구**, **16**(2), 199-219.

장환영 (2018). **교육서비스사이언스**. 2018기업교육 춘계학술대회 자료집.

장환영, 백평구, 김성완, 홍정순 (2018). '교육서비스과학'의 정립을 위한 이론적 탐색. **기업교육과 인재연구**, **20**(4), 125-147.

전소영, 김진모 (2015). HRD 담당자의 의도적 연습에 대한 인식. **농업교육과 인적자원개발**, **47**(1), 183-207.

전영욱,변현정,이준철(2006). 직무역량을 이용한 교육프로그램 개발과 적용. **기업교육연구**, **8**(2):79-100.

정재삼 (2002). 사례를 통하여 본 퍼포먼스 컨설팅 의미의 조명. **기업교육연구**, **4**(2): 79-64.

정재삼·이진구 (2007). 수행공학을 적용한 컨설팅 사례. **기업교육연구**, **9**(1): 93-119.

조경원, 양은주(2001). 지식기반사회와 교육의 과제. **교육과학연구 23**(2):1-21.

주인중, 김덕기, 정종태, 김호연, 최선아(2010). 기업체에서의 역량모델 개발과 활용실태 분석. **직업교육연구**, **29**(3): 309-334.

최정일, 김연성, 유한주, 장정빈, 황조혜 (2016). **서비스 경영 4.0.** 경기 고양: 문우사.

표현명, 이원식, 최미경 (2008). **서비스디자인 시대**. 경기 파주 : 안그라픽스.

홍성욱 (2008). **홍성욱의 과학에세이: 과학, 인간과 사회를 말하다.** 서울: 동아시아.

홍애령, 석지혜, 임정신, 오헌석 (2011). 무용수의 전문성 발달과정 및 특성에 관한 연구. **무용역사기록학**, **23**, 175-193.

홍정순 (2018). **교육서비스디자인**. 2018기업교육 춘계학술대회 자료집.

Addison, R. & Haig, C. (1999). Human performance technology in action. In H. D. Stolovitch and E. J. Keeps (Eds.), *Handbook of Human Performance*

Technology: Improving individual and organizational performance worldwide (2nd ed.) (pp. 298-318). SanFrancisco: Jossey-Bass/Pfeiffer.

Alves, J., Margues, M. J., Saur, I., & Marques, P.(2007). Greativity and innovation through multidisciplinary and multisectoral cooperation. *Creativity and Innovation Management, 16*: 27-34.

Amabile, T. M. (1998). How to kill creativity. *Harvard Business Review, 76*(5), 76-88.

Andrews, J., Farrington, J., Packer, T., & Kaufman, R. (2004). Saving the world with HPT: Expanding beyond the workplace and beyond the "business case". *Performance Improvement, 43*(2), 44-50.

Atkinson, R. D., & Gottlieb, P. D.(2001). The Metropolitan New Economy Index. Washigton, DC: Progressive Policy Institute.

Baer, R. A., Smith, G. T., & Allen, K. B. (2004). Assessment of mindfulness by self-report: The Kentucky Inventory of Mindfulness Skills. *Assessment, 11*(3), 191-206.

Banathy (1991). *System design of education : A journey to create the future.* NJ : Educational technology publications.

Banathy (1992). *A system view of education : concepts and principles for effective practice.* NJ : Educational technology publications.

Banathy (1996). *Designing social systems in a changing world.* NY : Plenum Press.

Benko, C. & Weisberg, A. (2007). *Mass career customization.* Boston: Harvard Business Press.

Bierema, L. L. (2010). *Implementing a critical approach to organization development.* Malabar, FL: Krieger.

Bierema, L. L., & Fenwick, T. J. (2005). Defining critical human resource development. In M. L. Morris & F. M. Nafukho (Eds.), *Proceedings of AHRD 2005 Conference in the America* (pp. 574-581). Bowling Green, OH: AHRD.

Binder, C. (2016). Integrating organizational-cultural values with performance management. *Journal of Organizational Behavior Management, 36*(2-3). 185-201.

Binder, C. (1998). The six boxes: A descendant of Gilbert's behavior engineering model. *Performance Improvement, 37*(6). 48-52.

Boyatzis, R. E.(1982). *The competent manager: A model for effective performance New York*: John Wiley & Sons.

Brethower, D. (1997). Specifying a human performance technology knowledgbase. *Performance Improvement Quarterly, 10*(1). 74-96.

Brethower, D. (2004). Sense and non-sense in HPT. *Performance Improvement, 43*(3), 5-11.

Brown, D. (2016). *Career information, career counseling, and career development*(11th ed.). Upper Saddle River, NJ: Pearson.

Carbonell, K. B., Stalmeijer, R. E., Könings, K. D., Segers, M., & van Merriënboer, J. J. (2014). How experts deal with novel situations: A review of adaptive expertise. *Educational Research Review, 12*, 14-29.

Carleton, J. R. (2005). Thinking and working at the enterprise level: Personal views from a battle-scarred veteran and some points of consensus. *Performance Improvement, 45*(6), 23-27.

Cooperrider, D. L., & Srivastva, S. (1987). Appreciative Inquiry in Organizational Life. In R. W. Woodman & W. A. Pasmore (Eds.), *Research in Organizational Change and Development* (pp. 129-169).

Cooperrider, D. L. (2000). *The Inter-religious Friendship Group: A Visible Force for Peace, Weatherhead: The Magazine of the Weatherhead School of Management*. Cleveland, OH: Case Western Reserve University.

Cooperrider, D. L. & Whitney, D. (2001). A Positive Revolution in Change. In D. L. Cooperrider, P. Sorenson, D. Whitney, & T. Yeager (Eds.), *Appreciative Inquiry: An Emerging Direction for Organization Development* (pp. 9-29). Champaign, IL: Stipes.

Cooperrider, D. & Whitney, D. (2005). 조직변화의 긍정혁명 **Appreciative**

Inquiry (유준희, 강성룡, 김명언 역.). 서울: 도서출판 쟁이.

Cooperrider, D. L., Whitney, D. & Stavros, J. M. (2008). *Appreciative Inquiry Handbook: For Leaders of Change*. San Francisco: Berrett-Koehler Publishers.

Cortada, J. W.(1998). *Rise of the Knowledge Worker*, Butterworth-Heinemann.

Cortright, J., & Mayer, H.(2001). *High-Tech Specialization: A Comparison of High-Technology Centers*. Washington, D.C: Brookings Institue.

Cummings, T. G., & Worley, C. G. (2016). 조직개발과 변화 (이은형, 문재승, 박재춘, 심덕섭, 이동명, 정동일 공역). 서울: 한경사. (원서출판 2015).

DeVol, R.(1999). *Ameria's Hightech Economy: Growth, Developmnet, and Risks for Metropolitan Areas*. Santa Moica, CA: Miken Institute.

Dickens, L., & Watkins, K. (2006). Action research: Rethinking Lewin. In J. V. Gallos (Eds.) Organization development (pp. 185-201). San Francisco: Jossey-Bass.

Dreyfus, H. L., & Dreyfus, S. E. (1986). *Mind over machine: The power of human intuition and expertise in the era of the computer*. New York, NY: The Free Press.

Drucker, P.F. (2001). **The essential Drucker(미래경영)**. 청림출판.

Ellström, P. (2001). Integrating learning and work: Problems and prospects. *Human Resource Development Quarterly, 12*(4), 421-435.

European Parliamentary Research Service (2015). *Industry 4.0: Digitalisation for productivity and growth*. available at http://www.europarl.europa.eu/RegData/etudes/BRIE/2015/568337/EPRS_BRI(2015)568337_EN.pdf.

Ericsson, K. A., & Lehmann, A. C. (1996). Expert and exceptional performance: Evidence of maximal adaptation to task constraints. *Annual Review of Psychology, 47*(1), 273-305.

Ericsson, K. A., Nandagopal, K., & Roring, R. W. (2009). Toward a science of exceptional achievement: Attaining superior performance through deliberate practice. *Annals of New York Academy of Science, 1172*(1), 199-217.

Ericsson, K. A., & Pool, R. (2016). *Peak: Secrets from the science of expertise*. New York, NY: Houghton Mifflin Harcourt.

Fenwick, T. (2010). Re-thinking the "thing": Sociomaterial approaches to understanding and researching learning in work. *Journal of Workplace Learning, 22*(1/2), 104-116.

Fenwick, T., Edwards, R., & Sawchunk, P. (2011). *Emerging approaches to educational research: Tracing the sociomaterial*. London, UK: Routledge.

Florida, R.(2002). *The Rise of the Creative Class: And How It's Transforming Work, Leisure, Community and Everyday Life*. New York: Basic Books.

Gegenfurtner, A. (2013). Transitions of expertise. In J. Seifried & E. Wuttke (Eds.), *Transitions in vocational education* (pp. 305-319). Opladen, Germany: Budrich Publishers.

Germain, M. L., & Tejeda, M. J. (2012). A preliminary exploration on the measurement of expertise: An initial development of a psychometric scale. *Human Resource Development Quarterly, 23*(2), 203-232.

Gilbert, T. (1996). *Human competence: Engineering worthy performance*. Amherst, MA: HRD Press, Inc.

Greene, C. N., & Schriesheim, C. A.(1980). Leader-group interactions: A longitudinal field investigation. *Journoul of Applied Psychology*, 65:50-59.

Grenier, R. S., & Germain, M. L. (2014). Expertise through the HRD lens: Research trends and implications. In N. E. Chalofsky, T. S. Rocco, & M. L. Morris (Eds.), *Handbook of human resource development* (pp. 183-200). Hoboken, NJ: John Wiley & Sons.

Grenier, R. S., & Kehrhahn, M. (2008). Toward an integrated model of expertise redevelopment and its implications for HRD. *Human Resource Development Review, 7*(2), 198-217.

Hamel G. and Prahalad C.K. (1994). *Competing for the Future*. Harvard Business School Press. Boston, Massachusetts.

Harless, J. (1973). An analysis of front-end analysis. *Improving Human*

Performance: A Research Quarterly, 4, 229.244.

Harless, J. (1975). *An Ounce of Analysis Is Worth a Pound of Objectives: A Self-Instructional Lesson* (3rd ed.). Newnan, GA: Harless Performance Guild.

Harless, J. (1988, July). Front-end analysis. *Training*, 43-45.

Harvard Business Essentials(2004). *Managing Creativity and Innovation*. 청림출판.

Hatano, G., & Inagaki, K. (1986). Two courses of expertise. In H. Stevenson, H. Azuma, & K. Hakuta (Eds.), *Child development and education in Japan* (pp. 262-272). New York, NY: W. H. Freeman.

Hatcher, T. (2000). The social responsibility performance outcomes model: Building socially responsible companies through performance improvement outcomes. *Performance Improvement, 39*(7), 18-22.

Herling, R. W. (2000). Operational definitions of expertise and competence. *Advances in Developing Human Resources, 2*(1), 8-21.

Herling, R. W., & Provo, J. (2000). Knowledge, competence, and expertise in organizations. *Advances in Developing Human Resources, 2*(1), 1-7.

Hybert, P. R. (2003). HPT, ISD: The challenge of clear boundaries in an evolving discipline. *Performance Improvement, 42*(2), 32-34.

Hybert, P. R. (2009). Keep the "H". *Performance Improvement, 48*(3), 5-6.

Jayanti, E. B. (2011). Through a different lens: A survey of linear epistemological assumptions underlying HRD models. *Human Resource Development Review, 10*(1), 101-114.

Johnson, M. W. (2010). *Seizing the white space*. Boston: Harvard Business School Press.

Kaufman, R. (2005). defining and delivering measurable value: A mega thinking and planning primer. *Performance Improvement Quarterly, 18*(3), 6-13.

Konno, N. (2010). *Business no tameno design shikou*. 노경아 역(2015). 디자인씽킹. 서울 : 아르고나인미디어그룹.

Kosslyn, S. M., & Nelson, B. (2018). *Building the intentional university*. Boston, MA: MIT Press.

Kotler, P. & Armstrong, G. (2016). *Principles of Marketing*, 16th ed. Pearson education limited.

Krumboltz, J. D., Mitchell, A. M., & Jones, G. B. (1976). A social learning theory of career selection. *The Counseling Psychologist, 6*(1), 71-81.

Krumboltz, J., Mitchell, A., & Jones, G. (1979). *Social learning and career-decision making*. Cranston, RI: Carroll Press.

Langdon, D. G. (1999). The language of work. In H. D. Stolovitch & E. J. Keeps (Eds.), *Handbook of human performance technology: Inmproving individual and organizational performance worldwide* (2nd ed., pp. 260-280). San Francisco: Pfeiffer/Jossey-Bass.

Langdon, D. G. (2000). Taking the "H" out of HPT. *Performance Improvement, 39*(1). 5-8.

Langdon, D. G. (2000). Aligning performance: The ultimate goal of our profession. *Performance Improvement, 39*(3), 22-26.

Langdon, D. G., & Marrelli, A. F. (2002). A new model for systematic competency identification. *Performance Improvement, 41*(4), 14-23.

Lewin, K. (1951). *Field theory in social science*. New York: Harper & Row.

Lee, S. (2015). *Design Thinking and strategic innovation*. Seoul : The spinning wheel of time.

Leonard-Barton, D.(1992). Core Capabilities and Core Rigidities: A Paradox in Managing New Product Development, *Strategic Management Journal, 13*(Summer).

Luthans, F., Luthans, k. W., & Luthans, B. C. (2004). Positive psychological capital: Beyond human and social capital. *Business Horizons, 47*(1), 45-50.

Markusen, A.(2004). Targeting occupations in regional and community economic development. *Journal of the American Planning Association, 70*:253-268.

Masaharu, S., & Hideharu, K. (2001). **도요타 최강경영**. 일송미디어.

Maslow, A. (2012). **존재의 심리학** (정태연, 노현정 역). 서울: 문예출판사. (원저는 1999년에 출판).

McClelland, D. C.(1973). Testing for competence rather than for "intelligence". *American Psychologist, 28*(1), 1–14.

McLean, G. N., & McLean, L. D. (2001). If we can't define HRD in one country, how can we define it in an international context?. *Human Resource Development International, 4*(3), 313–326.

Meadows, D. H. (2008). *Thinking in systems: A primer.* edited by Diana Wright. VT: Sustainability Institute.

Meichenbauma, D. (1995). Metacognitive Methods of Instruction: Current Status and Future Prospects. *Special Services in the Schools, 3*(1–2), 23–32.

Molloy, J. C., & Noe, R. A. (2009). "Learning" a living: Continuous learning for survival in today's talent market. In S. W. J. Kozlowski & E. Salas (Eds.), *Learning, training, and development in organizations* (pp. 333–361). New York, NY: Routledge.

Moritz, S. (2005). *Service design: Practical to on evolving field.* KISD.

Mulcahy, D. (2012). Thinking teacher professional learning performatively: A socio-material account. *Journal of Education and Work, 25*(1), 121–139.

National Advisory Committee on Creative and Cultural Education (NACCCE). (1999) *All our futures: creativity, culture and education.* London, UK: DfES.

Neef, D.(1999). *A little Knowledge is a dangerous thing: Understanding our global knowledge economy*, Boston, MA: Butterworth Heinemann.,

Nickols, (1977). Concerning performance and performance standards: an opinion. *NSPI Journal, 16*(1), 14–17.

Nonaka, I & Takeuchi, H.(1995). *The Knowledge-Creating Company.* Oxford University Press, New York.

Norman, D. A. (2011). *Living with complexity.* MA : The MIT Press.

Jang, H. Y. (2008). Human performance technology(HPT) knowledgebase and future research topics. 기업교육연구, **10**(2), 159–176.

Jang, H. Y. (2009). Performance, performance system, and high performance system. *Performance Improvement, 48*(3), 16–20.

O'connor, J. & McDermott, I. (1997). The art of system thinking. 안재현 외 공역(2016). 생각의 미래. 서울: 지식노마드.

OECD(2005). *The definition and selection of key competencies: Executive summary*.

Parsons, F. (1909). *Choosing a Vocation*. Houghton Mifflin.

Pershing, J. A. (2006). Human performance technology fundamentals. In J. A. Pershing (Ed.), *Handbook of human performance technology: Principles, Practices, Potential* (3rd ed.) (pp. 5-34). San Francisco: Pfeiffer.

Pershing, J. A. Cheng, J., & Foong, K. P. (2006). International society for performance improvement professional practices survey: A report. *Performance Improvement, 45*(7), 39-47.

Pink, D. H. (2006). A *whole new mind: Why right-brainers will rule the future*. New York, NY: Riverhead Books.

Prahalad, C. K., & Hamel, G.(1990). *The Core Competence of the Corporation*. Harvard Business Review. May-June, 79-91.

Prahalad, C. K., & Krishnan, M. S. (2008). *The new age of innovation*. New York: McGraw-Hill.

Ramias, A. (2002). The place of process. *Performance Improvement, 41*(2),40-43.

Robinson, D. G., & Robinson, J. C. (1998). *Moving from training to performance*. San Francisco: ASTD & Berrett-Koehler Publishers, Inc.

Rosenberg, J. J., Coscarelli, W. C., & Hutchinson, C. S. (1999). The origins and evolution of the field. In H. D. Stolovitch & E. J. Keeps (Eds.), *Handbook of human performance technology: Inmproving individual and organizational performance worldwide* (2nd ed., pp. 24-46). San Francisco: Pfeiffer/ Jossey-Bass.

Rummler, G. A., & Brache, A. P. (1995). *Improving performance: How to manage the white space on the organization chart* (2nd ed.). San Francisco, CA: Jossey-Bass.

Rychen, D,. S., & Salganik, L. H.(2003). *Key competencies for a successful life and a well-functioning society*. Ashland, OH, US: Hogrefe & Huber Publishers.

Sanders, E. S. (2002). What is HPI? what makes a performance consultant? How can you tell if you already are one? In G. M. Piskurich (Ed.), *HPI Essentials: A just-the-facts, bottom-line primer on human performance improvement* (pp. 1-9). Baltimore, MD: ASTD Press.

Schwab, K. (2016). *The fourth of industry revolution*. 송경진 역(2016). 클라우스 슈밥의 제4차 산업혁명. 서울: 새로운 현재.

Shapiro, Stephen M.(2002). *24/7 innovation: a blueprint for surviving and thriving in an age of change*, McGraw-Hill.

Shein, E. (1993). *Career anchors: Discovering your real values*. San Francisco: Pfeiffer

Siemens, G. (2004). *Connectivism: A learning theory for the digital age*. Retrieved Oct. 31th from http://wwww.edtechpolicy.org/AAASGW/Session2/siemens_article.pdf

Spencer, L. & Spencer, S.(1993). *Competence at work: Models for superior performance*. New York: John Wiley & Sons.

Stickdorn et al. (2011). *This is service design thinking*. NJ : John wiley & Sons, Inc.

Stolovitch, H. (2000). Human performance technology: Research and theory to practice. *Performance Improvment, 39*(4), 7-16.

Stolovitch, H., & Keeps, E. (1999). What is performance technology? In H. D. Stolovitch & E. J. Keeps (Eds.), *Handbook of human performance technology: Inmproving individual and organizational performance worldwide* (2nd ed., pp. 3-23). San Francisco: Pfeiffer/Jossey-Bass.

Super, D. E. (1990). A life-space, life-span approach to career development. In D. Brown & L. Brooks(Eds.), *Career choice and development: Applying contemporary theories to practice* (pp. 214). San Francisco, CA: Jossey-Bass.

Swanson, R. (1994). *Analysis for improving performance: Tools for diagnosing organizations and documenting workplace expertise*. San Francisco: Berrett-Koehler.

Swanson, R. A., & Holton Ⅲ, E. F.(2001). *Foundations of Human Resource Development*. Barrett-Koehler Publishers, Inc.

Swanson, R. A., & Holton, E. F. (2009). *Foundations of human resource development* (2nd ed.). San Francisco, CA: Berrett-Koehler.

Tannenbaum, S. I. (2001). A strategic view of organizational training and development. In K. Kraiger (Ed.), *Creating, implementing, and managing effective training and development: State-of-the-art lessons for practice* (pp. 10-52). San Francisco, CA: Jossey-Bass.

Tosti, D. T. (2005). the big five: The evolution of the performance systems model. *Performance improvement, 44*(9), 9-13.

Tosti, D. T., & Jackson, S. F. (1994). Alignment: How it works and why it matters. *Training Magazine*, 58-64.

Tosti, D. T. (2010). RSVP: The principles of human performance technology. *Performance Improvement, 49*(6), 5-8.

Van der Heijden, B. I. J. M. (2002). Prerequisites to guarantee life-long employability. *Personnel Review, 31*(1), 44-61.

Vargo, S.L. & Lusch, R.F. (2004). Evolving to a new dominant logic for market. *Journal of marketing, 68*, 1-17.

Vargo, S.L., Maglio, P.P., & Akaka, M.A. (2008). On value and value co-creation: A service systems and service logic perspective. *European management journal, 26*, 145-152.

Viladas, X. (2011). *Design at your service*. 이원제 역(2011). 서비스디자인하라. 서울: 비즈앤비즈.

Weisberg, R. W. (2006). Modes of expertise in creative thinking: Evidence from case studies. In K. A. Ericsson, N. Charness, P. J. Feltovich, & R. R. Hoffman (Eds.), *The Cambridge handbook of expertise and expert performance* (pp. 761-787). New York, NY: Cambridge University Press.

White, R., W.(1959). Motivation reconsidered: The concept of competence. *Psychological Review, 66*(5):297-333.

Wile, D. (1996). Why doers do? *Program & Instruction*, 35(2), 30-35.

Woolfolk, A.(2009). *Educational Psychology*. New Jersey: Pearson Education.

https://www.designcouncil.org.uk/news-opinion/design-process-what-double-diamond

https://www.liveworkstudio.com/what-we-do/

https://revisionlab.wordpress.com/that-squiggle-of-the-design-process/

https://designtoimprovelife.dk/

저자 약력

장환영

　현재 동국대학교 교육학과 교수로 재직하며 인적자원개발론과 기업교육론을 강의하면서 학생처장의 보직을 겸하고 있다. 12대 한국기업교육학회 회장을 역임한 바 있다. 조직 내 인적자원의 성과향상에 관심이 많지만, 미래사회에서는 인간을 도구적 관점으로 보는 인적자원개발이 아닌, 목적과 의미 추구를 존중하는 인적가치개발로의 변화가 필요하다고 보고 있다. 인간 개개인이 지닌 독특한 탁월성이 조직 내에서 제대로 드러날 수 있도록 하는 교육훈련시스템의 혁신과 교육서비스디자인에도 관심이 많다. 4차 산업혁명과 로봇의 시대를 맞이하여 미래를 고민하는 HRDer들에게 미약하나마 도움이 되기를 희망하며 이 책을 썼다.

동국대학교 저서출판 지원사업 선정도서

이 저서는 2021년도 동국대학교 연구비 지원을 받아 수행된 연구결과물임. (S-2021-G0001-00133)
This work was supported by the Dongguk University Research Fund of 2021. (S-2021-G0001-00133)

인적가치개발론
인적자원개발을 넘어 인적가치개발로

2023년 03월 10일 초판 1쇄 인쇄
2023년 03월 17일 초판 1쇄 발행

지은이 장환영
발행인 박기련
발행처 동국대학교출판부

출판등록 제1973-000004호(1973. 6. 28)
주소 04626 서울시 중구 퇴계로36길2 신관1층 105호
전화 02-2264-4714
팩스 02-2268-7851
홈페이지 http://dgpress.dongguk.edu
이메일 abook@jeongjincorp.com
인쇄 한일문화사

ISBN 978-89-7801-034-4 93370

값 20,000원

이 책의 무단 전재나 복제 행위는 저작권법 제98조에 따라 처벌 받게 됩니다.